SCHÄFFER
POESCHEL

Werner Heister / Dieter Wälte /
Dagmar Weßler-Poßberg / Margret Finke

Studieren mit Erfolg: Prüfungen meistern

Klausuren, Kolloquien,
Präsentationen,
Bewerbungsgespräche

2007
Schäffer-Poeschel Verlag Stuttgart

Bibliografische Information der Deutschen Nationalbibliothek
Die Deutsche Nationalbibliothek verzeichnet diese Publikation in
der Deutschen Nationalbibliografie; detaillierte bibliografische
Daten sind im Internet über < http://dnb.d-nb.de > abrufbar.

Gedruckt auf chlorfrei gebleichtem, säurefreiem und alterungsbeständigem Papier

ISBN 978-3-7910-2675-6

www.schaeffer-poeschel.de
info@schaeffer-poeschel.de

Einbandgestaltung: Willy Löffelhardt
Gestaltung Innenlayout: Ingrid Gnoth | GD 90
Redaktion: Corina Alt, Publicate, Berlin
Satz: Dörr + Schiller GmbH, Stuttgart
Druck und Bindung: C. H. Beck, Nördlingen

Printed in Germany
September 2007

Schäffer-Poeschel Verlag Stuttgart
Ein Tochterunternehmen der Verlagsgruppe Handelsblatt

Inhaltsverzeichnis

Die Autoren

Prof. Dr. Werner Heister, Hochschule Niederrhein in Mönchengladbach, beschäftigt sich seit Jahren mit der effektiven Vermittlung von Schlüsselqualifikationen für Studierende und insbesondere der effizienten Nutzung von Multimedia in der Lehre. Im Rahmen seiner Tätigkeit an der privaten Fachhochschule Nordakademie hat der Autor intensiv durch die Umsetzung von Modulen und Lehrarrangements im E-Learning Erfahrungen gesammelt (Bundesleitprojekt Virtuelle Fachhochschule).

Der Autor ist Studienleiter Marketing an der APOLLON Hochschule für Gesundheitswirtschaft (Bremen) und an weiteren Hochschulen im Rahmen von Lehraufträgen tätig. Im Jahr 2003 erhielt er den Lehrpreis der Hochschule Niederrhein für herausragende Leistungen in der Lehre. Prof. Heister ist Vorsitzender der Ehemaligen-Organisation der Hochschule Niederrhein. Insbesondere in dieser Funktion unterstützt er die Bildung von Netzwerken und den Aufbau von Learning Communities.

Prof. Dr. Dipl.-Psych. Dieter Wälte war bis Februar 2006 Ltd. Psychologe für Psychologische Psychotherapie in der Klinik für Psychiatrie und Psychotherapie des Universitätsklinikums Aachen und Leiter der Psychotherapiestation. Seit März 2006 ist er Professor am Fachbereich Sozialwesen in Mönchengladbach mit dem Schwerpunkt Klinische Psychologie und Persönlichkeitspsychologie. Der Autor ist Supervisor und Dozent bei dem verhaltenstherapeutischen Ausbildungsinstitut AVT in Köln. Sein Forschungsschwerpunkt liegt in der Verbesserung psychotherapeutischer Techniken und Methoden vor dem Hintergrund neurobiologischer Erkenntnisse.

Er erhielt 2007 den Lehrpreis der Hochschule Niederrhein für besondere Leistungen in der Lehre und wurde bereits 2005 an der WWU Münster ausgezeichnet.

Dagmar Weßler-Poßberg ist Diplom-Sozialwirtin, Heilpädagogin und Erziehern. In allen drei Berufsfeldern war die Strukturierung von Wissenserwerb und Wissensvermittlung ein Interessenschwerpunkt. In der pädagogischen Arbeit mit Jugendlichen und jungen Erwachsenen hat sie sich intensiv mit erschwerenden und fördernden Bedingungen für die persönliche und kognitive Entwicklung beschäftigt. Durch die Tätigkeit als selbstständige Heilpädagogin in einer freien heilpädagogischen Praxis hat sie umfangreiche Erfahrung in der Konzeptionsentwicklung und Organisation von komplexen Projekten gesammelt. Ihr Studium des Sozialmanagements hat sie im Fachbereich Sozialwesen der Hochschule Niederrhein absolviert. Schon während ihres Studiums vermittelte sie ihre didaktischen Kenntnisse und Erfahrungen zur Organisation und Optimierung des Studiums auch ihren Studienkollegen und Kolleginnen. Zuletzt hat sie sich mit der biografischen Entwicklung von Schlüsselkompetenzen und kognitiven Kompetenzen und deren Einfluss auf die Beschäftigungsfähigkeit in einem Modellprojekt der Hochschule Niederrhein. auseinandergesetzt.

Margret Finke, Dipl.-Sozialarbeiterin, Jahrgang 1961, ist seit vielen Jahren in Führungspositionen (Personalmanagement) der Sozial- und Gesundheitsbranche tätig. In ihrer Aufgabenstellung als Personalleiterin beschäftigt sie sich u. a. mit der Auswahl, Gewinnung und Bindung von Mitarbeitern und untermauert ihre theoretischen Kenntnisse über Verfahren und Methoden mit einer Vielzahl an praktischen Erfahrungen. Besonders intensiv widmet Sie sich der größten zukünftigen Herausforderung vieler Unternehmen. Diese besteht darin, die richtigen Mitarbeiter möglichst langfristig für die entsprechenden Arbeitsplätze/Positionen zu finden und zu binden. Neben der hauptberuflichen Tätigkeit als Personalerin ist sie als Autorin zu Themenschwerpunkten der Personalentwicklung, Führung und Personaleinsatzplanung für unterschiedliche Auftraggeber und Verlage aktiv.

1 Prüfungen meistern

Schriftliche und mündliche Prüfungen meistern Sie professionell, wenn Sie sich systematisch vorbereiten und gut strukturiert vorgehen.

Das A und O ist die richtige Selbstmotivation und eine bestmögliche Vorbereitung. Und die fängt schon bei der Mitschrift an. Denken Sie immer daran: Prüfungen sind in erster Linie Chancen zu zeigen, was in Ihnen steckt. Auch Präsentationen, Projekte, Bewerbungen und Assessment-Center sind spezielle Prüfungssituationen.

Mit vielen leicht verständlichen und nützlichen Kniffen und Tricks hilft der Ratgeber Ihnen, bei Prüfungen einen guten Eindruck zu hinterlassen. Zugegeben, das Kapitel zu den psychologischen Aspekten ist teilweise etwas schwieriger zu lesen. Aber keine Sorge, Sie werden das schon meistern.

Mit einigem Augenzwinkern geben wir Ihnen noch kulinarische Hinweise für die »Schwiegermutter-Prüfung« bzw. das »Dinner Date«.

Wie sagen die Segler: Wir wünschen Ihnen für Ihre Prüfungen immer eine Handbreit Wasser unterm Kiel!

Über Fragen und Anregungen freuen wir uns ganz besonders. Gerne stehen wir Ihnen unter werner.heister@hs-niederrhein.de, dieter.waelte@hs-niederrhein.de, dagmar@possberg.com und marfineuss@aol.com zur Verfügung.

Dieses Buch widmen wir unseren Familien und Freunden.

Unser Dank gilt Herrn Frank Katzenmayer und Frau Adelheid Fleischer vom Schäffer-Poeschel Verlag für Ihre stets geduldige Zusammenarbeit und hervorragende Unterstützung.

Ihre
Werner Heister
Dieter Wälte
Dagmar Weßler-Poßberg
Margret Finke

Neuss/Aachen/Mönchengladbach, im Juni 2007

2 Effektives Mitschreiben ist die beste Vorbereitung

Tagträumen? Das kennen Sie bestimmt auch:

Sie »besuchen die Vorlesungen regelmäßig (mit religiösem Eifer, könnte man sagen), geben sich aber Mühe, so weit wie möglich vom Vortragenden weg zu sitzen (es ist nicht gut, die Aufmerksamkeit unverstandener, aber mächtiger Kräfte zu erregen) und schreiben vollständig mit. Manche Vortragende liefern dafür Vorlagen in solchem Tempo (oft mit der Hilfe des technologischen Äquivalents einer tibetanischen Gebetsmühle – einem Overheadprojektor), dass die Gemeinde voll damit beschäftigt ist, die meisten aber an der Aufgabe scheitern. Die Lücken, die dabei entstehen, werden von den Aufsässigeren mit gedämpfter (oder nicht so gedämpfter) Unterhaltung, dem Lesen von Zeitungen etc. ausgefüllt, während die übrigen Kringel malen oder tagträumen. Die Mitschriften der Vorlesungen bleiben dann unangetastet bis zu den Ferien oder, noch häufiger, bis eine Woche vor den Prüfungen; dann werden sie sorgfältig mit neongelben Leuchtstiften bearbeitet (ein Prozess, der sich Nacharbeiten nennt). … Sobald mehr als 50 % der Mitschrift so hervorgehoben worden ist, gilt die Nacharbeit als vollständig, die magische Kraft der Mitschriften hat sich erschöpft, und sie werden sorgfältig in einem Aktenordner abgeheftet und dann nie wieder in die Hand genommen.« (Körner, 13.5.2007)

Das sollte Ihnen nicht passieren. Lernen Sie vielmehr, Informationen aus den Vorlesungen und Seminaren als Wissen festzuhalten.

Lernen Sie, richtig mitzuschreiben!

Vorlesungen und Seminare werden von den meisten von Ihnen zu Recht als eine der zentralen Veranstaltungen Ihres Studiums betrachtet. Hier wird Ihnen nicht nur Wissen für Ihre berufliche Zukunft vermittelt, sondern Sie erhalten auch alle notwendigen Hinweise und Inhalte für die leidigen Prüfungen und Klausuren.

Also mitschreiben, was das Zeug hält, Informationen sammeln, speichern, festhalten: Nur nichts Wichtiges verpassen!

Alles gleichzeitig? Sie alle kennen das Problem, gleichzeitig dem Inhalt zu folgen und alles Wichtige festhalten zu wollen. Das Zuhören und gleichzeitige Mitschreiben erweist sich als ziemlich anstrengend und meistens auch nicht als erfolgreich. Viele Professoren haben das Problem erkannt und bieten heute öfters Hilfen an, wie z. B. online verfügbare Skripte, Powerpoint-Präsentationen etc. – und dennoch sitzen immer noch Scharen von Studierenden emsig mitschreibend in den Vorlesungen und Seminaren. Denn erstens muss man ja die Inhalte der Skripte und Folien auch später noch verstehen, zweitens sind nicht alle Skripte und Folien wirklich hilfreich und drittens braucht man die eigenen Texte ja für die Vorbereitung der Klausuren oder der anderen Prüfungen. Alles klar, auch Sie halten das eigene Mitschreiben in Vorlesungen für sehr wichtig.

Und das ist auch richtig – aber ...

Dahinter verbergen sich eigentlich drei Fragen, die mit den drei Anforderungen für eine wirkungsvolle Mitschrift verbunden sind: **Wie geht es richtig?**

- Wie erkennen Sie die wirklich wichtigen Informationen, die Sie unbedingt behalten müssen?
- Wie können Sie diese Informationen schnell und effizient festhalten (mitschreiben)?
- Wie muss eine Mitschrift aussehen, damit Sie diese später auch effektiv nutzen können?

Wir erheben keinen Anspruch darauf, dass die unten angegebenen Kennzahlen einer wissenschaftlichen Prüfung standhalten, sie sind aber auch nicht fernab von der Realität. **In Zahlen**

- Während einer Vorlesung von 1,5 Stunden spricht ein Dozent (wenn er nicht unterbrochen wird) zwischen 5.000 und 9.000 Wörter.
- In der Regel führt er damit zwei Dutzend neue Tatsachen ein, mit denen er versucht, ungefähr ein halbes Dutzend Kerngedanken zu vermitteln (die restlichen Worte braucht er für: Beispiele, Erläuterungen, Wiederholungen und sprachliches Füllmaterial).
- Sie können ungefähr 25 bis 30 kurze Wörter pro Minute aufschreiben (okay, die oben genannten Zahlen gelten für durchschnittlich schnelle Schreiber, wenn Sie natürlich schneller sind ...).
- Die Sprechgeschwindigkeit beträgt im Extremfall über 130 Wörter pro Minute (die werden Sie auch als Schnellschreiber nicht erreichen).
- Mit hoher Wahrscheinlichkeit werden Sie höchstens ein Drittel des Inhaltes einer Vorlesung mitschreiben können.

Natürlich, wenn Sie Stenografie beherrschen oder eine eigene Form von Eilschrift oder Kürzeln entwickelt haben, klappt es besser. **Stenografie**

Aber wie gelangt man auch ohne Stenografie zu einer verwertbaren, kurzen und prägnanten Mitschrift? Dafür ist es besonders wichtig, das entscheidende Drittel der Informationen zu erkennen und nicht einfach Ihre Schreibgeschwindigkeit zu erhöhen.

Und was ist mit den restlichen zwei Dritteln? Wenn Sie die wichtigen Inhalte einer Vorlesung (also das entscheidende Drittel) aufgenommen und notiert haben, sind Sie in der Lage, den Rest nachträglich aus diesen Notizen zu rekonstruieren.

- Überlegen Sie, wofür Sie eigentlich mitschreiben. Was wollen Sie mit Ihren Notizen später »anstellen«? **Tipp**
- Und wie müssen diese aussehen, um diesen Zweck erfüllen zu können?

2.1 | Erkennen Sie die Struktur der Vorlesung

Nutzen
Lernen Sie den Aufbau einer Vorlesung verstehen, dann können Sie die wesentlichen Aspekte besser erfassen.

Dieses Kapitel soll Sie von dem oft noch aus der Schule vertrauten »Abpinnen« von Folien oder von der Tafel wegführen. Wenn Sie den Aufbau einer Vorlesung durchschauen, erkennen Sie die wichtigen Punkte und können sich auf den Stoff der Vorlesungen selbst konzentrieren.

Erkennungssignale
Für die Gliederung, also die Struktur einer Vorlesung gibt es sprachliche und nicht sprachliche Erkennungssignale. In Seminaren haben Sie oft sogar vorgegebene, eindeutige Bestandteile, die Sie anhand der gestellten Fragen oder Aufgaben zuordnen können. Um diese Signale erkennen zu können, genügt es nicht einfach zuzuhören, sondern Sie müssen das Gehörte auch verstehen.

Hörverstehen
Das »Hörverstehen« ist ein Zusammenspiel Ihrer (neuro-)physiologischen (Reizaufnahme/Hören), mentalen und kognitiven (die Erkenntnis betreffende) Fähigkeiten.

Mit der Wahrnehmung eines geäußerten »Sprachschalles« beginnen in Ihnen, gleichzeitig viele Prozesse abzulaufen. Sollten Sie jedenfalls, wenn Sie aufmerksam zuhören. Diese Prozesse bewirken, dass das Gehörte von Ihnen Sinn konstituierend und anwendungsbezogen verarbeitet wird. **Erst wenn Sie das, was gemeint ist, wirklich verstanden und erfasst haben, können Sie es später aufschreiben.**

Gleichzeitig mit dem Hören und Verstehen bilden Sie Vermutungen über den weiteren Verlauf der Äußerungen des Dozenten. Diese gedanklichen Vorwegnahmen über das, was jetzt vermutlich gesagt wird, beeinflussen das weitere Verstehen und auch Ihre weiteren Reaktionen: jetzt weghören und aufschreiben – oder lieber erst einmal weiter zuhören.

Das klingt plausibel, aber was hat das mit der Struktur einer Vorlesung zu tun oder mit Ihrer Mitschrift?

Nun, wenn Sie nicht richtig zuhören und die Signale des Dozenten zu dem, was als Nächstes kommt, falsch interpretieren, entscheiden Sie sich an den falschen Stellen wegzuhören und verpassen wichtige Informationen – weil Sie sich gerade entschieden haben, jetzt aufzuschreiben.

Einflussfaktoren
Ihr Hörverstehen wird durch viele Faktoren beeinflusst, vom Dozenten, von Ihnen, der Situation und dem Inhalt des Gesagten.
- Dozent: Haltung, Gestik, Mimik, Stimme, Aussprache (Betonung der Silben), Wort- und Ausdruckswahl, Aufbau der Äußerung,
- Sie als Hörender: Erwartungen, Hörabsichten, Aufmerksamkeit, Konzentration, Gedächtnisleistung, Vorwissen,
- Situation: Ruhe oder Unruhe, Entfernung zum Dozenten (Sitzplatz), Raumluft,
- Inhalt: Verständlichkeit, Nachvollziehbarkeit, Verwertbarkeit.

Wie können Sie dieses Wissen nutzen?

- Nutzen Sie die Haltung, Gestik, Mimik, Stimme und sprachliche Ausdrucksweise des Dozenten als Signale für die Struktur der Vorlesung und erkennen Sie daran die inhaltlich wichtigen Informationen.
- Betrachten Sie sich als aktiven Teil der Vorlesung. Sie beeinflussen mit Ihren Erwartungen, Ihrer Hörabsicht und der damit verbundenen Aufmerksamkeit den Nutzen, den Sie aus dem Vorlesungsbesuch ziehen können.
- Suchen Sie gezielt Ihren Platz im Vorlesungssaal oder Seminarraum aus. Ihre Aufmerksamkeit wird mehr auf den Dozenten gelenkt, wenn Sie nicht neben der Studienkollegin sitzen, die Sie jetzt schon zwei Wochen nicht gesehen haben.
- Mit dem Inhalt müssen Sie lernen umzugehen, denn den können Sie nicht beeinflussen.

Nicht nur Werner Stangl empfiehlt dazu das TQ3L-Verfahren (vgl. Stangl, 26.5.2007), sondern auch wir haben damit viele positive Erfahrungen gemacht.

- **Tune-In**: Stimmen Sie sich auf die nun kommende Vorlesung, das Seminar positiv ein. Auch wenn es nicht Ihr Lieblingsthema ist, das dort behandelt wird. Machen Sie sich deutlich, wofür Sie den Erkenntnisgewinn nutzen können, das hilft.
- **Question**: Stellen Sie sich Fragen zum voraussichtlichen Stundenthema. Was wollen Sie erfahren, was macht sie neugierig. Stimulieren Sie damit Ihr Interesse.
- **Look at the Speaker**: Schauen Sie den Dozenten an. Nehmen Sie eine beobachtende Haltung an, dann entgehen Ihnen Hervorhebungen (z.B. durch Gestik) nicht.
- **Listen**: Hören Sie genau hin. Achten Sie auch auf die Stimmmodulationen. Viele Dozenten lassen so Hervorhebungen erkennen, die Sie für die Mitschrift nutzen können.
- **Look over**: Überdenken Sie von Zeit zu Zeit das Gehörte. Können Sie den roten Faden noch erkennen? Oder verstehen Sie gar nicht mehr, worum es gerade geht?

Ein ganz wichtiges Signal ist die eigene Langeweile. Die taucht auf, wenn Sie abgeschaltet haben. Abschalten geschieht meistens infolge der Empfindungen: »Jetzt verstehe ich nur noch Bahnhof« oder »Das kenne ich doch alles schon!«

Wenn Sie den Anschluss verpasst haben und nicht direkt nachfragen können, notieren Sie die Stelle – mit einer konkreten Fragestellung, was Sie nicht verstanden haben. Hören Sie anschließend weiter zu, ohne den Versuch zu machen, weiter mitzuschreiben. Erstens nützt Ihnen eine unverstandene Mitschrift überhaupt nichts. Zweitens gelingt es Ihnen so, mit erhöhter Aufmerksamkeit, eher wieder einen Ansatzpunkt für Ihre Verständnis zu finden. Klären Sie Ihre Verständnisfragen später – aber unbedingt vor der nächsten Vorlesung.

Wenn Sie »alles schon kennen« versuchen Sie einmal vorauszuden-ken, z. B. schon einmal Lösungsansätze zu entwickeln. Sind Sie anderer Meinung als der Dozent, entwickeln Sie Gegenargumente und notieren Sie sie. Stellen Sie hierzu eine Frage am Ende des Vortrags oder in der an-schließenden Diskussion.

Beispiel Hier ein Vorlesungsausschnitt als Beispiel:
»Das wäre also jetzt das Ergebnis unserer Finanzplanung und damit ist allerdings die Sache nicht beendet, sondern jetzt kommen wir zum dritten Punkt zur Liquiditätsreserveplanung.« (Grütz, 17.5.2007)

Gliederungssignale Hier finden Sie folgende strukturierenden Hinweise für Ihre Mitschrift:
- »Das wäre also jetzt das Ergebnis unserer Finanzplanung.«

Dies ist der Hinweis auf die Beendigung eines Unterpunktes (»Finanzpla-nung«) und dessen Stellenwert (»Ergebnis«).
- »Und damit ist allerdings die Sache nicht beendet, sondern …«.

Hier wird von einem Unterpunkt zu einem weiteren übergeleitet und der Zusammenhang mit dem vorherigen Unterthema aufgezeigt.
- »Und wir kämen dann zum dritten Teil.«

Hier die Ankündigung des neuen Unterthemas und die Einordnung in das Gesamtthema: »dritter Punkt«.
So könnte eine kurze und knappe Mitschrift dazu aussehen:
»Ergebnis: Finanzplanung
3. Liquiditätsreserveplanung«

Weitere **strukturierende Hinweise** sind z. B.:

Wir kämen jetzt zu …	Einleitung einer neuen Thematik
Schauen Sie, Beachten Sie	Wichtige Information, oft auch Kerngedanke
Damit ist auch deutlich geworden, dass …	Zusammenfassung
Es geht nicht darum …, Es geht darum …	Begrenzung der Thematik, der Bedeutung auf das Wesentliche
Sodass die Frage ist …, Das wirft die Frage auf …	Vorschau

Das bringt Sie weiter Beobachten Sie Ihre Dozenten und hören Sie ihnen genau zu. Sie werden dann bestimmte Muster erkennen und für Ihre Mitschriften nutzen kön-nen.

2.2 | Beherrschen Sie den Prozess des Mitschreibens

Erkennen Sie die einzelnen Schritte des erfolgreichen Mitschreibens und erstellen Sie gute Mitschriften.

Nutzen

Bei den Zielen einer Mitschrift müssen zwei Aspekte unterschieden werden: das **Ergebnis** der Mitschrift und der **Prozess** des Mitschreibens.

Ziele

Mitschriften sollen:
- der Entlastung des Gedächtnisses dienen,
- die Möglichkeit zur Wiederholung und Vertiefung des Stoffes bieten,
- als Unterlagen für die Prüfungsvorbereitung dienen.

Der Prozess des Mitschreibens:
- soll die Aufmerksamkeit fördern,
- soll eine aktive und fragende Grundhaltung in der Vorlesung bewirken,
- soll das Verstehen des Vorlesungsinhaltes fördern,
- soll das längere Behalten wichtiger Inhalte erleichtern.

Sie kennen das: Da haben Sie eineinhalb Stunden emsig mitgeschrieben und fast wörtlich festgehalten, was der Professor gesagt hat und eigentlich nicht viel verstanden. Wie hat er diesen Satz nur gemeint? Oder in welchem Zusammenhang hat er diesen Begriff noch mal verwendet? Die meisten Mitschriften aus Vorlesungen sind häufig schon sofort, fast immer aber kurz vor der Prüfung zu nichts mehr nütze.

Unbrauchbare Mitschriften

Häufig sind sie:
- kaum lesbar, weil sie so schnell wie möglich mitschreiben wollten, um nichts zu verpassen,
- gar nicht oder nur schlecht gegliedert, weil Sie nicht mitdenken und nur das Wesentliche aufschreiben wollten,
- viel zu lang, sodass sie später nicht mehr wirklich gelesen werden.

Die häufigste Gefahr ist:
- Sie schreiben viel zu viel mit!
- Sie schreiben alles auf – egal ob Sie es verstanden haben oder nicht!

Vorsicht

Für die eigenen Aufzeichnungen gilt: **So wenig wie möglich mitschreiben, immer nur das Nötigste.** Aber was ist nötig?

Es kommt nicht darauf an, so viele Informationen wie möglich schwarz auf weiß nach Hause zu tragen. Sondern verwertbare Informationen für

Verwertbare Informationen

die spätere Bearbeitung zu sammeln. Mitschreiben ist also mehr als das Aufschreiben von gehörten Inhalten auf Papier.

Prozess des Mitschreibens

1. Aktives Zuhören

Wer nicht gut zuhören kann, kann auch nicht gut mitschreiben! Es geht dabei um das Mitdenken, das gedankliche Verfolgen des Gehörten. Macht es einen Sinn für mich? In welchem Zusammenhang steht es mit dem vorher Gehörten. Welche Fragen tauchen auf?

2. Verstehen

Sie müssen den Vortragenden verstehen. Die Mitschrift soll ja nicht das Gesagte dokumentieren, sondern das von Ihnen Verstandene. Zum Verstehen müssen Sie das Wichtige vom Unwichtigen trennen. Denken Sie mal an Kalendereinträge oder Ihren Einkaufszettel. Da notieren Sie z. B. Termin bei Prof. XY. Diese Notiz reicht aus, um Sie daran zu erinnern, dass Sie sich mit Ihrem Professor über die Gliederung der Diplomarbeit austauschen wollen, ohne dass Sie dazu einen langen Roman in den Kalender schreiben. Oder Sie schreiben auf den Einkaufszettel »Leberwurst« und wissen, genau welche Sorte und wie viel Sie kaufen wollen. Warum Sie das wissen? Weil Sie den gesamten Zusammenhang um die Leberwurst herum verstanden haben.

Sie haben verstanden, wer Sie essen will, welche Sorten dieser Jemand mag, wie viel er davon immer isst etc. Sie haben also den Kontext um die Wurst herum verstanden. Es geht aber nicht nur um die Wurst, sondern auch um den Inhalt der Vorlesung. Auch hier gilt: Um sich an Verstandenes zu erinnern, reicht es, ein Stichwort zu notieren.

Zum Verstehen gehört auch das, was Sie noch nicht verstehen. Das heißt, Sie müssen erkennen, wo Nachfragen notwendig sind. Konzentrieren Sie sich bewusst auf die Aussagen des Vortragenden. Denken Sie mit und unterbrechen Sie ihn, wenn es möglich ist, bei Unklarheiten. Wenn eine sofortige Nachfrage nicht möglich ist, notieren Sie sich Ihre Frage und sprechen Sie den Dozenten später darauf an. Lassen Sie sich es erklären, damit Sie den Stoff wirklich verstanden haben.

3. Entscheiden

Der Moment des Aufschreibens unterbricht den Moment des Hörens. In dem Augenblick, wo Sie aufschreiben, hören Sie nicht mehr, was weiter gesagt wird. Sie müssen also zwei Entscheidungen treffen: Ist das gerade Gehörte so wichtig, dass ich es notieren muss, und wird das, was jetzt gesagt wird, so unwichtig sein, dass ich es verpassen kann? Klingt sehr kompliziert. Aber es wird relativ einfach, wenn Sie das auswählen, was bei Ihnen mit der Empfindung »Ach so ist das!« oder aber »Das verstehe ich nicht!« verbunden ist.

Hören Sie so lange zu, bis ein Sinnabschnitt beendet ist. So behalten Sie den Überblick über die Information. Und dann notieren Sie maximal einen Satz!

Das bringt Sie weiter

Wenn Ihnen das Mitschreiben gerade am Anfang Ihres Studiums schwer fällt, dann gleichen Sie die Mitschriften mit anderen Studierenden Ihrer Lerngruppe ab und schließen Sie so die Lücken.

2.3 | Beachten Sie wichtige Regeln beim Mitschreiben

Merken Sie sich die folgenden Regeln für Ihre Mitschriften und Sie werden wesentlich mehr mit Ihren Aufzeichnungen anfangen können.

- Strukturieren Sie das Gehörte. Wenn Ihnen der Aufbau und die Gliederung des Stoffs bekannt sind, wirkt diese Struktur wie ein Gerüst, dessen Lücken Sie mit Ihren Notizen füllen können. Nutzen Sie kommentierte Vorlesungsverzeichnisse und bereiten Sie sich auf den Besuch einer Vorlesung vor.
- Hören Sie aktiv zu. Stellen Sie Fragen und beteiligen sich an Diskussionen. Wenn eine Vorlesung das nicht zulässt, notieren Sie diese Fragen und Anmerkungen.
- Schreiben Sie erst, wenn ein Sinnabschnitt beendet ist. Wenn Sie zu früh das Zuhören unterbrechen und möglicherweise Gedanken selbst zu Ende denken, kommen Sie vielleicht zu anderen Ergebnissen als der Dozent.
- Kennzeichnen Sie eigene Ergänzungen. Aus der Mitschrift soll der eigentliche Tenor der Vorlesung hervorgehen.
- Setzen Sie das Gehörte in Beziehung zu Ihrem vorhandenen Wissen. Dadurch ergeben sich schnell offene Fragen oder Anregungen, den Stoff an bestimmten Punkten zu vertiefen.
- Achten Sie auf die Aufmerksamkeitssignale des Dozenten.
- Formulieren Sie wichtige Kerngedanken in eigenen Worten. Dadurch erkennen Sie sehr schnell, ob Sie sie wirklich verstanden haben.
- Schreiben Sie keine Sätze, sondern Stichpunkte.
- Entwickeln Sie ein eigenes System von Abkürzungen und Symbolen. Ihre Abkürzungen müssen auch später noch verständlich sein. Nutzen Sie daher auch die gängigen Abkürzungen (z. B. für »zum Beispiel«, usw. für »und so weiter«, d. h. für »das heißt« und u. für »und«).
- Ersetzen Sie immer wiederkehrende Schlüsselwörter durch feste, eindeutige Abkürzungszeichen. Geht es beispielsweise in einem Vortrag um »diskontinuierliche Erwerbsverläufe«, können Sie diesen Begriff immer durch ein einfaches »d. E.« ersetzen. Einsilbige Wörter sollten Sie immer ausschreiben.

Tauschen Sie sich in Ihrer Lerngruppe über Ihre Fortschritte aus. So erhalten Sie wertvolle Tipps und Hinweise.

Nutzen

Regeln

Das bringt Sie weiter

2.4 | Gestalten Sie Ihre Mitschrift übersichtlich

Nutzen Eine sinnvolle und übersichtlich gestaltete Mitschrift kann Ihnen das Lernen sehr erleichtern.

Viele kleine und einfache Verfahren helfen einem, eine nützliche Mitschrift zu erstellen:

Tipps
- Benutzen Sie lose Blätter und sammeln Sie diese in einer Mappe für das entsprechende Fachgebiet. Ergänzungen und Nachträge lassen sich so wesentlich einfacher einordnen.
- Nehmen Sie diese Mappe zu jeder Vorlesung mit. Ergänzungen oder zusätzliche Hinweise zu der letzten Vorlesung können Sie dann an Ort und Stelle (mit Datum) vermerken.
- Beschriften Sie die Blätter nur einseitig. Dadurch können Sie die Blattrückseite für Änderungen und Ergänzungen bei der Nacharbeitung nutzen.
- Strukturieren Sie das Blatt (vgl. Abschnitt 2.5).
- Kennzeichnen Sie die Seiten mit einem Kürzel für die Lehrveranstaltung, den Namen des Dozenten, das Datum sowie der Seitenzahl.
- Schreiben Sie Titel, Zwischenüberschriften, zentrale Themen, Kernaussagen und Tafelbilder ab.
- Lassen Sie ausreichend Platz zwischen den einzelnen Notizen und einen Rand an den Seiten frei. Dort können Sie Ergänzungen oder eigene Gedanken sowie Markierungen nachtragen.
- Ordnen Sie die Notizen in einer logischen Reihenfolge und nicht unbedingt chronologisch. Sie wollen ja die Aussage einer Vorlesung festhalten und nicht ihren Verlauf dokumentieren. Wenn Sie die Stichworte weiter auseinander anordnen, können Sie die darum kreisenden Argumente eines Vortrags jeweils zuordnen.
- Markieren Sie die Kerninformationen. Nutzen Sie dazu Farben und Symbole (vgl. Abschnitt 2.6).
- Notieren Sie Fachbegriffe, Namen, Zitatbelege und Literaturhinweise vollständig. Kürzen Sie unbekannte Namen und Fachbegriffe nicht ab, da sonst das Wiederfinden in der Fachliteratur erschwert wird.
- Versuchen Sie während des Hörens, Schaubilder, Flussdiagramme oder Schemata aus dem Gesagten abzuleiten.

Das bringt
Sie weiter
- Erarbeiten Sie sich ein Schema für Ihre Mitschriften und bereiten Sie sich entsprechende Blätter vor.
- Benutzen Sie das nachfolgend dargestellte Muster (vgl. Abschnitt 2.5) und beherzigen Sie die Anregungen zu den Markierungen (vgl. Abschnitt 2.6).

2.5 | Die perfekte Struktur für Ihre Mitschrift

Nutzen Sie ein gut strukturiertes Mitschriftenblatt.

Nutzen

Beispiel

Rand zum Abheften	Name der Veranstaltung: BWL I	Titel der Vorlesung: Controlling	Datum 15.5.07	Seite 8
	Dozent: Heister			
	Überleitung zur letzten Veranstaltung: Thema/Thesen/Fragen: Differenzierung strategisches und operatives Controlling Inhalte der Veranstaltung – gut leserlich		Rand für Anmerkungen, Notizen, Kommentare, Markierungen.	
	P. 3. strateg. Controlling Ziele Struktur... Lücken, um in der Nacharbeit Infos einfügen zu können Instrumente des strateg. Controllings SWOT (Swot Analyse) Balanced Scorecard Ergebnisse der späteren Nacharbeit		Def. Siehe: Horvarth, S. 160	
	Hinweise auf Zusammenhänge zu anderen Seiten Siehe BSC Seite 4			

Erstellen Sie sich eine Word-Vorlage, drucken diese aus und kopieren Sie sie mehrmals, dann haben Sie eine Vorlage bzw. Schablone für Ihre Mitschriften in Vorlesungen und Seminaren.

Das bringt Sie weiter

2.6 | Durch Markieren besser kapieren

Nutzen   Verschaffen Sie sich dank sinnvoller Markierungen einen schnellen Überblick über Ihre Mitschriften.

Um die Informationen Ihrer Mitschrift anschließend gut verwerten zu können, sollten Sie **Markierungen** und **Hervorhebungen** einsetzen. Wenn Sie Ihre Mitschrift dann zum Aufarbeiten oder Lernen wieder hervorholen, bekommen Sie schneller einen Überblick. Sehr hilfreich ist es, wenn Sie sich ein **persönliches Repertoire** an Zeichen und Markierungen anlegen.

Randsymbole   Die folgenden Beispiele für Randsymbole finden Sie neben weiterer Tipps für gute Mitschriften auf der Internetseite von W. Pohl (vgl. Pohl, 24.5.2007).

✔	Ich habe den Stoff verstanden.	?	Nicht begriffen. Nachfragen!	○	Beispielsätze, Beispielrechnungen
🔆	Hier ist mir ein Licht aufgegangen!	!	Sehr wichtiger Stoff!	Def	Definition
Zus	Zusammenfassung	Disk	Hier ergab sich eine Diskussion.	HA	Hausaufgabe

http://www.pohlw.de/lernen/kurs/lern-03.htm#Linear, 24.5.2007.

Weitere Beispiele:

Randmarkierungen	Randkommentare	Markierungen innerhalb des Textes
! wichtig	Th = These	Einkreisen = Schlüsselworte
!! sehr wichtig	Arg. = Argument	Unterstreichungen in gleicher Farbe = zusammengehörende Aspekte
?! fragwürdig	Def. = Definition	Wellenlinien = noch mal nachlesen
? nachfragen	ZSF = Zusammenfassung	Blauer Kugelschreiber = normaler Text
+ gut	Link = Hyperlink	Schwarzer Bleistift = Beispiel bzw. Übung
– schlecht	Aufg. = Aufgabe	
ÜÜÜ Übung	Log? = Widerspruch in der Argumentation	
=> daraus folgt	Bsp. = Beispiel	
	vgl. Lit. = Hinweis auf entsprechende Literatur	

Das bringt Sie weiter   Nehmen Sie immer dieselben Kürzel. Üben Sie so lange, bis Sie sie »automatisch« verwenden.

2.7 | Die optimale Nachbereitung Ihrer Mitschrift

Nutzen Sie Ihre Mitschrift sofort als Lernhilfe und festigen Sie so den Semesterstoff.

    Die Mitschriften sind wie ein schriftliches Gedächtnis. Nur kurz nach einer Vorlesung können Sie sich über die Notizen hinaus noch an weitere Inhalte erinnern. Ergänzen Sie daher unvollständige oder zu knapp ausgefallene Teile sofort und suchen nach Antworten auf offene Fragen.

Nutzen

Aus der Lernpsychologie ist bekannt, wie wichtig es ist, aufgenommene Inhalte von Vorlesungen und Vorträgen umgehend zu elaborieren und memorieren, um sie nicht zu vergessen.

Nicht Vergessen

Seien Sie also diszipliniert und nehmen Sie sich noch am gleichen oder spätestens am nächsten Tag Zeit, Ihre Mitschrift nachzubereiten.

    Die Zeit, die Sie dazu aufwenden, sparen Sie bei einer späteren Bearbeitung, in der es für Sie viel mühsamer ist, fehlende Inhalte zusammenzusuchen.

    Wenn Sie die Nachbereitung direkt nach der Vorlesung machen, sind nicht nur Ihre Erinnerungen noch frischer, sondern Sie haben auch eine größere Chance, dass Sie Ihre Kommilitonen ggf. noch nach Ergänzungen fragen können.

Zeit nehmen

Den **Prozess des Nachbereitens** kann man in folgende Schritte unterteilen:

Einzelne Schritte

- Mitschriften durchlesen,
- unleserliche Stellen verbessern,
- den roten Faden überprüfen,
- die Richtigkeit und Genauigkeit kontrollieren (Fachbegriffe und Definitionen nachschlagen),
- Fragen zum Verständnis klären (unklare Begriffe in Lexika nachschlagen und Definitionen ergänzen),
- die eigene Mitschrift mit anderen vergleichen,
- Ergänzungen und Fehlendes einfügen,
- Thematik vertiefen.
  Überlegen Sie während der Überarbeitung, ob Sie die neuen Inhalte zu ihrem bisherigen Wissen in Verbindung setzen können. Kennen Sie Bücher oder Artikel zu diesem Thema? Mit welchen Aspekten möchten Sie sich intensiver auseinandersetzen? Notieren Sie diese Gedanken auf der Rückseite Ihrer Mitschrift. Sie helfen Ihnen, Anhaltspunkte für mögliche Hausarbeiten zu sammeln und Lernhilfen für Klausurvorbereitungen zu finden.

Fassen Sie nach der Überarbeitung die Kerngedanken noch einmal kurz zusammen. Sprechen Sie sich die Hauptaussagen zur Wiederholung und Selbstkontrolle laut vor.

Das bringt Sie weiter

2.8 | Das Mitschreiben gemeinsam mit anderen organisieren

Nutzen Erfahren Sie, wie Sie mit kooperativ erstellten Mitschriften gut arbeiten können.

Warum sich alleine plagen, wenn Sie gemeinsam zu besseren Ergebnissen kommen?

Vorsicht Es geht hier nicht darum, die lästige Arbeit des Mitschreibens auf andere abzuwälzen, um dann vielleicht auch noch die eine oder andere Vorlesung schwänzen zu können.

Natürlich ist es hilfreich, wenn Sie auch Mitschriften von Vorlesungen bekommen, die Sie z. B. wegen Krankheit versäumt haben. Es hilft Ihnen jedoch nicht viel weiter, wenn Sie diese Mitschriften einfach kopieren und abheften.

Mitschriften von anderen ersetzen auf keinen Fall die Teilnahme an Vorlesungen, Übungen und Seminaren, sondern ergänzen diese nur.

Mitschriften aufteilen Wenn Sie sich mit mehreren Kommilitonen zusammentun, um die Mitschriften zu organisieren, beachten Sie folgende Punkte:

- Legen Sie fest, wer für welche Vorlesung die Verantwortung für die Mitschrift hat und wer notfalls einspringt.
- Legen Sie eine gemeinsame Mindestanforderung für die Inhalte und die Struktur der Mitschrift fest (Sie glauben gar nicht, was manche als Mitschrift bezeichnen!).
- Wenn Sie die Gliederungspunkte einer Vorlesung kennen, können Sie auch einzelne Themen verteilen.
- Jeder sollte sich dennoch immer die für sich wichtigen Punkte notieren.
- Klären Sie vorher, wie und wann die Mitschrift verteilt werden soll.
- Fremde Mitschriften erfordern eine gründlichere Nachbereitung. Formulieren Sie die Mitschrift anschließend in Ihrem persönlichen Stil und Darstellungsweise neu.

Nachbereitung Auch bei der Nachbereitung ist es sinnvoll, die Lerninhalte gemeinsam zu diskutieren und zu wiederholen. Dadurch können Sie Inhalte, die Sie nicht so gut in der Vorlesung mitbekommen oder verstanden haben, klären.

Aber nicht nur, wenn Sie etwas erklärt bekommen, sondern auch, wenn Sie der Erklärende sind, profitieren Sie davon. Inhalte, die Sie erläutern müssen, werden Ihnen dadurch noch besser verständlich, da Sie diese gut strukturiert wiedergeben müssen, damit der andere sie versteht.

Das bringt Sie weiter Behalten Sie selbst entwickelte Grafiken, Schaubilder, Maps etc. nicht für sich, sondern lassen Sie andere Studierende daran teilhaben. Sie werden dann schnell zum »Experten«. Eventuelle Fragen zu den Inhalten zeigen Ihnen, wo Ihr Wissen fundiert ist und wo Sie selbst noch viel lernen müssen.

3 Selbstwirksamkeit – der Schlüssel für eine erfolgreiche Prüfung

»Nicht die Tatsachen selbst beunruhigen die Menschen, sondern die Meinungen darüber.« Epiktet (Epiktet 1958, S. 19).

Wirkung eigener Gedanken

Mit diesem Satz beschreibt der griechische Philosoph Epiktet (um 55–140 n. Chr.), dass das menschliche Verhalten in entscheidendem Maße von den eigenen Gedanken geprägt wird.

Für Ihre Prüfungssituation bedeutet das, dass Ihre Gedanken mit darüber entscheiden, wie Sie sich in der ganzen Prüfungsphase fühlen und welche Note Sie schließlich erzielen.

In diesem Kapitel können Sie erfahren, welche Gedanken den Ablauf und das Ergebnis von Prüfungen bestimmen:
- Welche Gedanken können Ihnen schaden?
- Welche Gedanken helfen Ihnen, Ihr Ziel zu erreichen?

Um Antworten auf diese Fragen zu finden, unternehmen wir in diesem Kapitel eine Reise durch die Welt der Gedanken, die den Prüfungserfolg mitbestimmen.

Sie erfahren zunächst etwas über die **Macht der Gedanken.** Was bewirken sie bei uns, was lösen sie aus?

Gliederung

Welche **Art von Gedanken** ist es, die solche Macht entfaltet, dass Sie in der Prüfungsvorbereitung entspannt dasitzen, oder aber verzweifelt in Ihren Unterlagen blättern? Und dass Sie dann in der Prüfung Ihren eigenen Herzschlag deutlicher hören als die Fragen des Prüfers?

Außerdem sollen Siezur **Diagnose Ihrer eigenen Gedanken, die Sie sich in der Prüfungszeit machen**, befähigt werden: Welche Gedanken helfen mir? Welche Gedanken hindern mich daran, mein Ziel zu erreichen?

Es werden weiterhin **Techniken und Methoden** vorgestellt, mit denen Sie Ihren Gedankenstrom so ordnen können, dass Sie Herr Ihrer eigenen Gedanken werden und nicht von lästigen unwillkürlichen Gedanken bei der Prüfungsvorbereitung gestört werden.

Selbstwirksamkeit

Erkennen Sie, dass es einen **Schlüsselfaktor** gibt, der den Erfolg in Ihrer Prüfung bestimmt:

Selbstwirksamkeit:
Die innere Überzeugung,
eine Prüfung trotz Anstrengung
und Schwierigkeit bewältigen zu können.

Trotz Schwierigkeiten und Anstrengungen
kann ich die Prüfung bewältigen.
Davon bin ich fest
überzeugt!

Diese Überzeugung fällt natürlich nicht vom Himmel. Es ist nicht so, dass Sie eines Morgens aufstehen und plötzlich ist die Selbstwirksamkeit da.

Vielmehr ist es eine innere Haltung, die im Laufe der Zeit stärker wird, wenn Sie richtig mit Ihren Gedanken umgehen und Ihr Verhalten nach den gewonnenen Erkenntnissen ausrichten.

Am Anfang mag es noch sein, dass negative Gedanken Sie daran hindern, Ihre Prüfungsziele zu erreichen.

Diese kommen zwischendurch immer mal wieder, doch schließlich macht sich der Gedanke breit, dass Sie Ihre Ziele erreichen können.

Sie werden zum Coach Ihrer selbst.

Foto: Werner Heister

3.1 | Die Macht der Gedanken

Ihre Prüfungsleistung wird von Ihrer Einstellung und Ihren Gedanken maßgeblich beeinflusst.

Nutzen

Foto: Dieter Wälte

Der Volksmund sagt: »Der Glaube kann Berge versetzen«. Er beschreibt damit die enorme Macht, die der Glaube, die Überzeugungen und die Gedanken haben.

Berge versetzen

Dieser Satz sollte allerdings nicht allzu wörtlich genommen werden. So als könne man durch Gedanken wirklich alles erreichen, man müsse eben nur das Richtige denken und fest daran glauben.

Das suggeriert natürlich auch, dass jeder seine Welt selbst erschaffen kann und Glück und Unglück von jedem Menschen selbst abhängen. Im Umkehrschluss verleitet dieser Satz sogar zu dem moralischen Urteil, dass Menschen, denen es durch Krankheit, Armut oder Erfolglosigkeit schlecht geht, selbst an ihrem Schicksal schuld sind. Wenn diese Menschen nur die richtigen Gedanken gehabt hätten, dann müssten sie auch nicht so viele Rückschläge und Nachteile erdulden.

Übertragen auf das Studium bedeutet das, dass Leistungen von Studenten (ihre Note) nicht nur von ihren eigenen Gedanken abhängen, sondern auch entscheidend von dem Verhalten des Prüfers geprägt sind. Wenn der Prüfer meint, er könne seine Studenten für sein Fach nur mithilfe einer Durchfallquote von mehr als zwei Dritteln »begeistern«, dann hängt das Abschneiden des Studenten selbstverständlich auch vom Verhalten des Dozenten ab.

Auf die Gedanken seines Professors hat der Student nur einen geringen Einfluss. Aber unter Umständen kann er seine Gedanken und damit seine Leistung so weit verändern, dass er **selbst unter solch schwierigen Bedingungen** zu denen gehört, die **die Prüfung bestehen**.

Um das zu erreichen, beschäftigen sich die folgenden Ausführungen zunächst mit den möglichen Auswirkungen der Gedanken auf den Körper (Abschnitt 3.2), die Psyche (Abschnitt 3.3) und die Interaktion (Abschnitt 3.4).

Sie müssen mit Ihren Gedanken nicht gleich Berge versetzen. Sie sollen aber lernen, die eigenen Gedanken so weit zu verändern, dass Sie auch unter schwierigen Bedingungen Prüfungen erfolgreich bewältigen können.

Das bringt Sie weiter

3.2 | Auswirkungen auf den Körper

Nutzen Spüren Sie die Macht der Gedanken in Ihrem Körper.

Um die Auswirkungen der Gedanken auf den Körper etwas näher kennenzulernen, versetzen Sie sich bitte in die folgende Situation (lesen Sie hierfür die Sätze langsam durch und lassen Sie die inneren Bilder auf sich wirken):

Übung 1 Sie kommen gerade nach Hause, nachdem Sie auf dem Markt eingekauft haben. Dort haben Sie bei Ihrem Gemüsehändler zwei Zitronen erworben, weil Sie gerne das neue Rezept Ihrer Kommilitonin »Hähnchen in Zitrone« ausprobieren möchten.

Nun beginnen Sie mit der Vorbereitung des Gerichts. Sie holen eine Zitrone aus der Einkaufstasche und riechen an der Zitrone, um das Aroma zu testen. Nun legen Sie die Zitrone auf ein Küchenbrett und schneiden sie mit einem scharfen Messer in der Mitte durch.

Foto: Dieter Wälte

Bereits beim Schneiden strömt der Geruch der aufgeschnittenen Zitrone Ihnen entgegen. Um ganz sicher zu gehen, dass Sie die richtigen Zitronen gekauft haben, nehmen Sie eine Zitronenhälfte in die rechte Hand und lecken ganz leicht an der Schnittseite.

Haben Sie etwas bemerkt?

Den meisten Menschen läuft bei dieser kleinen Geschichte das Wasser im Munde zusammen.

Ergebnis Machen Sie sich klar: Das passiert nicht etwa dadurch, dass Sie tatsächlich eine Zitrone in der Hand haben, sondern die körperliche Reaktion (das Wasser läuft im Munde zusammen) kam nur durch **das Hineinversetzen, das Eintauchen in die Gedanken** zustande.

Übung 2 Eine weitere Übung lässt sich aus einer Geschichte ableiten, die sich vielleicht in einem Shaolin-Kloster abspielen könnte:

Meister Lee führt seine sechs Schüler im Alter von zehn Jahren in einen Raum. Dort befindet sich ein zwei Meter langes, zwei Meter breites und zwei Meter tiefes Becken, also ein kleiner Swimmingpool mit angenehm warmem Wasser.

Über dem Becken liegt ein dreißig Zentimeter breiter stabiler Balken. Meister Lee bittet nun seine Schüler nacheinander, über den Balken zu balancieren.

Die Schüler freuen und wundern sich über die leichte Übung und lösen einer nach dem anderen die Aufgabe mit Bravour.

Nach dieser Übung führt Meister Lee die Schüler in einen zweiten Raum, der architektonisch ein Spiegelbild des ersten Raumes darstellt. Nun bittet Meister Lee seine Schüler, auch über diesen Balken zu balancieren.

»Ich möchte zuerst dran kommen«, ruft sein Schüler Hu und bittet seinen Lehrer um den Vortritt. »Hast du dir das gut überlegt?«, fragt ihn der Meister. »Aber das ist doch ganz leicht, Meister Lee«, antwortet der Schüler Hu etwas verwirrt.

Dann eröffnet der Meister seinen Schülern: »Bevor ihr diese Übung macht, sollt ihr wissen, dass sich in diesem Becken Salzsäure befindet. Das Kindergrab hinter unserem Kloster stammt von einem Schüler, der vor zwei Jahren von dem Balken gefallen ist. Nun, wer möchte zuerst über den Balken laufen?«.

Im Raum herrscht Totenstille. Niemand traut sich an die Aufgabe des Meisters heran. Deshalb macht der Meister die Übung vor und spricht laut den Satz: »Ich bin in der Lage, über diesen Balken zu laufen.« Nur zögernd meldet sich einer der Schüler, hinter dessen Rücken der Schüler Hu sich versteckt: »Ich würde es ja versuchen, aber ich denke immer, ich könnte in die Salzsäure fallen.«

Während er das sagt, zittert der Schüler leicht. Deshalb gibt Meister Lee die Instruktion: »Der Balken ist 30 cm breit. Ich bin in der Lage, über diesen Balken zu laufen.«

Mit diesem Satz überquert der Schüler den Balken an der Hand seines Meisters vorsichtig und sicher. Schüler Hu denkt jedoch so sehr an seine Angst und die Möglichkeit, ins Becken zu fallen, dass er die Instruktion seines Meisters nicht hört.

Obgleich auch er von dem Meister geführt wird, wäre er ins Becken gefallen, wenn der Meister ihn nicht festgehalten und weitergeführt hätte. Zum Schluss der Übung eröffnet der Meister seinen Schülern, dass sich auch in dem zweiten Becken lauwarmes Wasser befindet.

Die Schüler erkennen nun den Sinn der Übung, den Meister Lee verdeutlichen wollte.

Gedanken können sich so stark auf den Körper auswirken, dass eine leichte motorische Übung plötzlich nicht mehr bewältigt werden kann. Wie ein unsichtbarer Faden haben sie eine direkte oder indirekte Wirkung auf den Körper. **Ergebnis**

Übung 3

Foto: Werner Heister

Machen Sie bitte auch noch die folgende Übung (Achtung: Halten Sie sich dabei gut an dem Treppengeländer fest).

Gehen Sie zu einer kleinen Treppe, die Sie schon häufig benutzt haben. Diese Treppe stellt für Sie normalerweise nur eine kleine Hürde dar, bevor Sie Ihr Ziel (z. B. Wohnung, Hochschulgebäude) erreichen.

Sie verschwenden normalerweise keinen Gedanken daran, dass Ihnen das Treppensteigen schwer fallen könnte oder dass diese Treppe für Sie überhaupt eine wirkliche Hürde darstellen könnte.

Nun suchen Sie genau diese Treppe mit der inneren Einstellung auf, dass Sie auf der Treppe ausrutschen und sich beim Sturz ernsthaft verletzen könnten. Das möchten Sie natürlich unbedingt vermeiden. Um den möglichen Treppensturz zu verhindern, achten Sie auf jede Bewegung, die sie auf der Treppe machen. Konzentrieren Sie sich besonders auf Ihre Beine und Füße, beachten Sie jede Einzelheit bei der Koordination Ihrer Schritte.

Ergebnis

Wenn Sie die Übung richtig gemacht haben, werden Sie feststellen, dass Ihnen das Treppensteigen plötzlich sehr schwer gefallen ist. Für Außenstehende wirkte das vermutlich sehr ungeschickt und unbeholfen. Beim Treppensteigen waren die Gedanken (Erwartung eines Sturzes, Konzentration auf die Koordination der Beine und Füße) irgendwie störend.

Vielleicht ging es Ihnen in der Übung wie dem Tausendfüßler in der Parabel, der seine Beine immer koordiniert bewegen konnte, bis er eines Tages über die Koordination seiner Beine nachdachte und stolperte.

Körperliche Symptome

Negative Gedanken können bei Menschen dazu beitragen, dass sich langfristig körperliche Symptome derart intensiv einstellen, dass der Betreffende fest davon ausgeht, es handle sich um eine organische Störung. Diese Störungen werden als somatoforme Störungen bezeichnet und zählen zu den häufigsten Erkrankungen, da ca. 10 % der Bevölkerung darunter leiden.

Die Bezeichnung somatoforme Störungen dient als Oberbegriff für eine Gruppe von Krankheiten, bei denen medizinisch unklare körperliche Symptome, Befürchtungen bezüglich körperlicher Erkrankung oder äußerer Entstellung im Vordergrund stehen.

Die Störungen erscheinen körperlich verursacht, sind es jedoch nach dem gegenwärtigen Erkenntnisstand nicht. Patienten mit somatoformen Störungen hegen jedoch die Befürchtung oder Überzeugung, eine schwere körperliche Krankheit zu haben.

Im Extremfall können negative Gedanken, insbesondere aufgrund traumatischer Erfahrungen, sogar so weit führen, dass spezifische körperliche Funktionen ausfallen, obgleich keine organische (neurologische)

Erkrankung vorliegt. Solche Störungen werden in dem Klassifikationssystem der psychischen Störungen nach ICD-10 als Konversionsstörungen bezeichnet.

Übrigens: Die Psychosomatik ist das Lehrgebiet, das sich intensiv mit der Beziehung zwischen psychischen Prozessen (dazu gehören Gedanken) und den körperlichen Reaktionen und den Wechselwirkungen zwischen Psyche und Körper beschäftigt.

Wenn Sie den Eindruck haben, dass negative Gedanken bei Ihnen einen starken Einfluss auf unangenehme körperliche Symptome haben, dann kann Ihnen vielleicht ein Entspannungstraining weiterhelfen. Aber sprechen Sie dies bitte immer vorher mit Ihrem Hausarzt ab und lernen Sie die Technik unbedingt bei einem Profi (z. B. Psychologen)!

Das bringt Sie weiter

3.3 | Auswirkungen auf die Psyche

Nutzen Erfahren Sie, welche Auswirkungen Gedanken auf psychische Prozesse wie Konzentration, Stimmung und Gefühle haben.

Übung Nehmen Sie sich bitte 10–15 Minuten Zeit. Versetzen Sie sich in Ihre Schulzeit zurück. Dann fällt Ihnen vermutlich schnell eine Situation ein, in der Sie eine schlechte Schulnote bekommen haben. Die meisten Menschen haben die eine oder andere Klausur mit einer schlechten Note abgeschlossen und entwickelten in diesem Zusammenhang eine Reihe negativer Gefühle. Ist Ihnen eine solche Situation präsent? Gut, dann lassen Sie Ihren Gedanken freien Lauf. Erinnern Sie sich an das Fach, in dem Sie die schlechte Note erhalten haben. Stellen Sie sich den Raum vor, in dem das unangenehme Ereignis stattfand. Erinnern Sie sich an den Lehrer/die Lehrerin. Vielleicht wissen Sie noch, wer neben Ihnen saß. Erinnern Sie sich wenn möglich an Einzelheiten des Raumes: Geruch, Licht, Geräusche, Ihre körperlichen Reaktionen. Sie sehen die Klausur vor sich und lassen alle Gefühle auf sich wirken.

Welche Beziehungen sehen Sie zwischen Ihren Gedanken und Ihren Gefühlen?

Paradigmen-
wechsel Die Erkenntnis, dass die Gedanken bei psychischen Prozessen und Phänomenen eine große Rolle spielen, hat Ende der 60er bzw. Anfang der 70er Jahre des letzten Jahrhunderts das wissenschaftliche Weltbild der Psychologie radikal verändert. Es fand ein Paradigmenwechsel statt: Versuchte man vor dieser Zeit noch, der menschlichen Psyche durch einfache Lerngesetze auf die Spur zu kommen, gibt es heute keine Modelle über die menschliche Psyche mehr, die ohne die Einbeziehung der Gedanken auskommen. Das wird insbesondere im Bereich der Klinischen Psychologie deutlich, deren Schwerpunkt die Diagnostik und Behandlung von psychischen Störungen ist.

Die Entstehung und der Verlauf psychischer Störungen werden in der Klinischen Psychologie im Zusammenhang mit negativen oder problematischen Gedanken gesehen. So haben z. B. Patienten mit Depressionen häufig negative Gedanken über sich, ihre Umwelt und ihre Zukunft. Patienten mit Magersucht (Anorexia Nervosa) plagen sich ständig mit dem irrationalen Gedanken, sie könnten zu dick sein. Angstpatienten denken, dass an sich harmlose Tiere (z. B. kleine ungiftige Spinnen), Situationen (z. B. mit dem Aufzug fahren) oder körperliche Reaktionen (z. B. der eigene Herzschlag) mit Gefahr verbunden sind. Bei der psychotherapeutischen Behandlung dieser psychischen Störungen ist die Veränderung der Gedanken oft der Schlüssel zum Erfolg.

Das bringt
Sie weiter Weitere Informationen finden Sie in: Wittchen/Hoyer 2006.

3.4 | Auswirkungen auf die Interaktion

Erkennen Sie die Auswirkungen von Gedanken auf die Interaktion. *Nutzen*

Gedanken haben nicht nur Auswirkungen auf den Körper und die Psyche, sondern sie haben auch Einfluss auf die Interaktion, die zwischenmenschlichen Beziehungen. Niemand hat das besser zum Ausdruck gebracht als Watzlawick, ein Pionier der Kommunikationsforschung:

Beispiel 1

»Ein Mann will ein Bild aufhängen. Den Nagel hat er, nicht aber den Hammer. Der Nachbar hat einen. Also beschließt unser Mann, hinüberzugehen und ihn auszuborgen. Doch da kommt ihm ein Zweifel: Was, wenn der Nachbar mir den Hammer nicht leihen will? Gestern schon grüßte er mich nur so flüchtig. Vielleicht war er in Eile. Aber vielleicht war die Eile nur vorgeschützt, und er hat etwas gegen mich. Und was? Ich habe ihm nichts angetan; der bildet sich da etwas ein. Wenn jemand von mir ein Werkzeug borgen wollte, ich gäbe es ihm sofort. Und warum er nicht? Wie kann man einem Mitmenschen einen so einfachen Gefallen abschlagen? Leute wie dieser Kerl vergiften einem das Leben. Und dann bildet er sich noch ein, ich sei auf ihn angewiesen. Bloß weil er einen Hammer hat. Jetzt reicht's mir wirklich. – Und so stürmt er hinüber, läutet, der Nachbar öffnet, doch noch bevor er ›Guten Tag‹ sagen kann, schreit ihn unser Mann an: ›Behalten Sie Ihren Hammer, Sie Rüpel!‹« (Watzlawick 1988, S. 37–38).

In diesem Beispiel wird die ganze Interaktion nur durch die **Erwartungen** des Mannes an den Nachbarn bestimmt. Das Fatale ist, dass der Mann an keiner Stelle den Realitätsgehalt seiner Vermutungen überprüft, sondern in seiner Gedankenwelt dem Nachbarn Motive und Absichten unterstellt, die dieser vermutlich gar nicht hat. *Realitätsgehalt*

Solche Gedanken, deren Realitätsgehalt nicht überprüft wird, sondern die im »Kopfkino« des Menschen eine seltsame Eigendynamik entwickeln, können so extrem werden, dass die betroffenen Personen ihr ganzes Verhalten in zwischenmenschlichen Beziehungen danach ausrichten.

Im Extremfall leiden diese Menschen und ihre Umwelt unter den Folgen einer Persönlichkeitsstörung, bei der das Denken, Fühlen und Verhalten deutlich von der soziokulturellen Erwartung ihrer Umgebung abweicht und die sie eventuell ihr ganzes Leben lang nicht mehr loswerden.

So fürchten Menschen mit einer paranoiden Persönlichkeitsstörung ständig, anderen Menschen könnten ihnen Schaden zufügen. Ihr zwischenmenschliches Verhalten wird von einem zentralen Gedanken geleitet, den man so formulieren könnte: »Die anderen Menschen wollen mich erniedrigen oder ärgern.«

Andere Menschen haben extreme Selbstzweifel und sind sehr unsicher bezogen auf die eigene Person. Deren Verhalten scheint programmiert zu sein von Gedanken wie: »Die Welt ist gefährlich. Jede Kritik ist gleichbedeutend mit einer Niederlage. Nur wenn ich absolut akzeptiert werde, kann ich in Beziehung treten. Man muss mich mögen, ich darf nicht dumm oder ungeschickt erscheinen.«

Mündliche Prüfungen

Es lässt sich leicht nachvollziehen, dass solche Gedanken auch Auswirkungen auf mündliche Prüfungen haben.

Beispiel 2

Man stelle sich nun folgendes Szenario vor: Ein Student, wir nennen ihn mal Peter Müllersbusch, beabsichtigt, eine mündliche Prüfung in Statistik abzulegen, in einem Gebiet, das ihm – was vorkommt – irgendwie liegt. Zuerst informiert er sich über den Dozenten.

Er besorgt sich Informationen über die Standardfragen des Dozenten, aber er möchte auch Persönlichkeitsmerkmale des Prüfers herausbekommen: locker oder nicht locker, streng oder nachgiebig, fair oder unfair, freundlich oder unfreundlich. Genauere Nachfragen des Studenten können allerdings nie ganz klären, ob die Beschreibungen der anderen Kommilitonen mehr der Gerüchteküche entstammen oder valide Informationen über das tatsächliche Verhalten des Dozenten darstellen.

Mit diesen Informationen macht sich Herr Müllersbusch an die Vorbereitung seiner mündlichen Prüfung. Wegen seiner extremen Schüchternheit bereitet er sich wie immer ohne Arbeitsgruppe in seinem stillen Kämmerlein vor.

Neben statistischen Begriffen wie Produktmomentkorrelation, Signifikanz und Varianzanalyse beschäftigen Herrn Müllersbusch genauso intensiv andere Gedanken: »Ich werde die Frage nicht beantworten können, weil der Dozent nicht berechenbar ist. Schon bei der ersten Frage finde ich keine Antwort und dann bin ich durchgefallen. Niemand wird sehen, dass ich in Statistik eigentlich besser bin als andere Studenten. Vielleicht werde ich die ersten Fragen beantworten können, dann jedoch nach einer Frage, die ich nicht gleich verstehe, einen Blackout haben. Vielleicht sieht der Dozent mir meine Nervosität gleich an und vermutet, dass ich nicht gut vorbereitet bin, weil ich so nervös bin.«

Mit diesen unangenehmen Gedanken quält Herr Müllersbusch sich durch die Prüfungszeit, wobei er vermutlich nicht einmal sagen kann, ob er sich häufiger Gedanken über statistische Fragen oder über sein Versagen und die gemeinen Fragen des Prüfers macht.

Am Morgen des Prüfungstages geht Herr Müllersbusch so häufig zur Toilette wie sonst im Verlauf eines ganzen Tages. Im Prüfungsgespräch ist er dann so aufgeregt, dass er bei den Fragen des Dozenten kaum zuhört, sondern gleich mit einer Antwort losplatzt, als wollte er verhindern, dass ihm noch weitere unangenehme Fragen gestellt werden.

Jedenfalls meint der Dozent nachher, dass bei Herrn Müllersbusch Grundlagenkenntnisse vorhanden sind, aber die Antworten bei komplexeren Fragestellungen nicht so gelungen waren. »3,7« lautet die Note zum Schluss. Enttäuscht verläßt Herr Müllersbusch die Prüfung. Auch deshalb, weil sein Kommilitone, der im Seminar nicht einmal den Median vom Modus unterscheiden konnte, mit einer glatten »2« hinausgegangen ist.

Das bringt Sie weiter

Hier können Sie sich weiter informieren: Schulz von Thun 1981 und Watzlawick u. a. 2000.

3.5 | Ordnung ins Chaos der Gedanken bringen

Erfahren Sie mehr über Kognitionen und die Bedeutung der Selbstreflexion für Ihr Studium.   **Nutzen**

Es sind insbesondere selbstreferenzielle Kognitionen, die Ihr Verhalten im Studium beeinflussen. Lesen Sie daher diesen etwas schwierigen Abschnitt besonders aufmerksam (ggf. auch zweimal). Sie werden ihn mit Sicherheit verstehen!

Wir haben gesehen, welche Macht die Gedanken über den Körper, die Psyche und die Interaktion haben können. In der Wissenschaft werden solche Gedanken als Kognitionen bezeichnet.

Kognition kommt vom lateinischen Wort »cognoscere« und bedeutet: **Kognition**

- erkennen, kennenlernen, wiedererkennen, vor Gericht anerkennen, die Identität bezeugen, mit jemanden bekannt werden,
- wahrnehmen, bemerken, einsehen, erfahren, vernehmen,
- auskundschaften, prüfen.

Damit umfasst der Begriff Kognition nicht nur Aspekte, die auf den **Erkenntnisvorgang** bezogen sind, sondern meint auch das **Ergebnis des Erkenntnisprozesses.**

Beide Aspekte der Kognitionen – Erkenntnisvorgang und Ergebnis des Erkenntnisprozesses – fließen auch in aktuelle wissenschaftliche Definitionen ein: Unter den Begriff Kognition fallen Prozesse der Wahrnehmung und des Denkens, durch welche innere und äußere Inputs transformiert, reduziert, elaboriert, gespeichert, wiedererkannt und verwertet werden, sowie deren Produkte.   **Definition**

Als kognitiv werden diese Prozesse aber auch dann bezeichnet, wenn sie ohne entsprechende Stimulation ablaufen (z. B. bei Halluzinationen).

Kognitionen umfassen demnach sowohl den Vorgang der Wahrnehmung und des Denkens als auch das Produkt dieses Wahrnehmungs- und Denkprozesses. Wahrnehmung, Denken, Gedächtnis, Haltungen, Urteile, Antizipationen, Erwartungen, Pläne und Problemlösestrategien sind unter den Begriff der Kognition zu subsumieren.

Überträgt man dies auf das Studium, so kann man sich die Frage stellen, welche spezifischen Kognitionen die Prüfungssituation beeinflussen (vgl. hierzu auch Abschnitt 3.6):   **Welche Gedanken sind es?**

- Welche Kognitionen bestimmen den Erfolg oder Misserfolg einer Klausur oder einer mündlichen Prüfung?
- Welche Gedanken sind es, die die Prüfungszeit zur Qual werden lassen oder diese lediglich als eine besondere Form der Herausforderung begreifen lassen?

Zunächst scheint es unmöglich, Ordnung in die Welt der Gedanken zu bringen. Zu groß ist die mögliche Vielfalt der Gedanken, als dass man solche Kognitionen finden könnte, die für die Vorbereitung und den Verlauf von Prüfungen wichtig sind.

Wir wollen solche Kognitionen identifizieren, die für den Erfolg im Studium ausschlaggebend sind. Und herausbekommen, wie man solche Gedanken dann so beeinflussen kann, dass sie sich auf den Verlauf des Studiums positiv auswirken.

Menschen haben eine besondere Befähigung zur Selbsterkenntnis bzw. Selbstreflexion. Von dieser These geht das dargestellte Konzept aus, anhand dessen wir die Gedanken strukturieren wollen.

Selbstreflexion Die Art und Weise, wie Menschen sich wahrnehmen und bewerten, hat große Auswirkungen auf ihr Erleben und Verhalten. Selbstreflexion ist eine besondere Form der Kognition, bei der es nicht nur allgemein um wahrnehmen und denken geht, sondern um ein Wahrnehmen und Denken, das auf die eigene Person gerichtet ist, mit dem Ergebnis, dass die Person eine Repräsentation (ein Bild, eine Darstellung) von sich selbst erzeugt.

Selbstreflexive Kognitionen umschreiben drei Aspekte:

- 1. den formalen Aspekt der **Ausprägung** der Selbstreflexivität: Wie stark bin ich mir meiner bewusst?
- 2. inhaltlich das **Ergebnis** eines solchen Prozesses der Selbstobjektivierung: Wie schätze ich mich ein?
- 3. das damit verbundene **Selbstwertgefühl:** Wie geht es mir aufgrund meiner Einschätzung?

Das Ergebnis der Selbstobjektivierung wird auf einem höheren Abstraktionsniveau üblicherweise mit Begriffen wie Identität oder Selbstkonzept (Bin ich ein erfolgreicher Student?) belegt.

Selbstreflexion steht dabei nicht nur in Zusammenhang mit der psychischen Selbstregulation, speziell mit komplexen Gefühlen wie Stolz, Scham, Angst und Traurigkeit, sondern es ist vielmehr von einem Wechselverhältnis auszugehen, bei dem emotionale Prozesse wiederum Auswirkungen darauf haben, wie Menschen über sich selbst denken.

Selbstreferenzieller Prozess Das Studium und andere Ausbildungssituationen stellen eine besondere Entwicklungsphase dar, in denen Menschen verstärkt in einen selbstreferenziellen Prozess kommen, da ihr ursprüngliches Selbstmodell (das sie z. B. bis zum Abitur hatten) mit den aktuellen Erlebnissen und Veränderungen im Studium nicht mehr übereinstimmt.

Auch bei einer späteren Studienaufnahme im Anschluss an eine berufliche Phase wird der Studierende mit anderen Anforderungen als in der Arbeitswelt konfrontiert. An die bisherigen Kompetenzen und Fertigkeiten kann nur teilweise angeknüpft werden. Wissenschaftliches Arbeiten, Referate und Präsentationen sind neue Herausforderungen, die gelernt und geübt werden müssen. Unsicherheiten in diesen Bereichen können sich zunächst negativ auf das Selbstbewusstsein auswirken. Manch ein Studierender fühlt sich deshalb sogar an der Hochschule fehl am Platz.

Der Einzelne steht in solchen Situationen vor zwei Fragen:
- Welche Bedeutung hat das Studium für mich?
- Welche Rolle spiele ich selbst im Verlauf meines Studiums?

Will man diese Fragen beantworten, verstärkt man entweder alte Selbsteinschätzungen oder es kristallisieren sich im Laufe des Studiums neue Selbsteinschätzungen heraus.

Das Studium geht also mit kognitiven Prozessen der Selbstreflexion einher.

Es müsste folglich möglich sein, Indikatoren der Selbstreferentialität zu finden, die auf ein positives oder negatives Selbstmanagement im Studium hinweisen, ähnlich wie Parameter im somatischen Bereich (z. B. Fieber, Blutdruck, Blutwerte) körperliche Krankheiten anzeigen. Diese Indikatoren der Selbstreferentialität könnten einen Schlüssel für den Erfolg im Studium darstellen. **Indikatoren**

Nehmen Sie sich fest vor, Ihre persönlichen Indikatoren der Selbstreferentialität herauszufinden. **Das bringt Sie weiter**

3.6 | Das Konzept der Selbstregulation

Nutzen Lernen Sie ein Konzept kennen, dass Ihnen dabei hilft, die für Ihr Studium relevanten selbstreflexiven Kognitionen zu identifizieren.

Das Konzept der Selbstregulation, das zu einem der einflussreichsten und wichtigsten Modelle der Verhaltenstherapie gehört, ist besonders geeignet für die Identifikation derjenigen selbstreflexiven Kognitionen, die sich auf den Verlauf des Studiums auswirken.

3 Ebenen Nach diesem Modell (vgl. Kanfer 1979 und Kanfer u.a. 1991) kann man alle **inneren und äußeren verhaltenswirksamen Parameter** im Studium auf drei unterschiedlichen Ebenen betrachten:

- α-Variablen umschreiben Einflüsse der externen, physikalischen Umgebung ebenso wie eigenes und fremdes Verhalten.
- β-Variablen bilden die kognitiven Prozesse und Inhalte ab (Denken und Gedanken, Pläne, Problemlösen, Selbstbeobachtung, Selbststimulation, Vorstellen, Entscheiden, Wahrnehmung von internalen biologischen Ereignissen und die Reaktion darauf, Werte, Ziele, Meta-Kognitionen), also Vorgänge, die vom Individuum auch selbst initiiert werden können.
- Als γ-Variablen versteht man die biologisch-somatische Ausstattung des Menschen, die vielfach automatisiert das Verhalten steuert.

Während α- und γ-Variablen im Wesentlichen eine Fremdsteuerung bewirken, beinhalten die β-Variablen hauptsächlich selbstregulative Prozesse.

Als Selbstregulation wird dabei das komplexe und dynamische Zusammenwirken dieser Variablen zur Steuerung des eigenen Verhaltens bezeichnet, bei denen β-Variablen ein besonderes Gewicht haben (vgl. Reinecker 2000, S. 525 ff.).

Jedoch auch auf biologischer Ebene (γ-Variablen) muss von selbstregulatorischen Prozessen ausgegangen werden, wie das z.B. bei der Regulierung des Blutdruckes der Fall ist. Im Mittelpunkt der folgenden Ausführungen steht allerdings der Begriff der bewussten bzw. kontrollierten Selbstregulation, der für erfolgreiches Studieren besonders wichtig ist.

Kontrolle gewinnen Im Gegensatz zu vielen Verhaltensweisen, die automatisiert ablaufen, erfordert (bewusste) Selbstregulation kognitive Prozesse, die man der sogenannten **kontrollierten Informationsverarbeitung** zuordnen kann.

Kontrollierte Informationsverarbeitung setzt die **bewusste Entscheidung einer Person für eine bestimmte Aktivität** voraus. Unter Einsatz von »psychischer« Energie und einem hohen Aufmerksamkeitsniveau ist eine Person in der Lage, neue Prozesse zu erlernen bzw. alte automatisierte Verhaltensweisen zu revidieren. Ein sich selbst regulierendes System ist also in der Lage, automatisierte Mechanismen in kontrollierte zu überführen, um Einfluss auf sich selbst zu nehmen. Die Einflussnahme auf sich selbst schließt Gedankenprozesse mit ein, die als selbstreflexive Kognitionen bezeichnet werden.

Der Prozess der **kontrollierten Selbstregulation** wird von Kanfer in drei Stufen unterteilt (vgl. Kanfer u. a. 1991, S. 11 ff.):

3-stufiger Prozess

- 1. Stufe: **Selbstüberwachung und Selbstbeobachtung.** Das Individuum kann die eigene Handlung unterbrechen und das eigene Tun überprüfen.
  Beispiel: Ein Student kann die Vorbereitung auf eine Klausur unterbrechen und darüber nachdenken, ob die Vorbereitung schon ausreicht.
- 2. Stufe: **Selbstbewertung.** Selbstbewertung besteht darin, dass das Individuum seine selbst aufgestellten Kriterien (Was sollte ich tun?) und mit dem an sich Beobachteten (Was tue ich?) abgleicht.
  Beispiel: Ein Student kann sich fragen, ob sein bisheriger Einsatz in der Prüfungsvorbereitung seinen anvisierten Zielen entspricht (Reicht meine Vorbereitung für die Note 2, die ich erreichen möchte?).
- 3. Stufe: **Selbstverstärkung.** Die Selbstverstärkung richtet sich nach dem Grad der Abweichung zwischen Standard (Sollwert) und erbrachter Leistung (Istwert).
  Beispiel: Ein Student kann sich nach Bekanntgabe der Note die Frage stellen, ob das Ergebnis seiner Leistungsnorm (Sollwert) entspricht. Wenn die Note seinem vorher gesetzten Standard entspricht, kann er sich für eine Belohnung (z. B. feiern) entscheiden.

In diesem Konzept bilden Kognitionen den Kern der Selbstregulation, der alle internen Prozesse zusammenfasst, die zwischen Reizaufnahme und Verhalten vermitteln (vgl. Reinecker 1999, S. 108 ff.).

In älteren Modellvorstellungen wurde den β-Variablen lediglich eine Filterfunktion zugesprochen, bei der wahrgenommene Reize aus der α- und γ-Ebene auf der β-Ebene verarbeitet wurden. Die neueren nicht linearen Selbstregulationsmodelle (Kanfer u. a. 1991) führten zu einem Übergang von einem filternden zu einem (selbst-)regulierenden Organismus.

Nach Kanfer funktioniert eine kontrollierte Selbstregulation im Wesentlichen über zwei Feed-back-Schleifen und eine Feed-forward-Schleife (vgl. Kanfer u. a. 1991, S. 11 ff.):

- Die erste Feed-back-Schleife verläuft über den Ist-Soll-Vergleich zwischen der Handlung bzw. dem Verhalten (Istwert) und den vorher gesetzten Standards (Sollwert).
  Beispiel: Ein Student könnte sich die Frage stellen, ob das Ergebnis einer mündlichen Prüfung (Istwert) mit seiner Leistungsnorm (Sollwert) übereinstimmt. Sollte die Note schlechter ausgefallen sein, als er sich zum Ziel gesetzt hat, könnte das zur Entscheidung führen, bei der nächsten Vorbereitung mehr zu investieren.

Feed-back-Schleifen

■ Die zweite Feed-back-Schleife erfolgt über einen Vergleich zwischen den Konsequenzen des Verhaltens und den vorherigen Erwartungen über diese Konsequenzen.

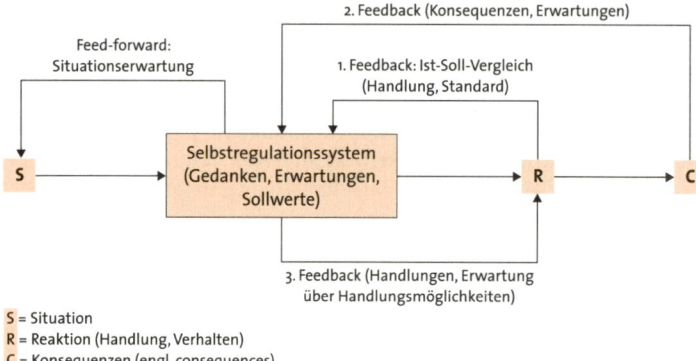

S = Situation
R = Reaktion (Handlung, Verhalten)
C = Konsequenzen (engl. consequences)

■ Beispiel: Ein Student könnte die Erwartung haben, dass sein Vater eine in Aussicht gestellte Erhöhung des Studiengeldes unterlässt, weil seine Leistungen schlechter geworden sind. Nach Rücksprache mit dem Vater ist dieser jedoch trotzdem zu einer Erhöhung des Studiengeldes bereit, weil er damit die besonderen Anstrengungen seines Sohnes in den letzten Wochen vor der Prüfung honorieren möchte, obgleich sich diese Anstrengung noch nicht in der Note niedergeschlagen hat.

Feed-forward-Schleife
■ Des Weiteren erzeugen frühere Erfahrungen der Person in ähnlichen Situationen Situationserwartungen, die über eine Feed-forward-Schleife die Wahrnehmung und den Einfluss von Umgebungsreizen (α-Variablen) modifizieren.
Beispiel: Ein Student könnte die Erfahrung gemacht haben, dass bestimmte Strategien bei der Vorbereitung (z. B. alleine, ohne Arbeitsgruppe) mit einer schlechteren Endnote einhergehen. Bei der aktuellen Klausurvorbereitung hat er keine Lerngruppe gefunden und erwartet nun eine schlechtere Leistung, ohne dass er die Klausur bereits gesehen hat.

Schließlich lässt sich in Anlehnung an Bandura (vgl. Bandura 1977 und 1997) noch eine dritte Feed-back-Schleife ergänzen: Sie impliziert einen Vergleich des Verhaltens mit den vorherigen Erwartungen über die Handlungsmöglichkeiten (Kompetenzerwartung bzw. Selbstwirksamkeitserwartung).
Beispiel: Ein Student könnte die Erwartung haben, dass er in der Lage ist, eine Prüfung zu bestehen (Selbstwirksamkeitserwartung). In der Prüfungssituation wird jedoch deutlich, dass er die Aufgaben nicht lösen kann. Wenn dieser Student häufiger diese Erfahrung macht, wird sich das in der Zukunft auf seine Kompetenzerwartung auswirken und er wird dann vielleicht unsicher in die nächsten Prüfungen gehen.

Die bisher recht theoretischen Ausführungen sollen nun anhand einer **Beispiel** Alltagssituation (vgl. Foto mit Kind und Hund) verdeutlicht werden:

Die 3-jährige Franziska hat ein Eis und sieht den Hund Bello (Situation, S).

Das aktiviert ihr Selbstregulationssystem. In einer Feed-forward-Schleife aktiviert sie zunächst die Situationserwartung, dass Bello das Eis fressen könnte, wenn sie in seine Nähe kommt.

Sie steigt auf die Bank neben ihre Mutter (Reaktion, R).

In einer ersten Feed-back-Schleife nimmt sie einen Ist-Soll-wert-Vergleich vor, in dem sie überprüft, ob ihr Verhalten (das Stehen auf der Bank = Istwert) dazu führt, das Eis möglichst gut vor Bello in Sicherheit zu bringen (Sollwert). Vorsorglich reguliert sie ihre Handlung (R) noch einmal nach (Reduzierung der Ist-Sollwert-Diskrepanz), indem sie

Foto: Dieter Wälte

den Arm hochhebt (genau das entspricht jetzt dem vorher gesetzten Standard).

In der zweiten Feed-back-Schleife gleicht Franziska die Konsequenzen ihres Verhaltens (Konsequenzen, C) mit den Erwartungen an die Konsequenzen ab (»Wenn ich auf der Bank stehe und das Eis mit der Hand hochhalte, dann kann Bello das Eis nicht fressen. Das scheint zu gehen.«).

Schließlich kommt auch die dritte Feed-back-Schleife zum Tragen. Sie vergleicht ihr Verhalten (auf die Bank steigen und den Arm hochhalten) mit ihren vorherigen Erwartungen über die Handlungsmöglichkeiten (»Ich bin trotz dieser schwierigen Situation in der Lage, dass Eis vor einem Hund in Sicherheit zu bringen.«). Das ist eine Erfahrung von Selbstwirksamkeit.

Abstrahiert man von den einzelnen Prozessen, so lässt sich (bewusste) **Definition** **Selbstregulation** als diejenigen kognitiven Prozesse definieren, mit denen Personen ihr individuelles Verhalten nach Maßgabe ihrer Pläne, Ziele und Standards beeinflussen, modifizieren oder kontrollieren.

Die Regulationsmechanismen beziehen sich dabei auf die Herstellung, **Kontrollprozesse** Wiederherstellung oder Erhaltung des psychischen Gleichgewichtes.

Laut Bandura ist die Funktion der Selbstregulation nicht nur auf die Reduktion von Diskrepanzen zwischen Ist- und Sollwert begrenzt; dann wären die selbstregulatorischen Prozesse beendet, sobald durch eine negative Feed-back-Schleife Diskrepanzen zwischen Ist- und Sollwert behoben sind. Sondern durch selbstreferenzielle Kognitionen können zugleich auch Diskrepanzen zwischen Ist- und Sollwert sui generis erzeugt werden (vgl. Bandura 1997, S. 131 ff.). Wenn eine Person bestimmte sich wiederholende Zielzustände erreicht, neigt sie dazu, sich nicht in einem Gleichgewicht zu halten, sondern nach neuen Zielen zu streben, was allerdings kurzfristig eine Diskrepanz zwischen Ist- und Sollwert verursacht.

Der Hintergrund ist, dass Menschen auch hypothetische Selbstkonzepte haben, die von Markus und Nurius als »mögliches Selbst« bezeichnet werden (vgl. Markus/Nurius 1986). Dementsprechend stellt die Selbstregulation einen doppelten hierarchischen Kontrollprozess dar, bei dem selbstreferenzielle Gedanken zur Reduktion von Diskrepanzen zwischen Ist- und Sollwert beitragen oder Diskrepanzen von Ist- und Sollwert erst erzeugen.

8 Strategien

Es können acht zentrale Strategien unterschieden werden, die ein Individuum zur Selbstregulation einsetzt. Dabei beziehen wir uns auf die Weiterentwicklung der Überlegungen von Kanfer (vgl. Kanfer u. a. 1991) durch Bandura (vgl. Bandura 1997):

- Entwicklung einer **Hierarchie von Zielen:** Wenn eine Person kein Ziel oder Standard anstrebt, sind keine selbstregulativen Prozesse notwendig, da jegliches Funktionsniveau akzeptabel ist (z. B. Bestehen von Prüfungen, gute Noten).
- **Einschätzung der materiellen und sozialen Konsequenzen** bei Erreichung oder Nicht-Erreichung der Ziele (z. B. Berufseinstiegschancen, finanzielle Belastungen durch Verlängerung des Studiums, Blamage).
- Gedankliches **Durchspielen der notwendigen Strategien und Anstrengungen,** um die Ziele tatsächlich umzusetzen (z. B. Anwesenheit in den Vorlesungen und Seminaren, Zeit zum Lernen und zur Prüfungsvorbereitung, Kosten).
- **Selbstbeobachtung und Selbstregistrierung:** Es findet ein ständiger Vergleich zwischen Ist- (Situation, Verhalten, Konsequenzen) und Sollwert (Ziele und Standards) statt (z. B. Regelstudienzeit, Bestehen von Prüfungen, Lerninvestition).
- **Selbstbewertung:** Dieser Vergleich stellt die entsprechende Diskrepanz zwischen Verhalten und Standards fest und führt zu der Bewertung, ob geeignete zielrelevante Verhaltensweisen eingesetzt wurden (z. B. Leistungszufriedenheit, Veränderungen der Lernstrategien).
- **Ausführen der zielrelevanten Handlungen:** Hierbei geht es um den Einsatz von zielrelevanten Mitteln zur Minimierung der Ist-Soll-Diskrepanz. Für zielbezogene Handlungen entscheidend sind Handlungsinitiierung, -aufrechterhaltung, und -termination (vgl. Heckhausen 1989, S. 212 ff.). Die Koordination dieser Handlungsphasen ist insbe-

sondere bei langfristigen und übergeordneten Zielen ein komplexer Prozess. Hier sind Selbstregulationsprozesse erforderlich, um auch bei Hindernissen und Versuchungen (zu schneller Belohnung) seine Ziele beizubehalten. Bei der Selbstregulation ist es wichtig, schwierige Handlungen auch dann weiterzuverfolgen, wenn Einflüsse auftreten, die die Motivation und Aufmerksamkeit beeinträchtigen (z. B. Freizeitaktivitäten reduzieren, um sich auf eine Prüfung vorzubereiten).

- **Selbstverstärkung:** Positive oder negative Verstärkung der eigenen Person nach der Ausführung zielrelevanter Handlungen, deren Ergebnis nach den Standards beurteilt wird (z. B. persönliche Belohnungen).
- **Metakognitive Selbstreflexion des Gesamtprozesses** der selbstregulatorischen Aktivitäten (z. B. die Prüfungsphase bilanzieren).

- Definieren Sie Ihre Ziele für die Prüfungen (oder das Studium insgesamt) und priorisieren Sie die einzelnen Ziele. Stellen Sie eine Hierarchie Ihrer Ziele auf.
- Machen Sie sich Gedanken, mit welchen materiellen und sozialen Konsequenzen Sie bei Erreichung oder Nicht-Erreichung der Ziele rechnen müssen. Schreiben Sie Ihre Gedanken auf.
- Spielen Sie Strategien und notwendige Anstrengungen gedanklich durch.
- Beobachten Sie sich selbst und »steuern« Sie ggf. nach.
- Bewerten Sie häufig Ihre Situation und prüfen Sie, ob diese Ihren Erwartungen entspricht.
- Setzen Sie das, was Sie sich vornehmen, um.
- Belohnen Sie sich.
- Reflektieren Sie Ihre Entwicklung selbst oder zusammen mit einem Coach.

Das bringt Sie weiter

3.7 | Das Konzept der Erwartungen

Nutzen   Vertiefen Sie Ihr Wissen über die Selbstregulation.

Das hier dargestellte Selbstregulationsmodell lässt sich anhand verschiedener kognitiver Theorien der Psychologie weiter vertiefen.

Einen besonderen Stellenwert nehmen hierbei die sogenannten **Erwartungs-mal-Wert-Theorien** ein, da sie zu den wichtigsten und am besten untersuchten Theorien der Psychologie gehören.

Danach lässt sich Verhalten vorhersagen:

- aus der **subjektiven Erwartung**, dass einer bestimmten Handlung ein Ereignis/Ergebnis folgt oder nicht folgt und
- aus den **subjektiven Bewertungen** der Handlungsergebnisse oder -ziele (Wert, Valenzen = lat. Wertigkeiten).

Erwartung × Wert   Die Tendenz, ob man eine Aufgabe angehen bzw. lösen wird, berechnet sich nach dieser Theorie:

- aus dem Produkt der Wahrscheinlichkeit eines bestimmten Ausgangs (Erwartung) und
- dessen Anreiz (Wert).

Je nach Ausprägung und Art der Situation sind situationsspezifische, bereichsspezifische oder generalisierte Erwartungen angemessen.

3 Erwartungs-   Im Wesentlichen werden drei generalisierte Erwartungen unterschieden
konzepte   (vgl. Krampen 1991):

- **Situationserwartung:** Bezeichnet die Erwartung einer Person, dass ein bestimmtes Ereignis in einer Situation auch ohne ihr Zutun eintritt.
- **Konsequenzerwartungen bzw. Kontrollerwartung:** Bezeichnet die Erwartung einer Person, dass auf bestimmte Handlungen bestimmte Konsequenzen folgen.
- **Selbstwirksamkeits- bzw. Kompetenzerwartung:** Bezeichnet die Erwartung einer Person, dass ihr in einer Situation Handlungsalternativen zur Verfügung stehen.

Hier stellt sich nun die Frage: Welches dieser drei Erwartungskonzepte stellt eine selbstreflexive Kognition dar und hat einen besonderen Einfluss auf die menschliche Selbstregulation, insbesondere für das Studium? Um diese Frage soll es in den folgenden Abschnitten 3.8, 3.9 und 3.10 gehen.

Das bringt   Lesen Sie hierzu auch: Watzlawick 1988.
Sie weiter

3.8 | Situationserwartung

Erkennen Sie, dass Situationserwartungen keine selbstreflexiven Kognitionen sind.

Wenn jemand erwartet, dass ein bestimmtes Ereignis in einer Situation auch ohne sein Zutun eintritt, dann kann er dies nur registrieren, aber selbst nichts daran ändern.

Situationserwartungen an sich sind keine selbstreflexiven Kognitionen, da sich die Person hierbei lediglich ein subjektives Bild von möglichen Situationen macht, ohne die Bedeutung für das eigene Selbst zu reflektieren.

Darüber hinaus laufen viele Situationserwartungen automatisch ab und werden erst bei Nichteintreten der Situation ins Bewusstsein gehoben. Aber auch dann sind sie noch nicht selbstreflexiv, da der bewusste Vorgang nur darin bestehen kann, die Erwartung von Ereignissen mit den in der spezifischen Situation tatsächlich wahrgenommenen bzw. eingetretenen Ereignissen zu vergleichen.

Bei diesem Erkenntnisakt handelt es sich lediglich um einen Vergleich einer erwarteten mit einer tatsächlich wahrgenommen Situation.

Eine Situationserwartung kann jedoch zu einer selbstreflexiven Kognition führen, wenn die Person sich (auf einer metakognitiven Ebene) bewusst wird, das sie es ist und kein anderer, der in gewissen Situationen etwas Bestimmtes erwartet.

Diese Situationsanalyse könnte die betreffende Person dann dazu veranlassen, ein Urteil über die Richtigkeit oder Falschheit ihrer Erwartungen zu treffen. Dieses Urteil bezieht sich dann nicht mehr (fremdreferenziell) auf die Situationen und Umstände, sondern auf die urteilende Person selbst und ist demnach selbstreferenziell.

Situationserwartungen im Allgemeinen sind zwar Kognitionen, jedoch nicht notwendigerweise selbstreflexive Kognitionen, da sie nicht implizieren, dass eine Person sich selbst zum Gegenstand der Wahrnehmung, Analyse oder Bewertung macht.

Weiterführende Informationen finden Sie in: Schwarzer 1996.

3.9 | Konsequenzerwartung

Nutzen Erfahren Sie, dass nur die internale Konsequenzerwartung eine selbstre-flexive Kognition ist.

Kontroll-überzeugung Der Begriff der Kontrollüberzeugung bzw. Kontrollerwartung (Locus of control of reinforcement) wurde von Rotter im Rahmen seiner sozialen Lerntheorie eingeführt und bezeichnet die generalisierte Erwartungshal-tung eines Individuums, ob es durch eigenes Verhalten wichtige Ereig-nisse herbeiführen kann (internale Kontrolle) oder ob die Konsequenzen seines Verhaltens außerhalb seiner Einflussmöglichkeit (externale Kon-trolle) liegen (vgl. Rotter 1966).

3 Dimensionen Levenson erweiterte das Konzept der Kontrollüberzeugung und unter-schied drei Dimensionen (vgl. Levenson 1972): 1. internale Kontrolle, d.h. die Person erlebt, dass sie die Ereignisse selbst kontrollieren kann, 2. sozial-externale Kontrolle, d.h. die Person nimmt die Ereignisse als durch andere Personen kontrolliert wahr und 3. fatalistisch-externale Kontrolle, bei der Zufall und Glück für das Eintreten von Ereignissen ver-antwortlich gemacht werden.

Kausalität Bei dem Konzept der Kontrollüberzeugungen steht also die Einschätzung des (kausalen) Zusammenhangs einer Handlung mit der Folge dieser Handlung im Vordergrund.

Kontrollüberzeugungen lassen sich außerdem als stabil oder instabil sowie als global oder spezifisch beschreiben. Beschreibt ein Individuum z.B. die Konsequenzen seines Verhaltens als stabil-global-internal, so hat es ein starkes Kontrollbewusstsein und ist in vielen Lebensbereichen der Meinung, die Konsequenzen des eigenen Verhaltens kontrollieren zu können.

Externale Kontrollüberzeugungen sind keine selbstreflexiven Kognitio-nen, da die Person keinen direkten Zusammenhang zwischen sich und den Verhaltenskonsequenzen annimmt und deshalb die eigene Person von vornherein als Urheber ausblendet. Nach Levenson kann das zwei grundlegend verschiedene Ursachen haben (vgl. Levenson 1972): Zum einen sieht das Individuum sein Leben oder bestimmte Aspekte seines Lebens von anderen Menschen beeinflusst, zum anderen fühlt sich das Individuum vom Schicksal gelenkt.

Selbstreflexive Kognition Im Unterschied dazu ist bei internalen Kontrollüberzeugungen eine Per-son davon überzeugt, dass die Konsequenzen ihres Verhaltens von ihr selbst abhängen. Dieser Schluss kann von dem Individuum jedoch nur dann gezogen werden, wenn es sich selbst zum Gegenstand der Analyse und Bewertung gemacht hat.

Nur die internale Kontrolle stellt also eine selbstreflexive Kognition dar.

Das bringt Sie weiter Lesen Sie hierzu auch: Schwarzer 1996.

3.10 | Selbstwirksamkeit

Lernen Sie das Konzept der Selbstwirksamkeit als Schlüsselkonzept für ein erfolgreiches Studium kennen. **Nutzen**

In der Auseinandersetzung mit dem Erwartungskonzept trifft Bandura eine Unterscheidung zwischen Ergebniserwartung (Kontrollerwartung) und Selbstwirksamkeitserwartung (»self-efficacy«, vgl. Bandura 1977 und 1997; Schwarzer nennt dies Kompetenzerwartung, vgl. Schwarzer 1996). Ergebniserwartungen sind subjektive Wahrscheinlichkeiten dafür, dass auf bestimmte Verhaltensweisen bestimmte Konsequenzen folgen. Damit ist jedoch noch keine Aussage darüber getroffen, ob sich ein Mensch überhaupt kompetent genug und in der Lage fühlt, eine Handlung auch ausführen zu können.

Diese Aussage ist nun aber der Kernpunkt der Selbstwirksamkeits- bzw. Kompetenzerwartung. Sie kommt in der Überzeugung einer Person zum Ausdruck, aus eigener Kraft und aufgrund eigenen Handelns, schwierige Anforderungen bewältigen zu können, d.h. eigene Verhaltensweisen dahin gehend zu verändern, dass diesen Anforderungen entsprochen werden kann. »Wahrgenommene Selbstwirksamkeit bezieht sich auf Überzeugungen hinsichtlich der eigenen Fähigkeiten, die man benötigt, um eine bestimmte Handlung zu organisieren und auszuführen und damit bestimmte Ziele zu erreichen« (Bandura 1997, S. 3, Übers. der Verf.). **Kompetenz-erwartung**

Während bei der Konsequenzerwartung auch personenunspezifische Zusammenhänge zwischen Handlung und Ergebnis denkbar sind (»Wenn man das vom Dozenten geforderte Fachwissen lernt, dann besteht man die Prüfung«), enthält die Kompetenzerwartung einen Selbstbezug, da die persönliche Verfügbarkeit von Handlungen angesprochen wird (»Ich selbst fühle mich in der Lage, mir das vom Dozenten geforderte Fachwissen anzueignen und die Prüfung zu bestehen«).

Selbstwirksamkeit kommt nur in solchen Situationen zum Tragen, deren Schwierigkeitsgrad Handlungsprozesse der Anstrengung und Ausdauer erforderlich machen (vgl. Schwarzer 2004). Bei Situationen, die durch einfache Routine zu lösen sind, trifft dies nicht zu. Selbstwirksamkeit kann auch nicht mit Fähigkeiten oder Wissen gleichgesetzt werden, sondern sie bezeichnet die Überzeugung einer Person, zu einer Handlung in der Lage zu sein. Bei Personen, die objektiv über die gleichen Fähigkeiten und Kenntnisse verfügen, wird die Person erfolgreicher sein, die von ihrer Handlungskompetenz überzeugt ist, als jene, die an ihren Fähigkeiten zweifelt. **Selbstwirksamkeit**

Weitere Informationen finden Sie in: Bandura 1997. **Das bringt Sie weiter**

3.11 | Komponenten der Selbstwirksamkeit

Nutzen   Machen Sie sich die verschiedenen Komponenten der Selbstwirksamkeit klar.

Komponenten   Bandura unterscheidet drei Komponenten der Selbstwirksamkeit (vgl. Bandura 1977, 1986 und 1997): Ausmaß, Allgemeinheitsgrad und Gewissheit.

Mit dem **Ausmaß** oder Niveau (magnitude) der Selbstwirksamkeitserwartungen ist die Schwierigkeit der Aufgabe gemeint. Je schwieriger und angsterregender die Aufgabe bzw. Verhaltensweise ist, desto höher muss das Ausmaß der Selbstwirksamkeit sein, um die Aufgabe bewältigen zu können (»Ich lasse mich bei dem Dozenten prüfen, weil er ein sehr hohes Leistungsniveau erwartet. Ich bin in der Lage, diese Leistung zu erbringen«). Personen, die von ihrer Handlungskompetenz überzeugt sind, fassen anspruchsvolle und potenziell mit Stress verbundene Ereignisse eher als eine Herausforderung als eine Bedrohung auf und stellen sich diesen häufiger als Personen mit niedrigen Selbstwirksamkeitserwartungen (vgl. Jerusalem 1990).

Der **Allgemeinheitsgrad** (generality) bezieht sich auf die Menge an Situationen, für die eine Selbstwirksamkeitserwartung gilt. Spezifische Selbstwirksamkeitserwartungen sind situationsgebunden, während generalisierte Selbstwirksamkeitserwartungen mehr globaler Natur sind. So können sich Menschen nur in spezifischen Situationen und bei bestimmten Aufgaben (»Ich bin in der Lage, bei schriftlichen Hausaufgaben eine gute Note zu erlangen. Das gelingt mir bei mündlichen Prüfungen jedoch nicht«) oder aber auch generell als selbstwirksam wahrnehmen (»Ich schätze mich allgemein als einen leistungsstarken Studenten ein«).

Die Stärke bzw. **Gewissheit** (strength) der Selbstwirksamkeitserwartung gibt an, wie sicher man sich wirklich ist, über eigene Kompetenzen zu verfügen, und wie resistent diese Kompetenzen gegenüber Misserfolgen sind (»Ich habe zwar die letzte Klausur nicht so gut bestanden, das ändert jedoch nichts daran, dass ich ein guter Student bin«).

Selbst-referentialität   Selbstwirksamkeit ist eine Kognition, deren selbstreferenzielle Eigenschaft besonders deutlich ist: Eine Person kann nur dann zu einem Urteil über das Ausmaß, den Allgemeinheitsgrad und die Gewissheit ihrer Kompetenz in einer spezifischen Situation gelangen, wenn sie eine Metarepräsentation über die eigenen Erfahrungen, stellvertretenden Erfahrungen, Rückmeldungen anderer Personen und über die eigene physiologische Erregung bildet. In diesem Sinne ist Selbstwirksamkeit eine selbstreferenzielle Erwartungshaltung (vgl. Schröder 1997), die das Ergebnis eines Reflexionsprozesses ist, bei dem die Person eine Entscheidung darüber treffen muss, ob sie sich überhaupt in der Lage fühlt, eine Handlung auszuführen.

Das bringt Sie weiter   Denken Sie über die Bereiche der Selbstwirksamkeit nach. Wie würden Sie Ihre Selbstwirksamkeitserwartungen beschreiben?

3.12 | Quellen und Folgen der Selbstwirksamkeit

Lernen Sie die Ursachen der Selbstwirksamkeit kennen und machen Sie sich klar, welche Bereiche davon beeinflusst werden.

Nutzen

Quellen		Folgen
– direkte Verhaltensausführung – stellvertretende Erfahrung – verbale Beeinflussung – Attributionphysiologische und emotionale Erregung	Selbstwirksamkeit	– Wahl der Situationen – Wahl der Verhaltens- alternativen – Anstrengung – Ausdauer

Eigene Erstellung nach Bandura 1977 und 1997

Bandura unterscheidet vier Quellen, die in unterschiedlicher Weise die Entwicklung der Selbstwirksamkeit als eine erlernte kognitive Überzeugung fördern (vgl. obige Abbildung und Bandura 1997, S. 79 ff.). Welchen Einfluss diese Quellen entfalten hängt davon ab, wie die erhaltenen Informationen selektiert, interpretiert und in das Überzeugungssystem integriert werden. Unterschiede in der Selbstwirksamkeit zweier Personen, die über die gleiche Erfahrung verfügen, kann daher auch durch eine unterschiedliche Informationsverarbeitung erklärt werden.

Quellen

Die vier Quellen der Selbstwirksamkeit sind:

- eigene Erfahrung bzw. eigenes Ausführen der Handlung,
- stellvertretende Erfahrung durch Beobachtung anderer,
- verbale Beeinflussung durch Ermutigung und Unterstützung von anderen Menschen,
- Attribution physiologischer und emotionaler Erregung beim Ausführen der Handlung.

Die einflussreichste Quelle ist die **eigene Erfahrung** bzw. das eigene Ausführen der betreffenden Handlung. Diese Quelle besitzt größere Bedeutung als z.B. die Beobachtung von Modellpersonen, da sie Eigenständigkeit und Kontrolle über das eigene Verhalten und das eigene Bewältigen der Situation erleben lässt. Hierbei muss der relative Anteil der persönlichen Fähigkeit für das Zustandekommen einer erfolgreichen Handlung abgeschätzt werden. Ist die Person einmal in der Lage gewesen, ein bestimmtes Verhalten erfolgreich auszuführen, so erhöht dies ihr Selbstbewusstsein für zukünftige Situationen, in denen dieses Verhalten gefordert wird (»So, bisher habe ich alle Klausuren bestanden. Dann schaffe ich die letzte auch noch«).

Der zweitstärkste Faktor ist die **stellvertretende Erfahrung.** Bereits das Beobachten einer anderen Person, die eine Handlung erfolgreich ausführt, kann durch Modelllernen (Beobachtungslernen) zur Erhöhung der Selbstwirksamkeit führen (»Wenn der die Prüfung besteht, dann schaffe ich das auch«).

Eine weitere Quelle für die Entwicklung von Selbstwirksamkeit ist die **verbale Beeinflussung oder Überredung.** Im Mittelpunkt stehen dabei positive Verstärkungen durch andere Personen, ein Verhalten zu zeigen (»Ich traue Dir zu, dass Du die Prüfung schaffen wirst«). Die verbale Ermutigung durch andere kann als soziale Ressource verstanden werden, mit der es einfacher ist, ein eigenes Konzept von Selbstwirksamkeit aufzubauen.

Die **Attribution,** d. h. die Ursachenzuschreibung physiologischer und emotionaler Erregung hat nach Bandura den geringsten Einfluss auf die Selbstwirksamkeit. Das autonome Nervensystem ist aber in der Lage, auf Belastungen mit viszeralen Erregungsmustern zu reagieren, die mit Angst und Vermeidungsverhalten einhergehen können. Eine hohe Erregung kann z. B. als Angst vor der bevorstehenden Aufgabe interpretiert werden und eine geringe Einschätzung der Selbstwirksamkeit erzeugen (»Ich war deshalb so aufgeregt, weil ich in dem Fach nicht so gut bin«). Geringe körperliche Erregung führt dagegen in der Regel zu einer höheren Einschätzung der Selbstwirksamkeit, da man sie mit Gelassenheit und erfolgreicher Aufgabenbewältigung in Verbindung bringt.

Folgen Selbstwirksamkeitserwartungen haben eine ausgeprägte Bedeutung für alle Phasen der Selbstregulation von individuellen Handlungen. Schwarzer hat das in seinem Modell der selbstregulativen Zielerreichungsprozesse besonders deutlich herausgearbeitet (vgl. Schwarzer 1996).

Selbstwirksamkeitserwartungen haben zunächst Einfluss auf die **Auswahl der Ziele,** die eine Person sich setzt. Ein Beispiel: Ein Student, der seine Fähigkeiten beim Verfassen einer Bachelorarbeit besonders hoch einschätzt, wird sich als Ziel vielleicht eine Zensur über 2,0 setzen. Sein Kommilitone schätzt aber seine eigene Fähigkeit nicht so hoch ein und will eine Zensur zwischen 2,7 und 3,3 erreichen.

Darüber hinaus haben Kompetenzerwartungen Auswirkungen auf die **Planungen** bei der Zielerreichung. Ein Beispiel: Wenn ein Sportstudent, der seine Begabung für das Laufen nicht besonders hoch einschätzt, im 1000-Meter-Lauf eine gute Zensur erreichen möchte, dann muss er für seine Vorbereitung ein intensiveres Training einplanen, als wenn er seine Begabung höher einschätzen würde.

Schließlich haben Selbstwirksamkeitserwartungen auch Einfluss auf die **Handlungsausführung** angesichts von Schwierigkeiten und Barrieren, insbesondere darauf, mit welcher Ausdauer und Anstrengung die Handlung durchgeführt, aufrechterhalten und nach einer Unterbrechung wieder aufgenommen wird.

Diese Einflüsse der Selbstwirksamkeit auf die Selbstregulation sind weitgehend unabhängig von den tatsächlichen Fähigkeiten der Person. Bei gleichen Fähigkeiten hängen die Anstrengung und Ausdauer, das Anspruchsniveau, die Effektivität beim Zeitmanagement, die strategische Flexibilität bei der Suche nach Problemlösungen und die Leistung von der Höhe der Selbstwirksamkeit ab (vgl. Bandura 1997).

Selbstwirksamkeitserwartungen stehen in Zusammenhang mit allen Be- reichen der Selbstregulation. Empirische Untersuchungen von Wälte stüt- zen sogar die Hypothese, dass Selbstwirksamkeitserwartungen ein Indi- kator für psychische Störungen sind (vgl. Wälte 2003). Bei Patienten mit psychischen Störungen ist die Selbstwirksamkeit geringer als bei Perso- nen, die keine psychische Störung haben. Es konnte eine lineare Bezie- hung zwischen Selbstwirksamkeit und psychischer Störung nachgewie- sen werden: Je stärker die psychische Störung, desto geringer ist die Selbstwirksamkeit. Diese Beziehung zeigte sich bei allen untersuchten Störungen. Bei erfolgreicher Psychotherapie steigt die Selbstwirksamkeit wieder an.

Der **Zusammenhang zwischen psychischer Störung und einer ge- ringen Selbstwirksamkeit** ist insofern plausibel, als die individuellen Überzeugungen über die eigenen Bewältigungskapazitäten das Stressni- veau von Menschen beeinflussen. Menschen, die sich selbst als wenig wirksam wahrnehmen, sehen viele Aspekte ihrer Umwelt als gefährlich an und sorgen sich in übertriebenem Maße um Dinge, die vielleicht gar nicht passieren werden. Menschen, deren psychisches Gleichgewicht ge- stört ist, tendieren zu einer negativen Selbstreferenz, was dazu führt, dass ihre geringe Selbstwirksamkeit sich immer weiter verstärkt. Bei ei- ner psychischen Störung, im Unterschied zur Veränderung der Selbst- wirksamkeit für eine Leistungssteigerung im Studium, reicht es allerdings nicht aus, sich einfach einmal richtig anzustrengen, sondern es bedarf fremder Hilfe und einer therapeutischen Intervention.

Psychische Störungen

Beschäftigen Sie sich ausführlicher mit diesem Thema. Lesen Sie hierzu: Bandura 1997.

Das bringt Sie weiter

3.13 | Den eigenen Gedanken auf der Spur

Nutzen Lernen Sie, wie Sie Ihre eigenen positiven und negativen Gedanken über die Prüfung identifizieren können.

»Erkenne dich selbst!«

Diese Inschrift stand der Überlieferung zufolge am Eingang des Apollo-Tempels in Delphi, dem wichtigsten Orakel im antiken Griechenland. Diese apollinische Weisheit enthält die Aufforderung, Probleme durch die Auseinandersetzung mit der eigenen Persönlichkeit zu lösen. Damit bietet die »Innenwelt« eines Menschen einen Zugang zu Problemen der »Außenwelt«. Allerdings hat diese Weisheit einen Januskopf. Eine zu ausgeprägte Selbstschau kann bei Menschen, die unter psychischen Störungen leiden, genau das Gegenteil bewirken: Statt zu einer Problemlösung zu kommen, steigern sie sich in ihre Probleme hinein und es besteht die Gefahr, dass die Probleme noch intensiver erlebt werden. Das kann natürlich gerade in einer Prüfungssituation nicht der Sinn der Sache sein. Andererseits kann man ohne Selbstreflexion die eigene Person nicht verändern. Deshalb soll im Folgenden ein für die Prüfungsvorbereitung geeignetes Maß der Selbstreflexion gefunden werden, mit dem Ziel, die Selbstwirksamkeit (falls nötig) zu steigern.

ABC-Analyse Die ABC-Analyse ist eine einfache diagnostische Methode, mit der ungünstige Gedanken entdeckt werden können. Sie hat der Psychotherapeut Ellis beschrieben (vgl. Ellis 1979). Er ließ sich von der Annahme leiten, dass das Verhalten eines Menschen (C = Consequences) nur in geringem Maße von der Situation (A = Activating Event) bestimmt wird, sondern vor allem von den Gedanken und Bewertungen (B = Belief-System), die die Menschen in dieser Situation haben.

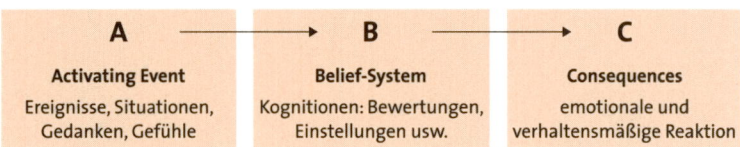

Eigene Erstellung nach Beck 1976

Auf die Prüfung bezogen bedeutet das, dass die damit verbundene Belastung nicht so stark von der Prüfungssituation als solcher abhängt, sondern von den dysfunktionalen (störenden, unlogischen, rigiden, einseitigen) Gedanken über die Prüfung.

Wenn Sie Gedanken haben, die der Prüfungssituation angemessen sind, dann fühlen Sie sich nicht nur besser, sondern Ihre Leistung ist auch besser. Bei gleichem Wissensstand können negative Gedanken zu einer unnötigen emotionalen Belastung und zu einer schlechteren Prüfungsleistung führen. Angemessene Gedanken nennt Ellis »rational beliefs« (rBs) und irrationale Gedanken »irrational beliefs« (iBs). Wenn ein ungutes Gefühl oder sogar Angst die Prüfungsvorbereitung begleitet, liegt es nahe, dass dabei irrationale Gedanken im Spiel sind.

Das folgende ABC-Schema (ABC-Verhaltensschema) soll Sie zur Analyse der eigenen irrationalen Kognitionen befähigen.
- A = bevorstehende Prüfung
- B = irrationale Überzeugungen und Gedanken
- C = Konsequenzen

Im ersten Schritt schreiben Sie bitte auf, um welche Prüfung es sich genau handelt (A). Dann sammeln Sie in einem Brainstorming alle negativen Gedanken, die Sie mit der Prüfung verbinden (z.B. »Ich muss auf jeden Fall der Beste sein«, »Bei der ersten Frage werde ich schon versagen«). Geben Sie bitte nicht sofort auf, wenn Sie die negativen Gedanken nicht gleich erkennen. Der berühmte Psychotherapeut und Wissenschaftler Aron T. Beck konnte zeigen, dass das in der Natur der Kognitionen selbst begründet liegt (vgl. Beck 1976). Unter Umständen sind die Gedanken so weit verinnerlicht, dass sie automatisch ablaufen und nur kurz ins Bewusstsein gelangen. Beck spricht aus diesem Grund auch von »automatischen Gedanken«.

Schreiben Sie in einem letzten Schritt auf, welche Konsequenzen die Gedanken bereits jetzt haben (z.B. Sie bereiten sich nicht vor oder sind bei der Vorbereitung unkonzentriert). *Übung*

Ellis fand heraus, dass sich hinter irrationalen Überzeugungen und Gedanken oft allgemeine irrationale Glaubenssätze verbergen, mit denen man sich das Leben schwer machen kann, wie z.B.:
- »Ich muss perfekt sein!«,
- »Andere Menschen müssen mich zuvorkommend behandeln!«,
- »Die Umstände müssen so sein, wie ich es will!«.

Bei ihrer Analyse erkannten DeRubeis und Beck, dass sich hinter den dysfunktionalen Gedanken sogar Denkfehler verbergen können (vgl. DeRubeis/Beck 1988): *Denkfehler*
- willkürliches Schließen = Schlussfolgerung ohne Evidenz (z.B. »Der Professor hat schon zwei Kommilitonen durchfallen lassen, deshalb werde ich auch durchfallen«),
- selektive Abstraktion = Bezug auf ein Detail ohne Berücksichtigung des Kontexts (z.B. »Dass meine Prüfung schon um 9 Uhr beginnt, ist für mich sehr schlecht, das ist einfach nicht meine Zeit«),
- Übergeneralisierung = Regel ohne Grundlage (z.B. »Weil ich durch die erste Prüfung gefallen bin, werde ich auch durch die anderen Prüfungen fallen«),

- Personalisierung = auf sich selbst beziehen (z. B. »Meine schlechte Note bei der letzten Klausur hat nur was mit meiner Dummheit zu tun, auch wenn die Durchfallquote 50 % betrug«),
- dichotomes Denken = Denken in Alles- oder Nichts-Kategorien (z. B. »Entweder läuft die Prüfung sofort gut, oder ich falle durch«).

Negative Gedanken begleiten uns ständig in einer Art innerem Dialog. In kritischen Situationen werden sie dann gebetsmühlenartig wiederholt, wie Meichenbaum herausfand (vgl. Meichenbaum 1979).

Die eigenen negativen Gedanken, die den Prüfungserfolg behindern können, erschließen sich einem nicht sofort. Vielleicht kann Sie hier ein Satz des griechischen Philosophen Xenophanes etwas trösten: »Nicht von Beginn an enthüllten die Götter den Sterblichen alles, aber im Laufe der Zeit finden wir suchend das Bessere.«

Fragebogen-analyse Die Selbstwirksamkeit ist ein Schlüsselkonzept zur Messung von positiven und negativen Gedanken. Mit dem Aachener Fragebogen zur Selbstwirksamkeit (ASF) von Wälte und Kröger lässt sich die Selbstwirksamkeit in drei zentralen Bereichen erfassen: Arbeit/Leistung, Interaktion sowie Körper/Gesundheit (vgl. Wälte/Kröger 2000). Mit 20 Items kann eine Person ihre Überzeugungen auf einer fünfstufigen Ratingskala von »1 = trifft gar nicht zu« bis »5 = trifft sehr stark zu« ausdrücken. Jeweils fünf Items sind den drei Subskalen zugeordnet. Über alle 20 Items lässt sich dann die generelle Selbstwirksamkeit erfassen.

Die Berechnung der Skalen erfolgt folgendermaßen:
ASF_GESAMT = (ASF_01 + ASF_02 + ASF_03 + ASF_04 + ASF_05 + ASF_06 + ASF_07 + ASF_08 + ASF_09 + ASF_10 + ASF_11 + ASF_12 + ASF_13 + ASF_14 + ASF_15 + ASF_16 + ASF_17 + ASF_18 + ASF_19 + ASF_20) / 20

Arbeit/Leistung = (ASF_03 + ASF_05 + ASF_08 + ASF_11 + ASF_15) / 5

Interaktion = (ASF_10 + ASF_13 + ASF_14 + ASF_17 + ASF_19) / 5

Körper/Gesundheit = (ASF_02 + ASF_04 + ASF_09 + ASF_16 + ASF_18) / 5

Werte < 2,5 deuten auf eine geringe Selbstwirksamkeit hin.

ASF

(Aachener Selbstwirksamkeits-Fragebogen)

Wälte, D. & Kröger, F.

Im Folgenden finden Sie eine Reihe von Aussagen, welche für die Beschreibung Ihrer Person zutreffen könnten. Bitte kreuzen ("X") Sie *jeden* der unten aufgeführten Sätze auf der Skala von 1 bis 5 an.

		1= trifft gar nicht zu 2= trifft kaum zu 3= trifft mittelmäßig zu 4= trifft ziemlich stark zu 5= trifft sehr stark zu				
(01)	Ziele, die ich mir setze, kann ich auch erreichen.	1	2	3	4	5
(02)	Wenn ich mich körperlich unwohl fühle, kann ich auf mein Befinden Einfluss nehmen.	1	2	3	4	5
(03)	Ich kann mich auf neue Situationen bei meiner Arbeit* einstellen.	1	2	3	4	5
(04)	Mit gesundheitlichen Problemen kann ich fertig werden.	1	2	3	4	5
(05)	Mit meiner Arbeit* komme ich gut zurecht.	1	2	3	4	5
(06)	Neue Situationen bedeuten für mich eine Herausforderung.	1	2	3	4	5
(07)	Wenn ich persönliche Probleme habe, finde ich auch eine Lösung.	1	2	3	4	5
(08)	In schwierigen Arbeitssituationen* kann ich meine Stärken zum Ausdruck bringen.	1	2	3	4	5
(09)	Meine Gesundheit liegt in meiner Hand.	1	2	3	4	5
(10)	Auch bei überraschenden Ereignissen kann ich mich auf andere Menschen gut einstellen.	1	2	3	4	5
(11)	Bei der Arbeit* kann ich meine Spielräumen nutzen.	1	2	3	4	5
(12)	Ich kann auf meine Fähigkeiten vertrauen.	1	2	3	4	5
(13)	Bei Konflikten in Partnerschaft und Familie kann ich etwas zu deren Lösung beitragen.	1	2	3	4	5
(14)	Im Umgang mit anderen Menschen kann ich Gefühle zeigen.	1	2	3	4	5
(15)	Was auch immer passiert, mit der Arbeit* komme ich schon klar.	1	2	3	4	5
(16)	Ich kann auf den Verlauf meiner Krankheiten Einfluss nehmen.	1	2	3	4	5
(17)	Wenn ich will, dann kann ich auf andere Menschen zugehen.	1	2	3	4	5
(18)	Ich kann Einfluss auf meine körperliche Verfassung nehmen.	1	2	3	4	5
(19)	Ich glaube, dass ich eine positive Wirkung auf andere Menschen ausüben kann.	1	2	3	4	5
(20)	Ich kann mich auf mein Gefühl verlassen.	1	2	3	4	5

*Arbeit = Studium

Wälte/Kröger 2000

Beantworten Sie den Fragebogen und werten Sie die Ergebnisse aus.

Das bringt Sie weiter

3.14 | Veränderung der Gedanken

Nutzen

Sie lernen Techniken kennen, mit denen Sie Ihre Gedanken so verändern können, dass Sie Ihr Prüfungsziel erreichen.

Mithilfe der Fragebogenanalyse im vorigen Abschnitt haben Sie nun erkannt, welche Gedanken Ihnen bei der Bewältigung der Prüfung im Wege stehen. Hier werden Sie nun über Techniken und Methoden informiert, mit denen sich negative Gedanken verändern lassen. In der Kognitiven Verhaltenstherapie, die sich von allen Therapierichtungen am intensivsten mit der Veränderung von Kognitionen beschäftigt hat, werden diese Methoden und Techniken als »kognitive Umstrukturierung« bezeichnet.

Kognitive Umstrukturierung

Die kognitive Umstrukturierung umfasst Techniken und Methoden, die auf die Veränderung der Wahrnehmungs- und Denkprozesse sowie deren Produkte (Wahrnehmungsstile, Vorstellungen, Einstellungen, Überzeugungen, Schlussfolgerungen, Gedanken, Erwartungen) gerichtet sind, um Gefühle und Verhalten zu modifizieren.

Kognitive Umstrukturierung hat nichts mit Gehirnwäsche zu tun, sondern beschreibt einen Veränderungsprozess von dysfunktionalen (unlogischen, rigiden, einseitigen) Gedanken zu funktionalen (logischen, flexiblen, differenzierten) Gedanken. Es ermöglicht Ihnen, die Welt mit anderen Augen zu sehen.

Übung

Damit Sie sich die Wirkung einer kognitiven Umstrukturierung vorstellen können, lassen Sie sich bitte auf folgende kleine Geschichte ein: Sie sind gerade auf einer langen Zugreise zu einem Treffen mit Ihrem Traumpartner und dösen vor sich hin. Ein flüchtiger Blick mit geneigtem Kopf auf eine Turmuhr suggeriert Ihnen, dass es eine Minute vor zwölf sei. Ihr Partner möchte Sie um 15:20 Uhr vom Bahnhof abholen. Sie beschließen, weiter zu dösen. Doch dann schauen Sie noch einmal genau auf die Turmuhr und sind plötzlich hellwach. Warum?

Foto: Werner Heister

Wenn Sie die folgenden Methoden und Techniken der kognitiven Um-   Techniken
strukturierung für sich nutzen möchten, ist es sinnvoll, sich an folgende
Reihenfolge zu halten:

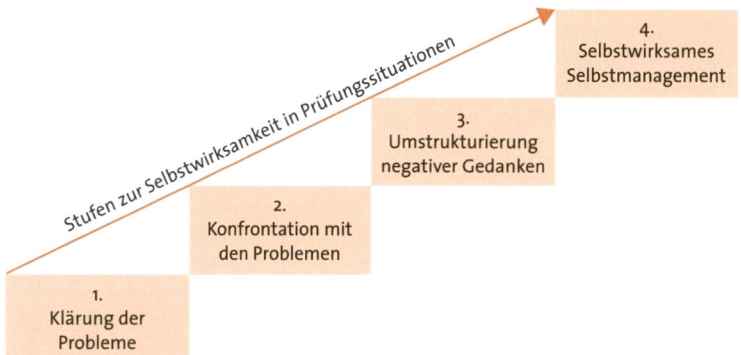

Bei allen Stufen sollten Sie Ihre Gedanken unbedingt aufschreiben und
systematisch bearbeiten. Eine bloße unsystematische und spontane Erinnerung an die negativen Gedanken treibt Sie nur weiter in die Spirale des
Grübelns und ist deshalb kontraproduktiv.

Bei der ersten Stufe (**1. Klärung der Probleme**) sollten Sie sich Klar-
heit darüber verschaffen, wo Sie der Schuh in der Prüfungsvorbereitung
drückt. Dabei kann Ihnen die unten stehende Checkliste behilflich sein.
Schreiben Sie zunächst auf, um welche Probleme es sich handelt. Dabei
sollten Sie sich auf die wichtigsten Probleme beschränken. Vielleicht haben Sie sich schon Gedanken über die möglichen Ursachen gemacht, jedoch noch nicht alles systematisch zu Ende gedacht. Dann sollten Sie alle
Möglichkeiten aufschreiben, die Ihnen spontan zur Verbesserung Ihrer Situation einfallen. Sie sollten nicht allzu lange überlegen. Wenn Ihnen
spontan nichts einfällt, sprechen Sie lieber mit Freunden darüber.

Für die Klärung Ihrer Probleme in Prüfungssituationen: Checkliste
- Was sind Ihre größten Probleme bei einer Prüfung?
- Wie haben Sie sich diese Probleme bisher erklärt?
- Welche Verbesserungsmöglichkeiten fallen Ihnen spontan ein?
- Falls Ihnen selbst keine Möglichkeiten einfallen, sprechen Sie bitte mit
  Personen Ihres Vertrauens.

Um eine Prüfung selbstwirksam bewältigen zu können, muss man sich
der Prüfungssituation und den damit verbundenen Gedanken stellen. Die
zweite Stufe (**2. Konfrontation mit den Problemen**) sieht deshalb vor,
dass Sie sich den Prüfungsanforderungen tatsächlich aussetzen. Falsch
wäre es, wenn man eine Prüfung oder sogar mehrere Prüfungen immer
wieder vor sich herschiebt.

Das verlängert nur unnötig die Studienzeit und erhöht die Wahrscheinlichkeit, dass die negativen Gedanken immer stärker werden.

Am besten ist es, wenn Sie die Prüfung als eine Hürde betrachten, und Sie sind davon überzeugt, diese Hürde zu schaffen. Bei Problemen mit Prüfungen stellt sich in der Regel heraus, dass diese durch negative Gedanken verursacht werden oder zumindest von negativen Gedanken begleitet sind.

Sollten negative Gedanken deutlich überwiegen, dann kann Ihnen der dritte Schritt helfen (**3. Umstrukturierung negativer Gedanken**), eine positive Einstellung zur Prüfung zu bekommen. Schreiben Sie dafür alle negativen Gedanken auf, die Ihnen zur Prüfung einfallen. Sie können hierfür das folgende Arbeitsblatt verwenden:

Arbeitsblatt

Bereich der Kognition	Welche negativen Gedanken habe ich?	Welche positiven Gedanken kann ich formulieren?
Situationserwartung		
Kompetenzerwartung		
Konsequenzerwartung		
globale Selbsteinschätzung		

Beschreiben Sie zunächst alle Gedanken zur Situationserwartung, d. h. alle Befürchtungen, die Sie hinsichtlich der Prüfungssituation haben (z. B. »Der Hauptprüfer wird nur schwere Fragen stellen«, »Ich werde schon die erste Frage nicht beantworten können«, »Die Prüfer sehen, wie ich zittere und schwitze«, »Ich werde nur zu Themen gefragt, die ich nicht so gut beherrsche«). Dann notieren Sie Ihre negativen Gedanken zur Kompetenzerwartung (Selbstwirksamkeit) in der Prüfung. Viele Studenten mit Problemen bei Prüfungen denken z. B. Folgendes: »Auch auf leichte Fragen kann ich keine passenden Antworten geben, weil ich viel zu sehr aufgeregt bin«, »Ich werde mich versprechen«, »Ich komme nicht sofort auf die Antwort«, »Bei schwierigen Fragen habe ich einen Blackout«, »Ich werde vor Nervosität keinen Satz herausbekommen«. Negative Gedanken kreisen auch um befürchtete Konsequenzen (Konsequenzerwartungen), die häufig überzogen sind (z. B. »Wenn ich die Prüfung nicht schaffe, werde ich keinen Job bekommen«, »Ich werde durch ein schlechtes Ergebnis mein ganzes Zeugnis ruinieren«, »Wenn ich jetzt durchfalle, falle ich auch das nächste Mal durch«, »Alle werde mich auslachen, wenn ich durchfalle«).

Schließlich können negative Gedanken vor einer Prüfung sogar so weit gehen, dass der Prüfling seine ganze Persönlichkeit in Zweifel zieht (globale Selbsteinschätzung) (z. B. »Wenn ich durch die Prüfung falle, dann bin ich ein totaler Versager«, »Am nächsten Prüfungsergebnis wird man erkennen können, ob ich blöd bin oder nicht«).

Solche oder ähnliche negativen Gedanken sind für die Prüfungsvorbereitung extrem hinderlich und lassen kaum Gedanken an die Selbstwirksamkeit aufkommen. Deshalb müssen die negativen Gedanken auf ihren

Realitätsgehalt hin überprüft werden (z. B. »Ist es wirklich so, dass der Hauptprüfer mir nur schwere Fragen stellt?«, »Warum werde ich einen Blackout bekommen?«, »Bin ich wirklich ein Versager, wenn ich durch die Prüfung falle?«). In der dritten Spalte sollen die negativen Gedanken positiv umformuliert werden, sodass sie nicht mehr so bedrohlich sind: Anstatt »Am nächsten Prüfungsergebnis wird man erkennen können, ob ich blöd bin oder nicht« sollten Sie besser schreiben: »Am nächsten Prüfungsergebnis kann ich erkennen, ob ich gut vorbereitet war«.

Viele Menschen neigen dazu, sich bei schlechten Prüfungsleistungen insgesamt abzuwerten. Mit dem nachfolgenden Arbeitsblatt können Sie ein realistisches Bild von sich selbst bekommen. Beurteilen Sie hierfür eine(n) erfolgreiche(n) Kommilitonin bzw. Kommilitonen (nicht den absoluten Überflieger!) nach den aufgeführten Bereichen:

Wie sehe ich mich im Vergleich?

Bereich	Wie beurteile ich eine/n Kommilitonin/en, die/den ich im Studium als erfolgreich einschätze? Skala 0–100*	Wie sehe ich mich selber? Skala 0–100*
Leistung im Studium		
Attraktivität		
Sportlichkeit		
Menschlichkeit		
Kommunikative Kompetenz		
Weiterer Bereich:		
Summe:	Σ	Σ

* 0, 10, 20, 30, 40, 50, 60, 70, 80, 90, 100, (100 bedeutet die höchste Einschätzung)

Vergleichen Sie sich

49

Wie schätzen Sie sich selbst ein? Nach einem solchen Vergleich sieht das Ergebnis in der Regel viel besser aus.

Viele negativen Gedanken haben nur eine schwache oder keine argumentative Grundlage. Daher ist es sinnvoll, nach Beweisen für die Richtigkeit dieser automatischen Gedanken zu suchen.

Leitfaden
- Beschreiben Sie die Prüfungssituation.
- Benennen Sie den negativen automatischen Gedanken.
- Stellen Sie sich Fragen dazu (Disputation):
    - Welche Beweise gibt es für den negativen Gedanken?
    - Welche Argumente sprechen gegen den Gedanken?
    - Gibt es eigene Erfahrungen, dass der Gedanke nicht zutraf?
    - Was würden Sie einem/einer Angehörigen oder Freund(in) in dieser Situation raten?

Anhand diesen Leitfadens können Sie Ihre automatischen Gedanken selbst erörtern. Am besten ist es, wenn man die dysfunktionalen Gedanken mit eigenen Erfahrungen widerlegen kann. Dafür ist es sinnvoll, sich noch einmal alle Prüfungen zu vergegenwärtigen, um einen Beweis zu finden, der gegen den automatischen Gedanken spricht. Manchen Menschen fällt es leichter, anderen Menschen gute Ratschläge zu erteilen als sich selbst. Also: Geben Sie sich auch selbst gute Ratschläge!

Die intensive Auseinandersetzung mit Ihren dysfunktionalen Kognitionen und die kognitive Umstrukturierung Ihrer negativen Gedanken sind die Voraussetzung für das selbstwirksame Prüfungsmanagement, der letzten Stufe auf dem Weg zur Selbstwirksamkeit (**4. selbstwirksames Selbstmanagement**). Negative Gedanken dürfen Ihnen jetzt nicht mehr im Wege stehen.

Anleitung
Eine Anleitung zum Selbstmanagement:
- 1. Welche Prüfungen möchte ich in welcher Reihenfolge schaffen?
- 2. Welche Probleme habe ich im Moment mit diesen Prüfungen?
- 3. Welche Lösungen gibt es für diese Probleme?
- 4. Für welche Lösungsalternativen entscheide ich mich?
- 5. Welche Erfahrungen mache ich mit den gewählten Lösungsansätzen?
- 6. Sind meine Prüfungsziele mit den gewählten Lösungsansätzen tatsächlich erreichbar?
- 7. Womit belohne ich mich jeden Tag, um mein Arbeitsverhalten aufrecht zu erhalten?
- 8. Womit belohne ich mich, wenn ich meine Prüfungsziele erreicht habe?

Die erste Frage fordert dazu auf, die Wichtigkeit und die Reihenfolge der Prüfungen festzulegen. Die Planung sollte sich sinnvoller Weise auf ein ganzes Semester, die Zwischenprüfungen oder das Examen beziehen. Gerade am Anfang des Studiums ist es wichtig, das Selbstmanagement bei Prüfungsproblemen nur auf ein Semester zu begrenzen.

Die zweite Frage zielt auf die Auflistung aller Probleme, die einem erfolgreichen Bestehen der Prüfungen im Wege stehen. Hier sollte man sich nichts vormachen und wirklich alle Probleme benennen (z. B. Schwächen in bestimmten Fächern, Zeitprobleme aufgrund von Nebentätigkeiten, Ängste).

Bei der dritten Frage sind alle nur denkbaren Lösungsmöglichkeiten aufzulisten. Dafür sollte man sich möglichst mit anderen austauschen: mit erfahrenen Studenten, mit Dozenten und Kommilitonen. Am Anfang denkt man häufig, man wäre der einzige, der solche Probleme hat. Im Austausch mit anderen Studenten zeigt sich jedoch rasch, dass viele Studenten in einer ähnlichen Situation sind. Je mehr Lösungsmöglichkeiten Sie aufschreiben, desto größer ist auch Ihre Auswahl.

Zur Beantwortung der vierten Frage sollten Sie zunächst die Lösungsalternativen aufschreiben, die in die engere Wahl kommen. Die Lösungen müssen für Sie aber auch praktikabel sein. Daher sollten Sie die gewählten Lösungsansätze ausprobieren. Der Erfolg wird sich nicht immer sofort einstellen. Veränderungen und Verbesserungen verlaufen nur sehr selten linear. Sie werden häufiger erleben, dass sich zunächst nichts verbessert, dann aber plötzlich der Groschen fällt und es funktioniert. Auch für die Umsetzung von Lösungsansätzen benötigt man eine gewisse Übung und Routine.

Die mit den Lösungsstrategien gemachten Erfahrungen sind unter die fünfte Frage aufzulisten. Die sechste Frage fordert Sie zu einer permanenten Überprüfung auf: Sind meine Prüfungsziele mit den gewählten Ansätzen tatsächlich erreichbar?

Die Vorbereitung auf eine Prüfung erfordert Motivation und Durchhaltevermögen. Für ein erfolgreiches Prüfungsmanagement sollten Sie sich jeden Tag belohnen, ja, das ist sogar Ihre Pflicht (7. Frage). Überlegen Sie sich genau, was Sie sich dann gönnen werden. Aber nur, wenn Sie ein Arbeitspensum auch wirklich geschafft haben. Zu Beginn einer Prüfungsphase kann es sinnvoll sein, bereits nach relativ kurzen Zeitabständen (z. B. nach einer Stunde), Belohnungen einzuplanen, damit der »Motor« der Prüfungsvorbereitung in Gang kommt. Später können die Zeitabschnitte auch vergrößert werden, sie sollten jedoch nicht länger als ein Tag sein. Zu einem guten Arbeitsrhythmus gehören auch sinnvolle Pausen: 1 Stunde Arbeit und ca. 5 Minuten Pause, nach der zweiten Stunde Arbeit ca. 10 Minuten Pause. Nach der 4. Stunde Arbeit sollten Sie eine Pause von mindestens 30 Minuten einplanen. Alles, was über 8 Zeitstunden Arbeit pro Tag hinausgeht, ist in der Regel für das Lernen nicht förderlich, da Sie etwa 10 Stunden benötigen, um 8 reine Zeitstunden mit Pausen zu organisieren.

Wenn Sie Ihre Prüfungsziele erreicht haben, sollten Sie sich eine angemessene Belohnung genehmigen (8. Frage). Überlegen Sie dies möglichst schon am Anfang der Prüfungsphase und legen Sie die Belohnung fest. Dann können Sie sich auf ein Ziel freuen!

**Das bringt
Sie weiter**
Sollten Sie Probleme mit negativen Gedanken in der Prüfungssituation haben, dann bearbeiten Sie die Arbeitsblätter möglichst vollständig. Sollten Sie dabei keine Besserung spüren oder den Eindruck gewinnen, dass sich Ihre Probleme dadurch sogar verschlimmern, dann suchen Sie sich professionelle Hilfe (z. B. bei der psychologischen Beratungsstelle Ihrer Hochschule, bei einem Psychologen oder Ihrem Hausarzt).

4 Bereiten Sie sich professionell auf Prüfungen vor

Die Prüfungsvorbereitung kann man in sieben typische Phasen unterteilen: **7 Phasen**

Gute-Vorsätze-Phase

Sie haben aus den stressigen Prüfungsvorbereitungen des letzten Semesters die Lehre gezogen: Dieses Mal wollen Sie rechtzeitig mit Lernen anfangen. Dieses Mal wollen Sie strukturiert vorgehen und sich systematisch auf die Prüfungen vorbereiten. Mit diesen Vorsätzen verstreicht ungefähr die Hälfte des Semesters – aber voller Zuversicht!

Jetzt-wird-es-aber-Zeit-Phase

So langsam reichen die guten Vorsätze nicht mehr aus, ein gutes Gefühl zu haben. Ganz im Hinterkopf tickt die Uhr, und jetzt ist es für das frühzeitige Anfangen schon wieder fast zu spät. Na ja, es wird etwas enger als geplant, aber eigentlich ist doch noch genug Zeit.

Visionen-statt-Disziplin-Phase

Mit diesen »Planungen« sind mehr als zwei Drittel des Semesters verstrichen, und die Illusion, es dieses Mal ganz anders zu machen, ist geplatzt. Den Zeitpunkt, um wirklich rechtzeitig mit dem Lernen anzufangen, haben Sie auch in diesem Semester wieder verpasst. Aber es gibt noch eine Rettung, neue Visionen zeichnen sich am Horizont ab: Vielleicht könnten Sie ja den Nachschreibetermin einplanen? Wenn Sie jetzt wirklich anfangen, müssen Sie zwar richtig ranklotzen, aber es kann immer noch klappen.

Manische Phase (oder auch **Erst-mal-aufräumen-Phase**)

So jetzt werden Sie aber richtig aktiv – und räumen erst mal auf. Die Tasche, die Sie das ganze Semester über mit Unterlagen vollgestopft haben, muss dringend ausgemistet werden. Und der Schreibtisch muss auch unbedingt aufgeräumt werden. Ja doch, Sie tun sehr viel, sind richtig fleißig – nur ans Lernen trauen Sie sich immer noch nicht ran.

Freizeit-muss-sein-Phase

Puh, jetzt haben Sie so viel getan. Sie sind ja nur noch am Arbeiten. Aber wo ist das Leben? Sie haben doch ein Recht auf Freizeit! Und außerdem nur, wer gut ausgeruht und entspannt ist, kann auch gut lernen. Also erst mal ein Wochenende bei Mutter. Die Mensa-Fete dient dem Abschalten. Und beim Italiener kann man sich über den Prüfungsstoff austauschen.

Beruhigungs-Phase

Doch, es liegen schon zwei Bücher auf dem Schreibtisch und die Skripte haben Sie auch schon mal durchgeblättert. Klar, Sie sind mitten in den

Vorbereitungen und gerade dabei, den Stoff zusammenzufassen. Ihre ganze Energie brauchen Sie, um sich selbst und Ihren Studienkollegen vorzumachen, dass Sie doch schon einiges getan haben.

Panische Phase

Nun ist es endlich soweit. Die Prüfungs-Panik hat Sie erwischt und Sie fangen wirklich an, etwas zu tun. Nun helfen keine Ausreden und kein Selbstbelügen mehr. Sie pauken wie besessen, Essen nur noch mit dem Buch neben dem Teller, nutzen die Zeit auf der Toilette zum Auswendiglernen und kennen die Welt außerhalb Ihrer Studentenbude nur noch aus der Erinnerung … Und vielleicht haben Sie es auch diesmal wieder geschafft.

4.1 | Managen Sie die Prüfungsvorbereitung erfolgreich

Erkennen Sie, wie Sie Ihre Prüfungszeit und Ihre Lernaktivitäten realistisch planen können.

Überlassen Sie den richtigen Zeitpunkt für den Beginn Ihrer Prüfungsvorbereitungen nicht mehr dem Zufall – oder Ihrem schlechten Gewissen.

Am Tag der Prüfungsanmeldung sollten Sie mit der **Planung** für die gesamte Prüfungsphase beginnen. Sie wissen nun, wie viele Prüfungen Sie bestehen müssen und welche Prüfungsthemen und -formen auf Sie zukommen.

Überschlagen Sie:
- Wie viele schriftliche und wie viele mündliche Prüfungen haben Sie vorzubereiten?
- Haben Sie zusätzlich auch noch Hausarbeiten zu schreiben, die Sie im gleichen Zeitraum abgeben müssen?
- Welche Zeiten fallen für Urlaub, Feiertage etc. weg?

Unterstellen wir einmal, dass es optimal läuft. Das ist insbesondere dann der Fall, wenn Sie die Mitschriften sehr gut erstellt und bereits nachbereitet haben. Rechnen Sie dann grob 5 Tage pro Prüfung für die Vorbereitungen (z. B. zusätzliches Literaturstudium, Übungen) und 10 Tage intensiven Lernens und Wiederholens. Rechnen Sie zusätzlich pro Prüfung 2 Puffertage ein. Und rechnen Sie pro Prüfungsfach einen Pausentag ein.

Für 5 Prüfungen müssen Sie also mindestens 90 Tage, das sind rund 4 Monate rechnen.

So viel? Ja, wollen Sie nun rechtzeitig anfangen, oder nicht?!

Aber zu Ihrer Beruhigung, das ist ja nur eine ganz grobe Zeitplanung, um wirklich früh genug mit dem ganzen Vorbereitungsprozess zu beginnen. Nicht jede Thematik erfordert eine gleich intensive Vorbereitung. Ihr Wissensstand ist unterschiedlich und auch Ihre Arbeitsmaterialien sind von verschiedener Qualität.

Es empfiehlt sich jedoch, spätestens nach dem ersten Drittel des Semesters die erste Phase für Ihre Prüfungsvorbereitungen anzugehen und spätestens von da an darauf zu achten, dass Ihre Mitschriften vollständig sind, dass Sie Lücken aufarbeiten und sich mit der Fachliteratur beschäftigen.

Nutzen

Langfristig planen

Das sind 5 + 10 + 2 + 1 = 18 Tage pro Prüfungsfach.

4 Vorbereitungs-
phasen

Phase	Inhalte/Aktivitäten	Zeit
Material vorbereiten	eigene Mitschriften prüfen, Skripte ergänzen, Literatur besorgen (Fangen Sie frühzeitig damit an, viele Bücher sind ausgeliehen oder vorgemerkt.).	25 % der Zeit
Aufbereitung des Lernstoffs	Lernmaterialien zusammenführen, Lernstoff strukturieren und in Zusammenhänge bringen, Verständnisfragen klären, Skripte erstellen.	40 % der Zeit
Einprägen	Prüfungsfragen »simulieren«, auswendig lernen, üben, Wissenskontrolle.	25 % der Zeit
Wiederholung	Überblick behalten, Wissen festigen, Probeklausur.	10 % der Zeit

Nun haben Sie ein grobes Raster, wie Sie Ihre Vorbereitungszeit einteilen müssen. Natürlich werden Sie nicht jedes Fach in dieser Reihenfolge komplett durchgehen und dann erst mit dem nächsten Fach beginnen.

In der Praxis hat sich Folgendes bewährt:

Erst für alle Fächer die Materialien vorbereiten. Dann müssen Sie in der Aufbereitungsphase nicht noch nach Material suchen, sondern können sich ganz auf die Inhalte konzentrieren.

Dann für jedes Fach den Lernstoff aufbereiten. Das heißt, sich tatsächlich mit dem Lernstoff auseinanderzusetzen. Hier arbeiten Sie Verständnisfragen auf, ordnen den Stoff in sinnvolle Wissenszusammenhänge und komprimieren die Themen in Listen, Tabellen, Grafiken etc., die Sie in der Einprägephase dann nutzen können. Je sorgfältiger Sie die Unterlagen für ein Thema vorbereiten, umso mehr Wissen prägen Sie sich schon in diese Phase ein.

In der Phase des Einprägens wechseln Sie dann die Vorbereitungsgebiete. Das ist auch viel »gehirngerechter«.

Die Wiederholungen richten sich dann nach dem Zeitplan der Klausuren. Also jeweils die letzten 2–3 Tage vor einem Prüfungstermin gehören dem Fach der Prüfung. Wenn Sie natürlich mehrere Prüfungen an einem Tag haben, müssen Sie auch hier die Vorbereitungsgebiete abwechselnd durchgehen.

Feinplanung Nein, mit der Vorbereitungsplanung sind wir damit noch nicht fertig.

Sie wissen ja nun erst, wie viel Zeit Sie ungefähr brauchen. Aber nun müssen Sie diese Zeit auch sinnvoll einteilen.

Auch hierzu wieder ein paar Fragen:

- In welchen Prüfungsfächern fühlen Sie sich schon richtig fit?
- Welche Themen bereiten Ihnen Bauchschmerzen, wenn Sie nur an die Prüfung denken?
- Bei welchen Fächern haben Sie einen Überblick, welche Unterthemen auf jeden Fall in die Prüfungsvorbereitung gehören?
- Für welche Themen müssen Sie etwas auswendig lernen?
- Für welche Fächer müssen Sie noch Lernmaterial beschaffen?

Erstellen Sie am besten eine Tabelle, in der Sie Ihre Zeitplanung festhalten.

Das bringt Sie weiter

4.2 | Nutzen Sie einen konkreten Aktionsplan

Nutzen Erstellen Sie für jedes Prüfungsfach einen konkreten Aktionsplan, das ist die Grundlage für einen perfekten Zeitplan und schont Ihre Nerven.

Setzen Sie sich vor dem eigentlichen Lernen einmal in Ruhe hin und **ordnen Sie den Wust an Themen**, der wie ein »Lernberg« vor Ihnen liegt. Sie werden sehen, dass die Investition von vielleicht ein, zwei Stunden Ihnen mehr bringt, als nur einen guten Überblick über den Stoff, den Sie lernen müssen. Ein guter Überblick ist die Grundlage für eine angemessene Zeiteinteilung und dies ist wiederum die Grundlage für weitgehend stressfreies Lernen. So kann ein Aktionsplan aussehen?

Beispiel

Prüfungs-fach	Prüfungs-form	Inhalte	Was muss ich können?	mein Stand	Was muss ich üben?	Material	Zeitplan
REWE I	K	Buchführung	Kontenarten, Vorgänge Kontieren	++ + +	Praxisübungen zur Kontierung	Kontenblätter kopieren Übungs-aufgaben	1 Std + 3 × 2 Std.
		Bilanzierung	Bilanzzweck, Bilanzstruktur, Vorgang von der Eröffnungsbilanz zum Jahresabschluss	++ – – –	Bilanzaufbau auswendig lernen, Praxisübungen Bilanzen erstellen	Grafik erstellen Beispiele	2 Std. + 3 × 2 Std. 4 × 2 Std.
		GOB's	Gesetzesgrundlage. Die wichtigsten auswendig kennen. Verstöße und Folgen.	++	Wichtigsten auswendig	☑	3 × 1 Std.
							26 Std.

K = Klausur   ++ = top fit
M = mündliche Prüfung   ++ = gute Grundlage
                 + = leichte Unsicherheit
                 – – = Bauchschmerzen

Einen solchen **Aktionsplan** sollten Sie **für jedes Prüfungsfach** erstellen. Nun haben Sie schon eine Stundenzahl, die Sie für ein Fach mindestens investieren müssen und Sie haben gleichzeitig schon eine Vorstellung davon entwickelt, wie Sie die einzelnen Inhalte am besten lernen.

Sie können die einzelnen Stunden mit den jeweiligen Übungsinhalten nun in einen Kalender eintragen, dann haben Sie einen hilfreichen »Fahrplan« für Ihre Lernaktivitäten.

Das bringt Sie weiter
- Bedenken Sie, wie viel Zeit Sie pro Tag alleine dadurch verlieren, dass Sie erst überlegen müssen, was Sie heute denn sinnvollerweise lernen könnten. Und wie leicht fallen Ihnen dann Aktivitäten ein, die viel mehr Spaß machen als das Lernen …
- Tragen Sie Ihre Lernfortschritte in die erstellte Tabelle ein. Das motiviert enorm!

4.3 | Organisieren Sie Ihre Lernzeit professionell

Erfahren Sie, wie Sie Ihre Lernzeit wirklich als Lernzeit nutzen können.   Nutzen

Es ist sinnlos, sich vorzunehmen, morgens um 6 Uhr aufzustehen, um zu   Tagesrhythmus
lernen, wenn Sie sonst immer erst um 8 Uhr aus dem Bett kommen. Und
wenn Sie in der Mittagszeit immer ziemlich schlapp werden und erst mal
eine Ess- und Kaffeepause brauchen, sollten Sie auch das in Ihrer Planung berücksichtigen. Und am späten Nachmittag zwischen halb fünf
und halb sieben geht gar nicht viel – dann planen Sie diese Zeit für Ein-
käufe oder andere Erledigungen ein.

Orientieren Sie Ihre Planung an Ihren Lebensgewohnheiten, denn damit gelingt es Ihnen am ehesten, Ihre leistungsstarken Zeiten für das Lernen zu nutzen und die leistungsschwachen Zeiten für alltägliche Dinge
zu verwenden.

Haushalten Sie mit Ihrer geistigen Energie. Die Wiederholung von be-   Energie einteilen
kanntem Lernstoff, den Sie einfach nur behalten müssen, beansprucht
Sie geistig weniger, als das Aneignen neuer Inhalte. Berücksichtigen Sie
bei der Tageseinteilung, wie viel Konzentration und geistige Energie Sie
für die verschiedenen Lerninhalte aufwenden müssen und achten Sie auf
einen Ihrer Energie angepassten Wechsel der Lernphasen.

Nach drei Stunden intensiven Stoffaufbereitens wird Ihnen die Wiederholung von bereits erarbeitetem Stoff zu einem anderen Prüfungs-
thema gar als die reinste Erholung vorkommen.

Planen Sie diese Wiederholungen regelmäßig in den Tagesablauf ein. Der   Wiederholen
Lerneffekt wird dann viel höher sein, als wenn Sie den ganzen Stoff erst
kurz vor der Prüfung ein- oder zweimal wiederholen.

Trennen Sie die Lernzeit klar von Ihrer Freizeit. Wenn Sie diszipliniert   Freizeit
sind und Ihre Lernzeiten strikt einhalten, dann ist es genauso wichtig,
auch die Freizeit wirklich als Freizeit zu nutzen.

Verlassen Sie für Pausen auf jeden Fall Ihren Schreibtisch, gehen Sie,
wenn möglich, in ein anderes Zimmer.

Und das Buch bleibt für die Pause auf dem Schreibtisch liegen und
wird beim Essen nicht neben den Teller gelegt. Und wenn Sie sich abends
mit anderen bei einem Glas Wein entspannen, dann können Sie gerne
»Verhaltensbeobachtungen« machen, aber nicht besprechen.

Planen Sie die Pausenzeiten fest ein und genießen Sie diese Zeiten ohne   Pausen
schlechtes Gewissen, sonst haben Sie gar nichts davon.

Wenn Sie die Pausen vor Augen haben, halten Sie die Lernzeit auch
konsequenter durch. Dann bekommen auch die Pausen und die frei ver-
fügbaren Zeiten ihren festen Platz im Tagesablauf.

Durch rechtzeitige und zeitlich eingeplante Pausen sind Sie einerseits
sicher, dass Sie auch wirklich eine Pause bekommen. Andererseits laufen

Sie auch nicht Gefahr, dass eine Pause keine Pause, sondern das Ende der täglichen Lernzeit bedeutet.

Viel zu oft verstreicht die Pausenzeit ungenutzt und Sie haben gar nicht das Gefühl, eine Pause gehabt zu haben. Darum überlegen Sie vorher, wie Sie am besten entspannen können, und belohnen Sie sich in der Pause mit Aktivitäten, die Sie gerne machen.

Lernumgebung Suchen Sie bewusst Ihre Lernumgebung aus. Die Wahl Ihres Arbeitsplatzes sollte Ihnen einige Überlegungen wert sein. Nicht für jede Lernaktion ist der eigene Schreibtisch automatisch der beste Platz. Manchmal bietet es sich an, die Bibliothek zu nutzen oder sich bei einem Studienkollegen einzuquartieren.

Folgende Gedanken helfen Ihnen bei der Entscheidung:

- Brauchen Sie viele Arbeitsmittel (z. B. Bücher, Skripte, PC)? Dann ist es hilfreich, am Schreibtisch zu arbeiten, da dort alle Arbeitsmittel ihren festen Platz haben und Sie keine Zeit mit dem Zusammenpacken etc. verlieren. Wenn Sie jedoch z. B. noch beim Aufbereiten Ihres Lernmaterials sind, kann die Bibliothek ein geeigneter Ort sein, da die gesamte Literatur dort vorliegt und Sie dadurch Zeit sparen.
- Stört es Sie bei manchen Aufgaben, wenn andere Menschen in der Nähe sind? Das kann z. B. beim Auswendiglernen der Fall sein oder wenn Sie sehr tief in einen Gedanken einsteigen wollen. Da kann es schon stören, wenn das Telefon klingelt, oder einer Sie fragt, ob Sie auch einen Kaffee wollen, oder ähnliche Kleinigkeiten.
- Lassen Sie sich gerne ablenken?

Jeder weiß, dass Sie in der Zeit vor den Klausuren natürlich zu Hause sitzen und lernen. Da kann man doch mal vorbeischauen, mal anrufen und etwas fragen … Zu Hause steht auch der Fernseher, liegt der gerade angefangene Roman etc. Die Gefahr, sich ablenken zu lassen, ist zu Hause, in der vertrauten Umgebung am größten.

Das bringt Sie weiter Schaffen Sie sich den idealen Arbeitsplatz:

- gute Lüftung und gutes Licht,
- angenehme Temperatur,
- keine störenden Geräusche, kein Lärm,
- rückengerechte Sitzmöglichkeit,
- Platz zum Herumgehen,
- große Arbeitsfläche zum Ausbreiten der Lernmaterialien,
- aufgeräumte Arbeitsfläche zu Beginn jeder Lernzeit,
- Arbeitsmaterial in Reichweite.

4.4 | Gehen Sie in jeder Vorbereitungsphase perfekt vor

An konkreten Beispielen können Sie sehen, wie Sie in den einzelnen Phasen der Prüfungsvorbereitung am besten vorgehen. **Nutzen**

Bereiten Sie das **Material** gewissenhaft vor: **Ordnen**
- Kontrollieren Sie Skripte auf die richtige Reihenfolge und Vollständigkeit.
- Ergänzen Sie die fehlenden Informationen aus den Seminaren und Vorlesungen, fragen Sie hierfür andere Studierende.
- Sortieren Sie die einzelnen Kapitel in einer logischen Reihenfolge, z. B. in: Grundinfo + Details + Ergänzungen.
- Suchen Sie weiterführende Literatur und Übungen.

Bereiten Sie den **Lernstoff** bestens auf: **Aufbereiten**
- Klären Sie offene Fragen und suchen Sie gezielt nach weiteren Informationen, z. B. in der Literatur und im Internet.
- Formulieren Sie Verständnisfragen und beantworten Sie diese schriftlich.
- Lassen Sie sich Unklarheiten z. B. von Mitstudierenden erklären, fügen Sie Ihre neuen Erkenntnisse in die Aufzeichnungen ein.
- Markieren Sie wichtige Merksätze und Begriffe. Benutzen Sie hierfür besonders einprägsame Farben (z. B. Glitzerpink).
- Umrahmen Sie zusammenhängende Inhalte in einer Farbe.
- Wählen Sie für gleichartige Inhalte, wie z. B. Formeln oder Gesetze, immer die gleichen Unterstreichungen, Umrahmungen etc.

Gliedern Sie Ihre Stoffsammlung und komprimieren Sie dadurch Ihre Lerninhalte. Hier eignet sich z. B. ein Mind Map. **Gliedern**

Nachfolgend ein Beispiel für die Gliederung des Lernstoffes zum Thema Risikomanagement: **Beispiel**

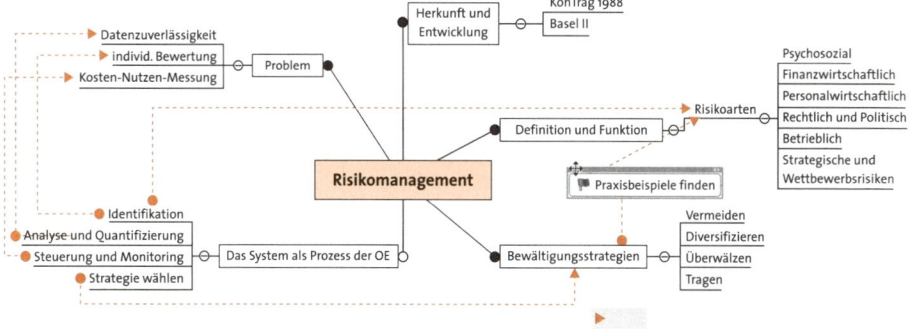

Zu jeder Überschrift sollten Sie nun eine Seite anlegen, auf die Sie die Unterüberschriften schreiben.

Sie haben z. B. die Überschrift »Das Risikomanagementsystem als Prozess der Organisationsentwicklung« auf ein einzelnes Blatt geschrieben. Darunter schreiben Sie nun die einzelnen Gliederungspunkte (Identifikation, Analyse und Quantifizierung etc.).

Ordnen Sie diese Seiten nun in einer für Sie sinnvollen Reihenfolge und legen Sie hinter jede Seite max. zwei leere Blätter.

Lernskript So entsteht ein Lernskript:

- Nehmen Sie nun die erste Seite, lesen Sie die Überschriften und notieren Sie zu jedem Gliederungspunkt in Stichworten die Inhalte, die ihnen aus dem Gedächtnis dazu einfallen.
- Vergleichen Sie Ihre Notizen mit Ihren Mitschriften und ergänzen Sie Fehlendes wiederum in Stichworten. Wo Sie nun noch Verständnisprobleme erkennen, können Sie diese noch bearbeiten. Das heißt jetzt noch einmal erklären lassen, Beispiele suchen, Übungsaufgaben erstellen.
- Wenn Sie alles verstanden haben (und wirklich erst dann), schreiben Sie Ihre Erkenntnisse oder Merksätze dazu wieder auf die Seite.
- Arbeiten Sie so lange an einem Unterthema, bis Sie sich sicher sind, dass alle wichtigen Aspekte jeweils in ein paar Stichworten oder Merksätzen auf der Seite notiert sind.
- Dann nehmen Sie eine neue Seite oder eine große Karteikarte und erstellen aus den Notizen eine kleine saubere Tabelle oder Liste mit den Stichworten.
- Markieren Sie Bezüge von einem Thema zu einem anderen Unterthema auf den jeweiligen Karten mit der gleichen Farbe, sodass sie die Zusammenhänge auch anhand der Farbe erkennen können.

Wiederholen Die Karteikarten oder Blätter sollten Sie täglich einmal durchgehen. Die Überschriften lesen und sich selbst vorsagen, was Ihnen dazu einfällt.

Im Zweifelsfall nachlesen und einige Minuten später wieder aufsagen.

Eine gute Möglichkeit ist es auch, in der letzten Woche vor der Prüfung die Karten im Haus oder in der Wohnung an Orten aufzuhängen, die Sie häufig aufsuchen. Wenn Sie nun an den Kühlschrank gehen, müssen Sie z. B. erst einmal die verschiedenen Risikoarten und die passenden Bewältigungsstrategien aufsagen.

Nach einigen Tagen reicht es schon, sich beim Autofahren die Karte am Kühlschrank vorzustellen, und Sie werden Ihre Notizen sofort vor Augen haben.

Das bringt Sie weiter
- Entwickeln Sie Ihr eigenes System, mithilfe dessen Sie Ihren Lernstoff kurz in eigenen Worten formulieren und aufschreiben.
- Über die Stichwörter können Sie dann in der Prüfung die Inhalte abrufen, die Sie im Zusammenhang mit diesem Stichwort bearbeitet haben.

4.5 | Das optimale Lernskript

Ein Lernskript hilft Ihnen, sich die Inhalte gut einzuprägen und sie bei der Prüfung schnell präsent zu haben.　　Nutzen

Je aufwendiger Ihr Lernskript ausgearbeitet ist, umso leichter wird es Ihnen fallen, sich die Inhalte zu merken und auch anzuwenden. Die Zeit, die Sie für die Erstellung Ihres Skriptes brauchen – ist Lernzeit. Wenn Sie ein Thema in Form einer Tabelle festhalten wollen, müssen Sie diese Tabelle vielleicht vier- oder fünfmal neu schreiben, bis diese den Inhalt wirklich sinnvoll strukturiert. Durch dieses mehrfache Neustrukturieren und Umschreiben prägen Sie sich die Inhalte ganz von alleine ein.

Erkennen Sie, was ein gutes Lernskript ausmacht.　　Checkliste

Ein gutes Lernskript …
- … ist von Ihnen selbst erstellt!
- … ist kurz und knackig.
- … ist gebündelt (Mappe) und besteht nicht aus fliegenden Blättern.
- … ist sauber und ordentlich geschrieben (ohne Durchstreichen etc.).
- … enthält vollständig den komprimierten Stoff des Semesters.
- … enthält eine Gliederung.
- … ist übersichtlich gegliedert.
- … ist in Stichworten geschrieben.
- … enthält die herrschende Lehre eines Themas als gut einzuprägende Merksätze oder Zitate.
- … hat wenige, aber bedeutsame Markierungen.
- … eignet sich zum Auswendiglernen.
- … stellt unterschiedliche Standpunkte einander gegenüber.
- … enthält für die jeweilige Theorie kurze Beispiele aus der Praxis.
- … enthält Grafiken, Listen und Tabellen, in denen komplexe Inhalte übersichtlich zusammengefasst sind.
- … enthält Musterfragen, wie Sie auch in einer Klausur vorkommen können.
- … enthält Beispielaufgaben und Lösungswege.
- Tauschen Sie eine Kopie Ihres Skriptes mit anderen Studierenden aus und verabreden Sie, sich gegenseitig zu korrigieren.　　Das bringt Sie weiter
- Setzen Sie sich dann mit Ihrem korrigierten Skript hin und überlegen, welche Korrekturen Sie wichtig finden und was Ihnen aus dem Skript der anderen gut gefallen hat.
- Schreiben Sie dann anhand dieser Korrekturen und Ergänzungen Ihr Skript noch einmal neu. Das ist zwar etwas mühsam, aber unglaublich effektiv und unterstützt das Behalten nachhaltig!

4.6 | Lernen Sie im Handumdrehen

Nutzen
Erkennen Sie den Lerneffekt, der mit dem Selbsterstellen von Lernkarten verbunden ist.

Lernkarten kennen Sie vielleicht noch aus Ihrer Schulzeit, aus dem Englischunterricht: den Vokabeltrainer, die berühmte Lernkartei mit den fünf Fächern. Also nichts Neues für Sie?

Lernen Sie hier die Möglichkeiten kennen, Lernkarten auch bei der Prüfungsvorbereitung einzusetzen.

Langzeit-gedächtnis
Nun haben Sie endlich die Thematik verstanden. Jetzt gibt es aber noch Formeln, Gesetzmäßigkeiten, Axiome, Regeln, Merkwörter etc., die müssen Sie sich so richtig »eintrichtern«. Die müssen richtig, schnell und zuverlässig in der Prüfungssituation abrufbar sein. Die Inhalte müssen also in Ihr Langzeitgedächtnis gelangen. Und das muss mindestens von den letzten drei Wochen vor der Prüfung bis zum Tag der Prüfung reichen!

Im Gedächtnis verankert sich das, was sehr merkwürdig ist (wie der Begriff **merk**würdig schon sagt, vgl. hierzu auch Heister 2007, S. 3–47), und das, was Sie immer wieder hören, lesen, sagen, also mehrfach wiederholen. Übrigens das, was Sie regelmäßig über einen längeren Zeitraum wiederholen, setzt sich am besten fest.

Lernstoff gliedern
Nicht nur Vokabeln lassen sich mit den praktischen Lernkarten lernen. **Nahezu jeder Lernstoff lässt sich in kleinere Sinnabschnitte gliedern**, die sich wiederum in Fragen und Antworten zerlegen lassen. Besonders gut geeignet sind z. B. Definitionen, Fachbegriffe, Synonyme, Formeln, Regeln, Abläufe etc., die Sie für die Bearbeitung des Prüfungsstoffs kennen müssen.

Learning by Doing
Das gilt auch hier! Karten, die Sie selbst entwickelt haben, bringen einen viel größeren Lerneffekt mit sich. Sie müssen hier nämlich den Lernstoff auf das Wesentliche komprimieren, ihn in eine Frage- und Antwortform bringen. Das heißt, Sie müssen sich richtig damit beschäftigen, bis Sie ihn für eine Lernkarte entsprechend strukturiert und aufbereitet haben.

Vorteile
Hier alle Vorteile auf einen Blick:
- Lernkarten sind stets zur Hand. Sie passen in die Hosentasche und können beim Spaziergang, in der Bahn, im Wartezimmer oder an der Supermarktkasse genutzt werden.
- Lernkarten unterteilen den Lernstoff in kleine Lernhappen. Sie haben nur 5 Minuten? Okay, die reichen für 5 Karten.
- Das Lernen mit Karten ist eine »Easy-Going«-Methode. Sie lernen wirklich im »Hand-Umdrehen«.
- Mit der Lernkartentechnik sparen Sie Lernzeit, die Sie dann für andere Prüfungsfächer nutzen können. Es werden immer nur die Inhalte wiederholt, die Sie noch nicht können.

- Lernkarten wirken motivierend. Sie sehen, wie der Stapel Ihres Wissens immer größer und der Stapel, den Sie noch lernen müssen, immer kleiner wird.
- Lernkarten sind eine sehr gute Lernkontrolle, da Sie die Antwort sofort zur Hand haben.
- Mit Lernkarten können Sie sich nichts vormachen. Was Sie nicht wissen, wird sofort offenbart.
- Lernkarten zu erstellen, fördert die Konzentration auf die wesentlichen Inhalte eines Stoffs. Sie lernen, kurz und prägnant zu formulieren. Die Karten sind schlichtweg zu klein, um ins »Schwafeln« zu kommen.
- Lernkarten bringen Spaß beim Lernen. Sie können sie auch in der Gruppe oder mit einem Partner einsetzen.
- Lernkarten motivieren zum lauten Aussprechen der Antworten. Sie agieren mit der Lernkarte aktiv. Dies hat einen viel größeren Lerneffekt, als wenn Sie etwas lesen oder anschauen.
- Lernkarten vermindern die Unsicherheit vor der Prüfungssituation. Sie simulieren mit den Karten mögliche Prüfungsfragen, auf die Sie dann schon gut eingestellt sind.

Überzeugt?!

Erfahren Sie nun, wie Sie Lernkarten erstellen können:
Lesen Sie Ihr Skript und überlegen Sie sich zu jedem Gliederungspunkt: Welche Frage könnte hierzu für eine Lernkontrolle gestellt werden?

Lernkarten erstellen

Bei Formeln, Definitionen etc. ist die Frage schnell gefunden. Aber auch komplexere Themen lassen sich in eine Frage packen, z. B.:

- Sie müssen jeweils einen längeren Text über »Management by Exception« und einen über »Management by Objectives« bearbeiten.

Beispiel

Folgende Fragen könnten Sie stellen:
- Was ist Management by Exception bzw. by Objectives?
- Welche Vorteile hat Management by ...?
- Welche Probleme birgt Management by ...?

Daraus machen Sie dann z. B. die Lernkarten:

Frage	**Antwort**
Definition von: Management **by Exception**	Die **Delegation** von Aufgaben im Kongruenzprinzip, so lange bis der Ausnahmezustand eintritt. (Ziele sind vorgegeben, oft mit genauen Vorgaben verbunden.)

Frage	**Antwort**
Nenne Vorteile von Management **by Objectives**	■ Förderung der **Verantwortungsbereitschaft** ■ Förderung der **Eigeninitiative** ■ Entlastung der Führungskraft ■ Förderung der Kooperation ■ Wenig Hierarchieebenen

Aus zwei Gründen sind solche Karten besonders effektiv:
■ Die Antworten sind ausführlicher formuliert, als es die eigentliche Frage erfordern würde. Dadurch bleiben die Sinnzusammenhänge der Antworten erhalten und prägen sich gleich mit ein.
■ Die Kernaussagen, die zur Beantwortung der Frage unbedingt erforderlich sind, sind **fett** markiert. Dadurch fallen Sie leicht ins Auge und prägen sich besser ein.

Durch die Wiederholung prägen sich die markierten Aussagen leicht und schnell ein. Ihr Gehirn speichert die zusätzlichen Informationen ganz nebenbei mit ab. Wenn Sie dann z. B. in der Klausur an die Kernaussage denken, fallen Ihnen die anderen Informationen automatisch mit ein.

Format Alle Karten sollten die gleiche Größe habe. Sinnvoll ist eine Größe, die gut in der Hand liegt (z. B. DIN A6 oder DIN A7). Größere Karten verführen dazu, wieder viel zu viel darauf zu schreiben. Kleine Karten fördern stärker die Konzentration auf das Wesentliche und die prägnante Formulierung.

Lernkartentechnik Für alle, die die Lernkartentechnik nicht mehr vom Vokabellernen her kennen, sei sie hier noch mal erklärt:

Sie brauchen dazu einen Kasten (die sog. Lernkartei) mit mindestens vier oder besser noch sechs Fächern. Und so geht es:

- Alle Karten aus dem Fach Nr. 1 nehmen (da kommen alle neuen Karten erst mal rein),
- Frage lesen,
- Antwort überlegen und am besten laut aussprechen (geht nicht immer),
- Karte umdrehen und Antwort prüfen.
- Ist die Antwort richtig, kommt die Karte in das Fach Nr. 2.
- Ist die Antwort falsch, kommt die Karte wieder zurück in das Fach Nr. 1.
- Beim nächsten Kartenlernen nehmen Sie die verbliebenen Karten aus Fach Nr. 1 und wiederholen das Ganze: fragen, antworten, ablegen.
- Beim dritten Lerndurchgang nehmen Sie nun die Karten aus Fach Nr. 2 und gehen sie nach dem gleichen Muster durch.
- Alle richtig beantworteten Karten wandern in Fach Nr. 3 und alle falschen Antworten wieder zurück in Fach Nr. 1.
- Nun ist bei der nächsten Sitzung wieder Fach Nr. 1 dran, dann wieder Nr. 2 etc.

Lernkartei

Da Sie jede zweite Sitzung mit Fach Nr. 1 starten, nimmt der Zeitabstand zwischen den Abfragen der hinteren Fächer zu. Und das ist ja auch der Sinn und Zweck. Denn genau dadurch vertiefen Sie die Lerninhalte nachhaltig.

Es gibt Software, wie z. B. »Phase 6«, mit der Sie das Ganze auch am PC machen können.

Am PC

Sie werden dann jedes Mal, wenn Sie den PC starten, automatisch aufgefordert, die Karten in dem Fach zu bearbeiten, das gerade dran ist.

Die Übersichtsgrafik aus dem Programm »Phase 6« verdeutlicht noch mal, wie es funktioniert:

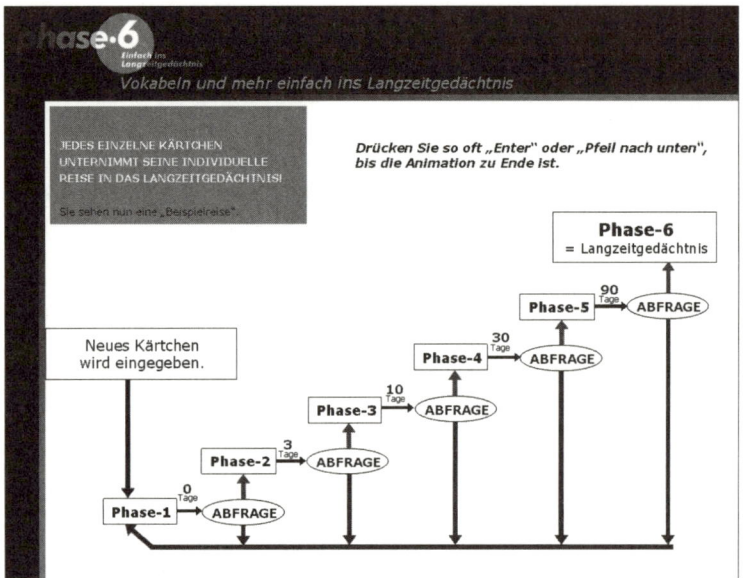

http://www.phase6.de, 23.5.2007

Das bringt Sie weiter

Schauen Sie sich auch noch diese Seite an: http://www.beaversity.com/about.php.

»Beaversity« ist eine Lernplattform für die gemeinsame Klausurvorbereitung. Hier können Sie kostenlos Lernkarten erstellen und nutzen. Wenn Sie Ihre Karten mit anderen teilen wollen oder Karten von anderen bekommen wollen, können Sie Ihre Karten auch verkaufen. Einer Suchfunktion nach Universität, Professor/in, Fach und Schlagwort erleichtert es, hilfreiche Karten zu finden.

4.7 | Bereiten Sie Prüfungen mit erlaubten Unterlagen vor

Ziehen Sie einen Vorteil daraus, dass Sie in der Prüfung Unterlagen verwenden dürfen.

Achtung: Hier geht es um erlaubte Unterlagen und nicht um Unterlagen im Sinne von »unter dem Tisch«, sprich Spickzettel. In manchen Prüfungen dürfen Sie ja z. B. einen Gesetzestext oder Aufzeichnungen auf einem DIN-A4-Blatt mitbringen.

Prüfungen mit erlaubten Unterlagen haben Ihre Tücken. Auf den ersten Blick scheinen sie leichter zu sein, weil man ja nicht so viel auswendig lernen muss. Aber wenn es dann darum geht, diese Unterlagen vorzubereiten, geraten viele Studierende in einen wahren »Post-it- und Markierungsrausch«. In der Klausur sehen dann die Gesetzestexte wie Flickenteppiche aus und die erlaubten selbst geschriebenen Unterlagen wie Patchworkdecken – und helfen gar nicht mehr viel. Hier finden Sie einige hilfreiche Tipps, wie Sie die erlaubten Unterlagen strukturieren können.

Nutzen

Unterlagen, die Sie während der Klausur nutzen dürfen, helfen Ihnen nur, wenn Sie genau wissen, wo Sie welche Information finden. Daher nehmen Sie lieber wenige, aber gut aufbereitete Unterlagen mit. Unterlagen, die Sie vorher nicht gut durchgearbeitet haben, bringen Ihnen gar nichts, da Sie gar keine Zeit haben werden, etwas herauszusuchen.

Verlassen Sie sich nicht nur auf die Unterlagen. Die beste Formelsammlung nützt Ihnen nichts, wenn Sie nicht wissen, wann und wie Sie die Formeln anwenden müssen. Die erlaubten Unterlagen ersetzen also nicht das Lernen!

Gut vorbereitet

Gehen Sie den gesamten Prüfungsstoff einmal durch und sortieren Sie die Inhalte nach Grundwissen und Detailwissen.

Gut sortiert

Grundwissen	Detailwissen
Stellt eine Gliederung und logische Ordnung des gesamten Stoffs dar.	Stellt die vertiefenden, ergänzenden und verbindenden Unterpunkte zu den Hauptgliederungspunkten dar.
Sollte gut vertraut und sicher verstanden sein.	Sollte Ihnen bekannt sein und beim Lesen wieder erkannt und verstanden werden.
Sollte übersichtlich in Tabellen, Listen zusammengefasst sein.	Sollten Sie als Querverweis aus den Tabellen und Listen erkennen.
Sollte ohne Nachschlagen gefunden werden können.	Sollte so markiert sein, dass Sie es finden.
Sollten Sie weitestgehend auswendig können.	Lernen Sie es ggf. mit der Zeit sogar auswendig.

Gut markiert Markieren Sie nur das Detailwissen. Grundwissen sollten Sie höchstens als Querverweise zu Detailwissen kenntlich machen.

Markieren Sie sparsam. Je mehr Klebezettel Sie anheften und je mehr Sie unterstreichen, desto unübersichtlicher werden Ihre Unterlagen.

Entwerfen Sie eine sinnvolle Struktur für Ihre Markierungen:
- Sichten Sie das Material, das Sie in die Klausur mitnehmen.
- Unterscheiden Sie nach Informationsarten, z. B. Definitionen, Erklärungen, Thesen, Gesetze, Kommentare.
- Jedes Thema des Grundwissens bekommt von Ihnen nun eine Farbe und jede Informationsart ein Zeichen zugeordnet.

Beispiel Beim Klausurthema Arbeitsrecht könnte das folgendermaßen aussehen:

Grundwissen/ Gliederungspunkte	Detailwissen		
	Gesetzestext	Kommentar	Inhaltliche Verknüpfung
Arbeitgeberpflichten	❶ § 1 AGG ❷ § 28a Abs. 1–6 SGB IV ❸ § 5 DEÜV	① ②	3 → 2
Arbeitgeberrechte	Alle orange markierten Kreise sind Gesetze, welche die Arbeitgeberpflichten thematisieren	Die orange 1 im Kreis kennzeichnet einen Kommentar zum AGG	Zwischen dem Gesetz das mit der Nr. 3 markiert ist und dem mit Nr. 2 gibt es einen unmittelbaren Bezug
Arbeitnehmerdefinition			
Arbeitnehmerrechte			

Nur ein System, das Sie sich persönlich ausgedacht haben, kann für Sie eine Hilfe darstellen:
- Erstens können nur Sie Ihre Markierungsarten schnell genug erkennen und Ihrem Wissen zuordnen.
- Allein dadurch, dass Sie ein System austüfteln, beschäftigen Sie sich zweitens so gründlich mit der Thematik (lesen, zuordnen, strukturieren, komprimieren etc.), dass Sie darin sicherer werden.
- **Das bringt Sie weiter** Egal, was Sie sich für ein System ausdenken, machen Sie das nicht erst am letzten Tag vor der Klausur.
- Nehmen Sie sich Zeit, die Nutzung Ihrer Unterlagen zu üben.
- Die Sicherheit und Schnelligkeit, mit der Sie dadurch Informationen in Ihren Unterlagen finden, gibt Ihnen in der Klausur die nötige Ruhe und Sie können sich ganz auf die Inhalte konzentrieren.

4.8 | Die letzten Tipps vor der Prüfung

Hier finden Sie wichtige Tipps für die letzten Tage vor der Prüfung.   Nutzen
    Es geht auf die Zielgerade. Die letzten Meter auf dem Weg zum erfolgreichen Prüfungsergebnis stehen bevor. Dafür noch ein paar letzte Tipps.

Es sind nur noch drei Tage bis zur Prüfung. Jetzt wird nicht mehr gelernt.   Noch 3 Tage
Die inhaltlichen Vorbereitungen, das letzte intensive Lernen sollten Sie mindestens drei Tage vor der Prüfung abgeschlossen haben. Der letzte Tag vor der Prüfung kann noch mal zum Wiederholen, für eine kleine Prüfungssimulation etc. genutzt werden. Es sollte aber nichts Neues mehr erarbeitet werden. Was Sie jetzt nicht gelernt haben, werden Sie auch bis zur Prüfung nicht mehr wirklich aufholen können.

Natürlich waren Sie gestern Abend früh im Bett und sind gut ausgeschlafen.   Der Morgen davor
Spätestens jetzt, aber allerspätestens, wenn Sie vor dem Prüfungsraum Ihre Kommilitonen treffen, kommen die Zweifel: Oh je, das habe ich gar nicht gelesen. Was, das kommt auch dran?
    Also vermeiden Sie lieber Gespräche über die Prüfungsinhalte. Manchen hilft es, wenn sie sich vorher gar nicht mit anderen treffen.
    Sorgen Sie dafür, dass Sie für den Weg zur Prüfung genügend Zeit haben und ohne Hektik ankommen.
    Vergessen Sie nicht, Ihren Studentenausweis mit der Matrikelnummer und Ihren Personalausweis einzustecken.
    Nehmen Sie genügend Wasser oder andere Getränke mit. Durst ist quälend und stört die Konzentration. Kinesiologen sagen übrigens, dass viel Wasser trinken, das Denkvermögen steigert.

Gehen Sie die Prüfungsaufgaben strukturiert an: Gründlich durchlesen
- Erstens einmal ganz durchlesen.
- Jede einzelne Aufgabe ganz genau lesen – wirklich ganz genau.
- Aufgaben, deren Lösung Ihnen sofort klar ist, zuerst beantworten.

Schauen Sie, wie viele einzelne Aufgaben eine Klausur hat, und überschlagen Sie dann, wie viel Zeit Sie für jede Aufgabe zur Verfügung haben.   Zeiteinteilung
Versuchen Sie diese Zeiten bei der Bearbeitung einzuhalten.
    Manchmal finden Sie hierfür Hinweise in der erreichbaren Punktzahl:

Die Klausurzeit beträgt 60 Minuten, es sind 50 Punkte zu erreichen und 5 Aufgaben zu lösen.   Beispiel
Sie können 10 Punkte pro Aufgabe erreichen und haben also ca. 10 Minuten Zeit pro Aufgabe. Planen Sie die restlichen 10 Minuten fürs Überlegen, Nachprüfen etc. ein.

Schreiben Sie sehr gut leserlich. Sie glauben gar nicht, wie viele Klausuren alleine schon deshalb nicht gut bewertet werden können, weil Sie schlichtweg nicht lesbar sind.   Das bringt Sie weiter
Auch der Name auf dem Deckblatt muss gut leserlich geschrieben sein!

5 Meistern Sie mündliche Prüfungen

Sie sind ein Prüfling. Nein, das ist ein Irrtum. Im Hinblick auf die mündliche Prüfung sind Sie eine Experte unter anderen Experten.

Diese Sichtweise vermittelt Professor Dr. Dr. h.c. mult. Horst Albach seinen Studenten. Er hat viele seiner Prüflinge mit diesen Worten insbesondere auf das Diplomkolloquium vorbereitet. Er hat sie ermuntert, sich nicht klein, sondern angemessen groß zu machen. Natürlich auch nicht zu groß, sprich überheblich.

Fachfrau/ Fachmann

Aber seine Sichtweise ist doch die richtige, denn Sie haben sich doch während der Prüfungsvorbereitung – das wird jedenfalls erwartet – intensiv mit dem Thema auseinandergesetzt. Und nun wird es Ihnen leicht fallen, diesem Anspruch gerecht zu werden.

- Denken Sie kurz nach.
- Schauen Sie Ihre Prüfer an.
- Antworten Sie präzise und selbstbewusst auf die Ihnen gestellte Frage.
- Nennen Sie Beispiele.
- Ziehen Sie Parallelen.
- Zeigen Sie Konsequenzen auf.
- Entwickeln Sie weiterführende Fragestellungen.
- Fassen Sie kurz zusammen.
- Bringen Sie die Sache auf den Punkt.
- Sammeln Sie die Prüfungspunkte ein.

Typische Fragen

Machen Sie sich typische Fragestellungen bewusst:

- Was verstehen Sie unter »Prozesskostenrechnung«?
- Welche aktuellen Entwicklungen im Wirtschaftsrecht kennen Sie?
- Welche Trends im Marketing sind heute von wesentlicher Bedeutung?
- Haben Sie in der Zeitung gelesen, dass der Jahresabschluss der XY-AG veröffentlicht wurde. Welche Teile umfasst der Jahresabschluss?
- Erläutern Sie den Unterschied zwischen der Aufbauorganisation und der Ablauforganisation eines Unternehmens.
- Was ist Ihnen aus der Veranstaltung besonders in Erinnerung geblieben?
- Was glauben Sie, von dem erlernten Stoff im Beruf besonders gut anwenden zu können?

Die zu beantworten, das ist doch gar nicht so schwer, oder?

Selbstbewusst

Insofern können Sie sich ganz selbstbewusst der mündlichen Prüfung stellen.

Denken Sie – vielleicht in einer netten Runde mit Mitstudierenden und bei einem Glas Wein oder Bier – einmal weiter darüber nach, welche Fragen in der mündlichen Prüfung gestellt werden könnten.

5.1 | Die Anforderungen an Ihre Wunschnote

Erkennen Sie, was Sie tun müssen, um Ihre Wunschnote zu erreichen.

Die folgende Erläuterung des Notenschemas kann sehr nützlich sein:
- »Sehr gut sind mündliche Prüfungen, die möglichst viele Anforderungen optimal erfüllen. Einzelne Schwächen können durch andere Stärken ausgeglichen werden. Unerlässlich sind jedoch die genaue Beachtung der Themenstellung und die Skizzierung aller Teile des Themas. Eine sehr gute Prüfung unterscheidet sich von einer mit gut bewerteten Prüfung dadurch, dass sie besonders detaillierte Kenntnisse relevanter Theorien aufweist und diese Kenntnisse sinnvoll verarbeitet und gründlich reflektiert werden.
- Gut sind Prüfungen, die eine genaue Bearbeitung aller Teile des Themas, solides Wissen durch ein kritisches Theorie- und Methodenverständnis erkennen lassen. Prüfungen, die z. B. keine Nutzung der Pflichtliteratur erkennen lassen, wenn die Themenstellung dies erfordert, können nicht mit gut bewertet werden.
- Befriedigend sind Prüfungen, die erkennen lassen, dass der Prüfling die Problemstellung erfasst hat und mit dem erworbenen Wissen die Bearbeitung des Themas angeht. Typisch für eine befriedigende Prüfung ist die gute Kenntnis des Themas/der Themen, eine noch erkennbare wissenschaftliche Argumentation, aber eine nur einführende Behandlung des Themas, unzureichender Transfer und eine eingeschränkte kritische Reflexion.
- Ausreichend sind Prüfungen, die z. B. das Thema nur einführend oder unvollständig behandeln. Grundkenntnisse des Themas/der Themen sind zwar vorhanden, die Darstellung ist jedoch lückenhaft oder weist viele Fehler auf. Eine wissenschaftliche Argumentation fehlt weitgehend. Erkennbar sind jedoch ein Verständnis der Thematik, der (richtige) Gebrauch von Fachausdrücken sowie die Fähigkeit, das theoretische Wissen ansatzweise auf Anwendungsbeispiele zu übertragen.
- Nicht ausreichend sind Prüfungen, die kaum eines der anfangs aufgeführten Kriterien erfüllen. Typisch für solche Prüfungen sind z. B.: das Verfehlen oder die Nichtbeachtung der Themenstellung; eine weitgehend unvollständige oder falsche Darstellung wesentlicher Theorien und wichtiger Forschungsergebnisse; falscher bzw. fehlender Gebrauch von Fachausdrücken.« (Kuper/Öztürk, 3.6.2007)

- Schreiben Sie Musterfragen und Musterlösungen auf und üben Sie so, präzise auf Fragen zu antworten.
- Besprechen Sie mit Ihrem Prüfer, welche Anforderungen er stellt.

5.2 | Die Mnemotechnik hilft beim Einprägen

Nutzen   Nutzen Sie die Mnemotechnik, damit Sie nichts vergessen.

Sie haben sich vorgenommen, bei entsprechenden Stichworten ganz bestimmte Inhalte zu nennen. Hierbei kann Ihnen die Mnemotechnik helfen.

Merk- und Gedächtnishilfe   Bei der Mnemotechnik handelt es sich um eine bereits seit dem Altertum erprobte Methode, um das Auswendiglernen leichter zu machen. Sie fasst Merk- oder Gedächtnishilfen zusammen, die bereits den alten Griechen bekannt waren. Das Wort »Mnemo« kommt aus dem Griechischen und bedeutet »Gedächtnis«.

Unterschieden werden vor allem folgende Methoden: Lernen mit Assoziationen, Bildern, Geschichten, die Schlüsselwort-, die Loci- und die Kettenmethode.

Mit diesen recht einfachen Methoden sind Sie in der Lage, Ihre **Lern- und Gedächtnisleistung um ein Vielfaches zu steigern.** Mnemotechniken dienen dazu, Inhalte gehirngerecht zu strukturieren, sodass sie später mit Leichtigkeit wieder abgerufen werden können.

Beispiel   Wie kann das in einer mündlichen Prüfung funktionieren?

Nehmen wir z. B. deutsche Exportgüter. Sie wollen sich Textilien, Fahrräder, Chemikalien und Metall merken? Dann wenden Sie doch die Kettenmethode an: Sie ziehen in Gedanken Ihren besten Anzug an (Textilien) und steigen auf ein tolles Fahrrad. Im Gepäckträger haben Sie Chemikalien, die Sie über das Fahrradschloss aus Metall (Bügelschloss) schütten. Das Schloss löst sich auf und Sie können losfahren. Wetten, dass Sie auch in einer Prüfungssituation die Information ohne Probleme abrufen können?

Loci-Methode   Oder nutzen Sie die Loci-Methode, um sich Informationen leichter zu merken, bei denen es auf Vollständigkeit, Korrektheit und die genaue Reihenfolge ankommt. Der Name der Methode ist von »locus«, lateinisch für »Ort« abgeleitet und das Vorgehen ist schnell erläutert. Wählen Sie einen Ihnen bekannten Weg durch Ihren Wohnort aus. Für jeden zu lernenden Inhalt wird auf diesem Weg ein Platz reserviert. Die Begriffe, die Sie sich merken wollen, werden dort abgelegt/vorgestellt. Viele der aus Fernsehen und der Presse bekannten Gedächtniskünstler bedienen sich dieser Methode. Sie wird auch als »Routenmethode« bezeichnet.

Das bringt Sie weiter   Ausführliche Informationen zum Thema »Erfolgreiches Lernen und Behalten« finden Sie im ersten Band dieser Reihe: Heister 2007, S. 3–47.

5.3 | Vermeiden Sie typische Fehler

Machen Sie sich typische Fehler klar, damit sie Ihnen nicht unterlaufen. Nutzen

Ausreden zählen nicht: Ausreden
- Zug verpasst? Sie hätten ja früher losfahren können!
- Es gab keinen Parkplatz? Das müssen Sie einkalkulieren!
- Sie haben den Raum nicht gefunden? Da hätten Sie sich vorher orientieren müssen!
- Sie haben sich in der Zeit vertan? Das hätten Sie vorher noch einmal überprüfen müssen!

Und wenn schon, warum haben Sie dann nicht einfach angerufen?
Da gibt es kein Wenn und Aber: Solche Schwierigkeiten sind Ihr Problem und Sie müssen Sie einkalkulieren.

Folgende Peinlichkeiten sollten Sie versuchen zu vermeiden: Peinlichkeiten
- unangemessen gekleidet zu sein,
- Mütze auf dem Kopf,
- bauchfreies Top,
- Kaffeefleck auf dem Hemd,
- Ei auf dem Pullover,
- ein Fleck auf dem Rock/der Hose,
- eine Tragetasche mit der Abschlussarbeit.

Unübertroffen sind folgende »Klassiker«: Klassiker
- Sie werden zu einem bestimmten Fachinhalt befragt und Sie können die Frage weder beantworten noch einordnen.
  Und dann bringen Sie die (unübertroffene!) Ausrede: »Es ist so lange her.«
- Sie lümmeln auf Ihrem Stuhl herum oder ducken sich völlig verängstigt weg.
- Sie kauen an Ihren Fingernägeln.
- Sie kennen den/die Namen der Prüfer nicht.

Bitte sprechen Sie nicht im Dialekt, sondern stets Hochdeutsch! Kein Dialekt

Überlegen Sie, was Sie bereits vorab tun können, um die oben genannten Peinlichkeiten zu vermeiden. Das bringt Sie weiter

5.4 | Retten Sie sich bei einem Blackout

Nutzen Erfahren Sie, wie Sie sich bei einem Blackout verhalten können.

»Angst essen Examen auf« – so lautet ein Titel des UniSpiegels (Uni-Spiegel 4/2003). Eine schreckliche Situation: Plötzlich geht nichts mehr. Ihr Kopf ist leer. Sie haben alles vergessen. Ihnen fällt nichts mehr ein. Sie schämen sich und würden am liebsten aufspringen und den Raum umgehend verlassen.

Ihre Gedanken Es sind Ihre Gedanken, die den Blackout heraufbeschwören und Sie sind Herr Ihrer Gedanken, also liegt es in Ihrer Hand, etwas dagegen zu unternehmen. In der nachfolgenden Übersicht sind beispielhaft »Angst fördernde« und »Angst hemmende« Gedanken dargestellt:

Angst fördernd	Angst hemmend
Wenn ich die Prüfung nicht bestehe, dann ist alles aus.	Ich habe in der Vorbereitung mein Bestes gegeben. Wenn ich es nicht schaffen sollte, versuche ich es einfach erneut.
Ich formuliere meine Antworten immer so schlecht und bruchstückhaft.	Ich bin kein erfahrener Profi, sondern fange meine wissenschaftliche Laufbahn erst an. Das weiß auch der Prüfer und berücksichtigt dies. Und meine Formulierungen sind schon viel besser geworden.
Ich bin immer so nervös, der Prüfer gibt mir alleine deswegen eine schlechte Note.	Ich kenne den Prüfer schon lange. Das ist ein ganz fairer Mensch. Er wird mir sicher helfen, über die erste Nervosität in der Prüfung hinwegzukommen und dann werde ich mich schnell sicherer fühlen.

Tipps
- Informieren Sie den Prüfer über Ihre Prüfungsangst und bitten Sie um eine kurze Pause.
- Entspannen Sie sich.
- Denken Sie kurz an etwas Wunderbares, z. B. Ihren letzten Urlaub.
- Atmen Sie tief durch und setzen Sie erneut zur Antwort an.
- Die Prüfungsangst und die Gefahr, einen Blackout zu bekommen, sind zu Beginn der mündlichen Prüfung besonders groß. Berücksichtigen Sie dies. Von da an kann es nur noch besser werden!
- Trotz aller Nervosität versuchen Sie darauf zu hören, mit welchen »Brücken« Ihnen der Prüfer eine Hilfestellung geben will. Ein guter Prüfer tut das nämlich. Konzentrieren Sie sich auf ihn und die Fragestellung und bitten Sie ihn notfalls, die Frage zu wiederholen.

Das bringt Sie weiter Nehmen Sie an Seminaren/Workshops zum Thema »Prüfungsangst« teil.

6 Lernen Sie erfolgreich in der Gruppe

Gemeinsames Lernen wird von Lernexperten empfohlen: Es ist eine höchst wirksame Art, sich Wissensstoff anzueignen und einzuprägen. Gruppenarbeit, Teamwork und Kooperationsfähigkeit sind Kompetenzen, die heute in der Arbeitswelt von jedem Mitarbeiter gefordert werden. Daher wäre für Studierende die Gruppenarbeit (z. B. bei der Prüfungsvorbereitung) doch das geeignete Übungsfeld, aber die Realität sieht anders aus.

Man hört häufig:

- »Die anderen lenken mich ab.«
- »Ja, ja, das kenne ich, da wird doch eh nur gequatscht.«
- »Das wäre ja noch schöner, ich mach dann die Arbeit und die anderen kriegen die guten Noten geschenkt.«

Vorbehalte gibt es viele und sie haben einen großen Einfluss auf viele Studierende.

Lernen Sie die Vorteile der Gruppenarbeit kennen, auch um ihre Gefahren zu meiden und die Zusammenarbeit so gestalten zu können, dass Sie ihr Potenzial voll ausschöpfen.

Lernen in Gruppen fördert Sie dreifach:

- kognitiv,
- motivational und
- sozial.

Durch den Austausch und die gemeinsame Auswertung von Informationen gewinnen Sie neue Erkenntnisse.

- Sie erwerben durch Zuhören und Mitarbeiten neues Wissen.
- Sie festigen durch Erklärungen und Begründungen Ihr vorhandenes Wissen.
- Sie strukturieren durch Nachfragen und Erklären Ihr Wissen.
- Sie erkennen im Vergleich mit anderen Ihre Wissenslücken.
- Sie lernen von anderen unterschiedliche Arten, an Probleme heranzugehen.
- Sie lernen zu argumentieren.

Die Gruppe reguliert Ihre Autonomie (heute zu lernen oder nicht) durch die Fremdkontrolle.

- Sie können Ihren »inneren Schweinehund« besser überwinden.
- Sie werden durch die Ideen der anderen angeregt.
- Sie werden von der Begeisterung der anderen angesteckt.
- Sie werden bei »Durchhängern« aufgefangen.
- Sie haben mehr Spaß am Lernen.

Vorbehalte

Kognitive Förderung

Motivationale Förderung

Soziale Förderung   In der Gruppenarbeit erfahren Sie die Wechselwirkung von sozialer und geistiger Kompetenz für Ihr Leistungsvermögen.

- Sie gelangen zu neuen Einsichten und Sichtweisen.
- Sie lernen in der Diskussion, Standpunkte zu klären und zu verteidigen.
- Sie erfahren die Rolle des Lehrenden und des Lernenden.

Die folgenden Anregungen können Sie zum Teil auch im Internet unter: http://www.schuelerlexikon.de/artikel/Abitipp058.pdf (20.5.2007) nachlesen.

6.1 | Eins und eins macht drei

Wenn Sie wissen, welche Vorteile das Lernen in der Gruppe hat, können Sie diese eher nutzen.

Nutzen

Das Lernen in der Gruppe ersetzt nicht das Lernen alleine. Aber es ist eine sehr sinnvolle Ergänzung.

$$1 + 1 = 3$$

Das weiß nicht nur die Kinderbuchfigur »Pippi Langstrumpf« – sondern auch erfahrene »Gruppenarbeiter«.

Das Ergebnis, die Leistung einer Gruppe ist weit mehr als die Summe der Beiträge und Leistungen ihrer Mitglieder.

Synergieeffekte

Durch die Beiträge der einzelnen Mitglieder entstehen neue Anregungen, neue Gedanken, neue Arbeitsmethoden. Jeder in der Gruppe bringt seine Qualitäten und Fähigkeiten mit ein. Das unterschiedliche Wissen und die Qualifikationen ergänzen sich nicht nur, sondern bieten die Chance für völlig neue Lösungsansätze. Gleichzeitig bietet die Gruppe eine größere Fehlerkontrolle, da viele Augen mehr sehen als zwei.

Das Lernen in der Gruppe fordert Ihnen einiges ab, was Sie beim alleine Lernen so nicht brauchen. Aber gerade hier liegt der Vorteil:

Lernen durch Lehren

- Würden Sie sich alleine etwas laut erklären?
- Würden Sie sich alleine unbequeme Fragen stellen?
- Würden Sie sich selbst widersprechen und Gegenargumente suchen?

Aber das sind die Methoden, mit denen Sie Ihr Wissen wirklich vertiefen, erweitern und weitaus nachhaltiger festigen, als wenn Sie einen Text 100-mal lesen oder auswendig lernen. In der Lerngruppe müssen Sie:

- Theorien und Fachinformationen mit eigenen Worten wiedergeben und erklären.
- Sachverhalte anhand der Darstellung unterschiedlicher Personen aufnehmen und verstehen.
- Verbindungen zwischen neuen Informationen und anderen Fakten finden und schildern.
- Informationen und Lerninhalte auf unterschiedliche Weise nutzen und verarbeiten.

Vgl. Green/Green, 24.5.2007.

An manchen Unis und Hochschulen werden selbst gesteuerte Lerngruppen unterstützt.

Selbst gesteuerte Lerngruppen

Lernen ist ja immer selbst gesteuert – deshalb misslingt es ja auch so häufig. Weil jeder eine andere Vorstellung vom richtigen Lernen hat. Weil jeder andere Prioritäten setzt. Und weil der eine mehr und der andere weniger motiviert ist.

Das selbst gesteuerte Lernen wird darum an den Hochschulen, die solche Lerngruppen unterstützen, im Grunde doch ein bisschen fremdgesteuert.

Jede Lerngruppe bekommt nämlich einen Teamleiter, der die Lernaktivitäten plant und koordiniert. Diese Teamleiter sind aber die Studenten selbst.

Das Besondere an diesen Programmen ist die Organisation von Workshops für die Teamleiter, in denen diese sich Anregungen und Hilfen für die Organisation ihrer Lerngruppe holen können und die aktive Unterstützung der Teamleader durch die Professoren.

Von den Studierenden werden diese selbst gesteuerten Lerngruppen sehr positiv bewertet:

- als gute Möglichkeit, kontinuierlich und effizient zu lernen und von dem »Büffeln« in den letzten vier Wochen vor den Prüfungen wegzukommen,
- als Motivation über das ganze Semester hinweg,
- als gute Möglichkeit, viele Mitstreiter endlich mal näher kennenzulernen, was gerade in sehr großen Universitäten besonders geschätzt wird, um nicht in der Anonymität unterzugehen,
- als gute Praxiserfahrung für die Rolle eines Teamleiters
- und nicht zuletzt als erfolgreiche Methode zur Verbesserung der Prüfungsergebnisse.

Das bringt Sie weiter
- Bei Ihnen gibt es solche selbst gesteuerten Lerngruppen nicht? Tja, Sie können jetzt entweder warten, bis ein Professor auf diese gute Idee kommt, oder selbst die Initiative ergreifen.
- Individuelle, interessante Rückmeldungen von Studenten können z. B. auf der Homepage der Johann Wolfgang Goethe-Universität Frankfurt nachgelesen werden.
- Nehmen Sie Kontakt zu Studenten auf, die in selbst gesteuerten Lerngruppen Erfahrungen gesammelt haben.

6.2 | Warum es oft in der Gruppe nicht klappt

Erkennen Sie, wie Gruppenarbeit garantiert gelingt. Nutzen

… so bestimmt nicht:
»Der Peter, der macht's dann schon!«
»Ich bin doch nicht der Depp.«
»Da mach ich's lieber selbst.«
»Das kann ich nicht – mach du.«
Frei nach Renkl/Gruber/Mandl 1995.

Diese Aussagen hat jeder von Ihnen schon mal gehört – oder selbst ge- Erfahrungen
macht. Sie geben ganz typische und immer wieder auftauchende Einstellungen und negative Erfahrungen mit Lerngruppen wieder. Sie führen in
der Regel dazu, lieber die Finger von der Gruppenarbeit zu lassen.

Man macht es nur, wenn man, etwa für ein Referat, dazu gezwungen
wird. Aber freiwillig?! Doch diese schlechten Erfahrungen sind vermeid-
bar. Sie müssen nicht sein.

Lernen Sie hier die Ursachen für das häufige Misslingen von Gruppenarbeit kennen. Sie werden sehen, dass Sie diese Phänomene beeinflussen
und damit den Erfolg der Gruppenarbeit steuern können.

Ob Sie Ihr Ziel in der Gruppenarbeit erreichen, hängt nicht allein von Ih- Erfolgsfaktoren
rem **Engagement** ab.

Über Erfolg oder Misserfolg entscheiden:
- die einzelnen Mitglieder der Gruppe mit ihrer persönlichen Einstellung
  zum Lernen in der Gruppe,
- die Beziehungen und die Kommunikation der Gruppenmitglieder untereinander,
- die Organisation und Struktur der Gruppe,
- die Art der Gruppenaufgabe bzw. des Gruppenziels.

Probleme, die bei einem dieser vier Faktoren auftreten, stören die Gruppenarbeit und können Sie vollständig lahmlegen.

Ein Gruppenmitglied hat eigentlich eine negative Einstellung zur Grup- Beispiel
penarbeit und ist entsprechend wenig motiviert. Aber die Klausur steht
vor der Tür und vielleicht kann man ja so etwas mehr Information auf-
schnappen, um die Prüfung besser zu bestehen. Aber sich jetzt mehr anzustrengen, als wenn man alleine lernt? Energie und mehr Zeit für die
Gruppe einsetzen? Etwa auch noch ein Merkblatt vorbereiten? Nee, die
Gruppe soll mir das Lernen doch erleichtern und nicht auch noch Arbeit
machen …

Eine solche Haltung wird sich in einer Lerngruppe schnell bemerkbar
machen und die Beziehung der Gruppenmitglieder untereinander beeinflussen. Sie werden es dann sehr schwer haben, die Zusammenarbeit
sinnvoll zu organisieren.

Umgekehrt kann aber auch eine gestörte Kommunikation unter den Gruppenmitgliedern, z. B. schlechte Absprachen oder nicht ausgesprochene und dann natürlich auch nicht erfüllte Erwartungen, die Motivation des Einzelnen negativ beeinflussen:

»Ich hab gedacht, du holst die Bücher aus der Bibliothek. Jetzt haben wir wieder einen halben Vormittag verloren. Da können wir ja gleich einpacken.«

»Der XY, der weiß ja gar nichts, ich bin doch nicht sein Nachhilfelehrer.«

»Mit YX wollte ich eigentlich nie lernen, die prescht immer so mit dem Stoff voran, da komme ich sowieso nicht mehr mit …«

Übrigens breiten sich demotivierende Einstellungen leider genau so schnell aus und sind genauso ansteckend wie eine üble Grippe!

4 Hindernisse   Der Misserfolg von Lern- und Arbeitsgruppen lässt sich vier Bereichen zuordnen:

- Probleme in der Person der Lernenden,
- Probleme zwischen den Lernenden,
- Probleme bei der Organisation,
- Probleme bei den Inhalten, der Aufgabenstellung.

Das bringt Sie weiter   Wenn Sie wirklich ein ernsthaftes Kommunikationsproblem oder einen Konflikt mit jemandem haben, sollten Sie diesen erst klären, bevor Sie in der gemeinsamen Lerngruppe aufeinandertreffen. Sie werden sonst die ganze Gruppenarbeit damit belasten und stören.

- Sei deine eigene Chairperson, die Chairperson deiner selbst!
- Störungen haben Vorrang!

Kennen Sie die Axiome aus der Themenzentrierten Interaktion von Ruth Cohn? Sonst schauen Sie noch mal nach: Löhmer/Standhardt 2006.

6.3 | Motivations- und Kooperationsfallen

Lernen Sie einige Stolpersteine in der Gruppenarbeit kennen, die von der Nutzen persönlichen Einstellung der Beteiligten und ihrer Interaktion abhängen und die Sie unbedingt vermeiden sollten.

Sie möchten aus der Gruppenarbeit natürlich einen Nutzen ziehen. Ganz klar, sonst würden Sie sich ja nicht mit anderen zusammenschließen. Sie möchten auch einen Beitrag zum Erfolg der Gruppe leisten (das sollten Sie jedenfalls, sonst wären Sie bei der Gruppenarbeit falsch) – aber fair sollte es sein. Nicht wahr? So kann es funktionieren!

»Der Peter der macht's dann schon.«

Soziales Faulenzen

»Da sind immer welche dabei, die hören nur zu, obwohl sie ganz viel wissen«, »Die wollen ja nur meine Informationen haben und bringen selbst gar nichts«.

Das hat fast jeder von Ihnen schon einmal in einer Gruppe erlebt. Ein oder mehrere Gruppenmitglieder halten sich in der Zusammenarbeit unbewusst zurück – und leisten in der Gruppe weniger, als wenn sie alleine arbeiten würden.

Sie bringen weder neue Ideen in die Gruppe ein, arbeiten nicht aktiv an Problemlösungen mit und übernehmen keine persönliche Verantwortung für die Ergebnisse.

Dieses Phänomen wurde schon Mitte der 1880er Jahre von dem französischen Agraringenieur Max Ringelmann erkannt und ist heute auch unter dem Begriff **Social Loafing** (soziales Faulenzen) oder Ringelmann-Effekt bekannt.

Ringelmann wollte die Effektivität landwirtschaftlicher Maschinen und Experiment Arbeiten testen. Dazu startete er ein Experiment mit einem interessanten Ergebnis:

Er ließ dazu Studenten an einem Tau ziehen. Erst allein, dann zu zweit, danach zu dritt und zu acht. Dabei maß er jedes Mal, wie kräftig die Studenten zogen. Er ging davon aus, wie Sie sicherlich auch, dass die Kraft mit zunehmender Zahl der Studenten proportional steigt. Das Ergebnis war jedoch erstaunlich: Ein Student zog durchschnittlich 63 Kilogramm. Drei Studenten zogen 160 Kilogramm (statt der erwarteten 189) und acht schafften sogar nur noch 248 Kilogramm (statt 504 kg). Je größer also die Gruppe wurde, umso weniger strengte sich der einzelne Student an. Bei acht Studenten investierte jeder nur noch seine halbe Kraft.

Ringelmann ging damals von technischen und organisatorischen Ursachen aus. Erst Anfang der 1970er Jahre wurden die psychologischen Ursachen dieser Beobachtung untersucht. Wissenschaftler wie Alan G. Ingham von der Universität Washington trugen maßgeblich zu der Erkenntnis bei, die Sie alle sicherlich kennen: Dieser Leistungsnachlass, der meistens unbewusst passiert, ist in der Motivation der Gruppenmitglieder begründet (vgl. Leitl 2007, S. 15).

Sind die Bedingungen in der Gruppe ungünstig, kann es passieren, dass manche Gruppenmitglieder kaum Beiträge leisten und auf die anderen wie »Trittbrettfahrer« wirken.

Besonders bei der Gruppenarbeit, aus der gemeinsame Ergebnisse erwartet werden, wie z. B. Referate oder Gruppenprüfungen, wirkt das soziale Faulenzen sehr demotivierend.

Die Ursachen liegen also sowohl bei dem sogenannten »Trittbrettfahrer«, aber auch in der Gruppe selbst. Die Probleme bei der Organisation besprechen wir im folgenden Abschnitt 6.4, bleiben wir erst noch bei den beteiligten Personen selbst.

Persönliche Gründe

Die persönlichen Ursachen liegen in der geringen Motivation einiger Teilnehmer. Warum aber ist oder wird die Motivation geringer?

Dafür lassen sich bei der Gruppenarbeit hauptsächlich zwei Gründe finden. Die Motivation ist beeinträchtigt,

- wenn Sie sich persönlich keinen Vorteil von der Gruppenarbeit versprechen,
- wenn sich kein persönlicher Verantwortungsbereich für das Gelingen der Gruppenaufgabe erkennen lässt.

Wenn sich also bei Gruppenaufgaben am Ende keine Ergebnisse zuordnen lassen und die Leistungsunterschiede der einzelnen Gruppenmitglieder nicht deutlich werden, dann verliert das persönliche Leistungsvermögen seine motivierende Kraft.

»Ja, wenn ich meinen Beitrag im Endergebnis gar nicht wiedererkenne, dann ist er ja auch gar nicht wichtig. Dann kann die Gruppe auch gut darauf verzichten.«

Genau – und dann hat die Gruppe den (oder auch mehrere) Trittbrettfahrer, der sich nicht mehr groß einbringt.

Wenn sich in einer Gruppe der Virus des sozialen Faulenzens erst mal breitgemacht hat, taucht in der Regel auch das folgende Phänomen auf:

Sucker-Effekt

»Ich bin doch nicht der Depp!«

»Am Ende hatte ich keine Lust mehr, der Dumme zu sein und als Einziger noch etwas zu tun, da haben wir das Ganze aufgegeben.«

Diese Einstellung hat einen treffenden Namen bekommen: Sucker-Effekt (Sucker = Dummkopf, Depp) und ist eigentlich eine logische Konsequenz des ausgeprägten sozialen Faulenzens in einer Gruppe. Der Begriff wurde von Kerr (vgl. Kerr 1983) geprägt, der dabei von der Gerechtigkeitsvorstellung der beteiligten Personen ausging (vgl. Vogt 2004).

Gerechtigkeit

Was hat denn nun Gerechtigkeit mit der Gruppenarbeit zu tun? In der Regel passen Menschen in einer Gruppe ihre Leistungsbereitschaft den anderen an. Wenn also die meisten Gruppenmitglieder hoch motiviert sind und Leistung bringen wollen, werden sich auch die vielleicht zuerst nicht ganz so motivierten Teilnehmer anpassen. Das ist durchaus ein Vorteil der Gruppenarbeit, weil man sich hier gegenseitig motiviert.

Wenn aber einige Mitglieder nun feststellen: Da sind welche, die tun weniger als sie. Die könnten es aber eigentlich. Sie leisten also nicht deshalb weniger, weil sie nicht mehr leisten können, sondern weil sie sich scheinbar nicht genug anstrengen. Dann werden auch die ehemals leistungswilligen Gruppenmitglieder sich anpassen. Sie werden nämlich ebenfalls ihre Anstrengungen reduzieren. Weil sonst wäre das ja ungerecht!

In letzter Konsequenz führt dies dazu, dass sich die Mitglieder einer Gruppe auf die Leistungen der anderen Gruppenmitglieder verlassen, die aber aufgrund der verminderten Anstrengung der anderen wiederum, ebenfalls zu weniger Leistung bereit sind. Das Ergebnis ist klar.

Noch ein drittes Problemwollen wir hier vorstellen: **Matthäus-Effekt**
»Da mache ich es lieber selbst.«
»Das kann ich nicht, mach du.«

»Wenn die Literatur von den anderen rausgesucht wird, fehlt eh wieder die Hälfte.« »Das mit dem Powerpoint kriege ich nie hin, mach du das mal lieber, du kannst das doch ruck, zuck.«

Den Matthäus-Effekt kennen Sie nur zu gut, auch wenn Sie vielleicht bisher nicht wussten, wie er heißt. Dieser Begriff der Handlungsleitenden Soziologie bezieht sich auf folgende Äußerung im Evangelium nach Matthäus: »Denn wer da hat, dem wird gegeben werden, dass er Fülle habe; wer aber nicht hat, von dem wird auch genommen, was er hat.« (Matthäus 25, 29). Hieraus leiteten sie die Gesetzmäßigkeit für dieses Phänomen ab.

Natürlich ging es im Matthäus-Evangelium um etwas ganz anderes, als heute unter diesem Effekt verstanden wird:
Wer viel weiß, lernt viel dazu.

Der Matthäus-Effekt geht davon aus, dass neues Wissen auf vorhandenem Wissen aufbaut. Je mehr Vorwissen jemand hat, umso mehr Nutzen kann er aus neuen Informationen gewinnen. Ein sehr leistungsstarkes Gruppenmitglied wird aus der Arbeit in der Gruppe mehr Gewinn ziehen als ein leistungsschwacher Teilnehmer.

Wer in einer Gruppe viel weiß, macht viel und lernt viel dazu. Wer wenig weiß und sich wenig zutraut, überlässt die Aufgaben lieber den anderen und lernt auch nur wenig.

Und man kann noch einen Schritt weiter gehen: **Was Sie gut können, lernen Sie** dadurch **noch besser,** und was Sie nicht können, lernen Sie immer noch nicht.

So sieht das in der Praxis der Gruppenarbeit dann aus: Die Gruppenmitglieder mit einem hohen Vorwissen und einer hohen Motivation übernehmen bereitwillig und gerne die schwierigen Aufgaben. Sei es, weil sie die Ergebnisse der anderen nicht für gut genug erachten, weil es ihnen zu lange dauert oder weil sie bewusst ihr Wissen festigen wollen.

Sie lernen dadurch immer mehr, sie werden immer besser. Die leistungsschwächeren Gruppenmitglieder trauen sich angesichts der »Superstudis« erst recht nichts mehr zu und geben Aufgaben, die sie nicht gut erfüllen können oder bei denen sie Versagensängste haben, gerne ab. Sie beschränken sich auf das, was sie sowieso gut können, und nehmen sich die Chance, sich an schwierigen Aufgaben zu üben.

Typische Fehler
- Lerngruppen werden sehr spontan gebildet.
- Lerngruppen werden als reine Nachhilfestunden verstanden.
- Gruppenmitglieder werden nur nach Sympathie ausgesucht.
- Leistungsschwache suchen sich sehr leistungsstarke »Dozenten« aus.
- Gruppen werden zu groß gebildet.
- Lernaktionen in der Gruppe werden nicht organisiert und vorbereitet.
- Individuelle Leistungsstände werden nicht klargestellt.
- Lernkapazitäten werden nicht beachtet.
- Lernerwartungen werden nicht geklärt.
- Lernmethoden werden nicht abgestimmt.
- Einzelaufgaben werden nach Können verteilt.
- Über nachlassende Motivation und enttäuschte Erwartung wird nicht oder zu spät gesprochen.

Das bringt Sie weiter
- Überlegen Sie einmal, mit welcher Einstellung Sie sich an der Gruppenarbeit beteiligen. Sind Sie eher der Trittbrettfahrer oder tendenziell der Depp?
- Haben Sie schlechte Erfahrungen mit der Gruppenarbeit gemacht?
- Tauschen Sie bei der nächsten Gruppenarbeit Ihre bisherige Erfahrung vorher mit den anderen Gruppenmitgliedern aus.
- Suchen Sie sich einmal ganz bewusst andere Partner für die Gruppenarbeit aus, die gar nicht zu Ihrem bisherigen Muster passen. Als ewiger Depp suchen Sie sich mal andere Deppen aus – also Partner, die mindestens genau so leistungswillig und -stark sind wie Sie. Als Trittbrettfahrer suchen Sie sich mal andere bekannte Trittbrettfahrer aus.
- Wenn die alten Rollen und Muster nicht mehr funktionieren, können Sie ganz neue Erfahrungen in der Gruppe machen. Fordern Sie sich zu neuen Lernerfahrungen heraus!

6.4 | Organisatorische und inhaltliche Fallen

Erkennen Sie, wie Sie die typischen organisatorischen und inhaltlichen Fallen umgehen und Ihre Gruppe motivationsfördernd organisieren können. **Nutzen**

Die Motivation der einzelnen Mitglieder einer Gruppe hat Auswirkung auf die Organisation. Aber die Organisation und die Inhalte einer Gruppentätigkeit beeinflussen wiederum die Motivation.

Wenn Sie sich zur Gruppenarbeit oder zum Lernen in der Gruppe entschließen, erhoffen Sie sich dadurch eine höhere Produktivität und ein besseres Ergebnis. Anders gesagt: **Sie erwarten in einer Gruppe mehr Potenzial als bei sich als Einzelnem.** Aber die Annahme, dass eine Gruppe umso leistungsfähiger wird, je mehr Mitglieder sie hat, haben wir ja schon widerlegt (Sie erinnern sich an den Ringelmann-Effekt? Vgl. Abschnitt 6.3). **Gruppengröße**

Neben dem Einfluss auf die Motivation entscheidet die Gruppengröße auch darüber, ob es möglich ist, dass die einzelnen Mitglieder in der Gruppe untertauchen und gar nicht mehr mit ihrer Einzelleistung auffallen.

Nehmen Sie einmal die Redezeit:

Sie alleine mit sich haben 100 % der Redezeit (wenn Sie mit sich selbst reden würden).

Mit einem Gesprächspartner haben Sie (natürlich rein theoretisch) 50 %. Wenn Sie dies nun hochrechnen, haben Sie in einer Gruppe mit 10 Teilnehmern nur noch 10 % der Redezeit.

Es ist also in großen Gruppen schwieriger, eigene Ideen, Ansichten, Fragen etc. durchzusetzen.

Weil das so ist, neigt eine große Gruppe auch eher dazu, sich besonders dominanten Gruppenmitgliedern unterzuordnen.

Bei einer sehr kleinen Gruppe, z. B. mit drei Mitgliedern, besteht dagegen die Gefahr, dass sich zwei Gruppenmitglieder einander sehr intensiv widmen und dadurch den Dritten ausschließen.

Die einzig richtige Empfehlung für die »optimale Größe« von Arbeitsgruppen gibt es nicht. Die Angaben in der Literatur reichen von drei bis zu acht Mitgliedern pro Gruppe. **Optimale Größe**

Es wird empfohlen, die ideale Gruppengröße in Abhängigkeit von drei Faktoren zu bestimmen:

- Der Art der Aufgabe, die die Gruppe erfüllen soll:
  In wie viele Unteraufgaben lässt sich die Aufgabe teilen?
  Ist zur Lösung der Aufgabe eher Quantität (viele Ideen, viele Lösungsansätze) oder eher Qualität (z. B. intensives Nachdenken) erforderlich?
- Der angestrebten Arbeitsweise:
  Sind gemeinsame Aktivitäten im Vordergrund (Brainstorming, Mind Mapping)?
  Wird in Einzelarbeit vorbereitet und dann zusammengetragen?

- Den Personen, die die Gruppe bilden:
  Wie viele Leistungsträger gibt es?
  Stimmen Motivation und Leistungsvermögen der Mitglieder überein?

Zusammensetzung Mit der Gruppenzusammensetzung ist die Homogenität bzw. Heterogenität der Leistungsstärke, der Motivation und des Lerneifers innerhalb einer Gruppe gemeint.

Vorteil heterogener Gruppen Wenn Sie als »schwächerer« Student in einer Lerngruppe profitieren möchten, sollten Sie eine heterogene Gruppe wählen. Die Erklärungen der anderen Studierenden erweisen sich oft als eingängiger und verständlicher, da sie in Ihrem vertrauten Sprachstil vermittelt werden. In der gemischten Gruppe haben Sie den Vorteil, dass es mehrere Mitglieder und damit unterschiedliche Arten der Vermittlung gibt.

Auch als stärkerer Student kann die heterogene Gruppe von Vorteil sein, da Sie bei Erklärungen Ihr Wissen in eigene Worte fassen müssen und dadurch festigen, sich aber auch eventuellen Unklarheiten oder Wissenslücken bewusst werden.

Besteht eine Gruppe jedoch überwiegend aus schwächeren Studierenden, die sich von einem sehr leistungsstarken Studenten »Nachhilfe« erhoffen, wird dieser sich viel schneller »ausgenutzt fühlen«, als wenn in einer Gruppe das Leistungsgefälle ausgewogener ist.

Vorteil homogener Gruppen Nach Webb (Webb 1992, S. 115) profitieren Schüler mittlerer Leistungsstärke von homogenen Gruppen, da ihnen dort mehr erklärt und besser geholfen wurde. Ja natürlich, Sie sind keine Schüler, aber Lernen ist Lernen und Sie können diese Erkenntnis durchaus auf Studierende übertragen. In der homogenen Gruppe werden Sie sich die Wissenserweiterung gemeinsam erarbeiten müssen und dementsprechend im gleichen Tempo vorgehen.

Besonders leistungsstarke Studierende können natürlich in einer Gruppe mit ihresgleichen ihr Wissen sehr gut erweitern.

Art der Aufgaben Nicht jede Aufgabe, jedes Problem lässt sich in jeder Gruppe gleich gut bearbeiten. Die Art der Aufgabe bzw. die Thematik, die eine Gruppe bearbeiten möchte, lässt sich nach zwei Kriterien unterscheiden:
- Einheitlichkeit oder Teilbarkeit: Ist es eine einheitliche Aufgabe, die nur als Gesamtes gelöst werden kann, oder gibt es für die einzelnen Gruppenmitglieder Teilaufgaben, für deren Erfüllung sie Verantwortung übernehmen können.
- Abhängigkeit der Leistung bzw. des Erfolges. Darauf basiert die Unterscheidung von **vier Aufgabentypen:**

Additive Aufgaben: Eigentlich das klassische Tauziehen. Die Leistung entsteht durch die Summe aller individuellen Leistungen. Eine solche Aufgabe wird umso besser erfüllt, je mehr sich die einzelnen Teilnehmer einbringen (z. B. neue Ideen bei einem Brainstorming sammeln). Das erfordert den möglichst gleichen Einsatz aller Gruppenmitglieder.

Also, eine große, möglichst homogene Gruppe ist hier sinnvoll.

Kompensatorische Aufgaben: Solche Aufgaben sind bei der Lösung oft recht aufwendig, denn Sie haben keine objektiv richtige Lösung. Ein typisches Beispiel sind Schätz- oder Bewertungsaufgaben. Die Lösung einer solchen Aufgabe ist eine Gruppenentscheidung. In der Regel wird dazu aus dem Durchschnitt aller individuellen Lösungsansätze die gemeinsame Lösung gebildet. Die Einigung auf einen »Wert« geschieht meistens dadurch, das zu extreme Einschätzungen oder Bewertungen abgemildert, also kompensiert werden. Das erfordert die Fähigkeit, sich auf eine Problemdefinition zu einigen und aus verschiedenen Lösungsmöglichkeiten eine auszuwählen.

Die Gruppengröße ist nicht so entscheidend, aber die gemeinsame Beteiligung, damit auch wirklich Wahlmöglichkeiten für eine gute Lösung entstehen. Solche Gruppen brauchen keine Anführer.

Disjunktive Aufgaben: Na, endlich mal wieder etwas Eindeutiges. Diese Aufgaben haben nur eine richtige Lösung (Mathematikübungen, BWL-Beispielübungen etc.). Die Gruppe muss bei solchen Aufgaben die Leistungen der einzelnen Gruppenmitglieder erkennen und bewerten. Als Gruppenergebnis wird nämlich das Ergebnis desjenigen Gruppenteilnehmers ausgewählt, der die Aufgabe am besten gelöst hat.

Hier ist eine kleine Gruppe sinnvoll, in der auf jeden Fall mehrere richtig leistungsstarke Mitglieder sind.

Konjunktive Aufgaben: Diese Aufgaben sind oft nicht beliebt, denn Sie können nur gemeinsam gelöst werden. Und sie hängen letztlich von einem einzigen, nämlich dem schwächsten Gruppenmitglied ab.

Ganz einfach zu verstehen ist das am Beispiel einer Rallye: Alle Gruppenmitglieder müssen jeweils eine Aufgabe lösen und gemeinsam so schnell wie möglich an ein Ziel kommen. Die Schnelligkeit, mit der eine Gruppe das Ziel erreicht, ist abhängig von dem schwächsten Mitglied der Gruppe, d.h. von seinem Tempo bei der Aufgabenlösung.

Eine kleine homogene Gruppe wird sicherlich die höchste Zufriedenheit entwickeln. Und keiner will den »Schwächsten« haben. Das erinnert Sie sicherlich an so manche Turnstunde in der Schule.

Unterschiedliche Aufgaben und Zielsetzungen erfordern also unterschiedliche Gruppengrößen, Gruppenzusammensetzungen und unterschiedliche Arbeitsmethoden.

Die 4 Fs

Nein, nicht nur die Arbeitswelt kennt »Soft Skills«. Auch hier geht es um welche. Nennen wir sie doch die 4 Fs.

Nach Johnson und Johnson müssen mindestens einige Mitglieder über vier Grundfertigkeiten verfügen, um die Gruppenarbeit gut organisieren zu können (vgl. Johnson/Johnson 1987, S. 178 ff.):

Forming benennt die Fähigkeit, die Lerngruppe zu organisieren und die notwendigen Verhaltensregeln für eine gute Zusammenarbeit zusammenzustellen. Schauen Sie noch mal die 9 Regeln der Themenzentrierten Interaktion (TZI) an (vgl. Löhmer/Standhardt 2006).

Functioning Skills bezeichnen die Fähigkeit, eine Gruppe zum richtigen Funktionieren zu bringen. Anders gesagt, die Functioning Skills setzen erst die notwendigen kognitiven Prozesse in einer Gruppe in Gang. Durch diese Fähigkeiten werden die Energien der Gruppe zielgerichtet gelenkt und das notwendige gute Arbeitsklima geschaffen.

Zu den Functioning Skills gehören:
- Zielorientierung,
- Zeitplanung,
- Anerkennung zeigen können,
- motivieren können.

Formulating Skills bezeichnen die Fähigkeit, formulieren und sich ausdrücken zu können. Dies ermöglicht erst das gemeinsame Verständnis der bearbeiteten Inhalte.

Dazu gehören u. a. die Fähigkeiten,
- Gesagtes oder Gelesenes für die Gruppe laut zusammenzufassen,
- neue Ideen mit alten in Verbindung zu bringen,
- nachfragen können, um sicher zu stellen, dass alle Gruppenmitglieder folgen können.

Formulating Skills führen dazu, dass die Gruppe auf einem hohen Niveau arbeiten kann und die notwendigen kognitiven Prozesse in Gang gesetzt werden.

Fermenting Skills umfassen die Fähigkeiten, die Sie brauchen, um eine akademische Diskussionen führen zu können. Eine akademische Kontroverse fordert von Ihnen, dass sie sehr tief in eine Thematik einsteigen können, um die Aussagen ihrer Gruppenmitglieder in Frage stellen und mögliche Zweifel begründen können.

Zu diesen Fähigkeiten gehören:
- Konstruktive Kritik an einer Sache üben zu können, ohne dabei die Person zu kritisieren.
- Argumente kritisch hinterfragen zu können.
- Verschiedene Ideen in eine Sichtweise oder einen Standpunkt integrieren zu können.

Die Ausprägung der Fermenting Skills bestimmt letztlich das intellektuelle Niveau Ihrer Gruppenarbeit und damit die kognitive Entwicklung der einzelnen Gruppenmitglieder.

Das bringt Sie weiter
- Klären Sie einmal anhand der in 6.5 folgenden Checkliste, ob Sie ein guter Gruppenarbeiter sind.
- Denken Sie daran: Teamfähigkeit ist eine sehr gefragte Kompetenz in der Arbeitswelt. Mit der Checkliste bekommen Sie auch eine gute Rückmeldung, welche Kompetenzen Sie noch erweitern sollten.

6.5 | Checkliste: Bin ich ein guter Gruppenarbeiter?

Erkennen Sie, ob Sie für die Gruppenarbeit geeignet sind.

Nutzen

Lesen Sie die folgenden Beschreibungen durch und kreuzen Sie die Aussagen an, die auf Sie zutreffen.

☑ Ich gehe gerne systematisch an Aufgaben heran.

☑ Ich kann ein Thema gut strukturieren.

☑ Ich bin in der Lage, Einzelheiten und Ergebnisse zusammenzufassen.

☑ Ich bin in der Lage, wichtige Ergebnisse anschaulich, mündlich und schriftlich darzustellen.

☑ Ich ziehe zum richtigen Zeitpunkt Schlussfolgerungen.

☑ Ich kann Hypothesen entwerfen und hinterfragen.

☑ Ich erkenne die Aussagekraft von Aussagen.

☑ Ich kann Informationsquellen selbstständig auswerten.

☑ Ich kann aktiv zuhören.

☑ Ich kann Kritik an meiner Meinung, meinen Arbeitsergebnissen annehmen.

☑ Meine Fragen stelle ich im Zusammenhang mit dem aktuellen Gedankengang der Gruppe.

☑ Es fällt mir nicht schwer, Fragen klar zu beantworten oder zu sagen, wenn ich sie nicht beantworten kann.

☑ Ich kann mich gut an Gesprächsregeln halten.

☑ Ich kann gut damit umgehen, wenn andere ein anderes Arbeitstempo haben als ich.

☑ Wenn die Interessen von anderen in der Gruppe verfolgt werden, empfinde ich das auch für mich als sinnvoll.

☑ Ich kann Gefühle und Fakten in der Gruppe ansprechen.

☑ Den anderen Gruppenmitgliedern und ihren Ideen bringe ich Respekt entgegen, auch wenn ich ihre Meinung nicht teile.

☑ Es fällt mir leicht, Hilfsmittel auszutauschen oder zu teilen.

☑ Ich kann Reaktionen der anderen Gruppenmitglieder auf mein Verhalten richtig einschätzen und angemessen reagieren.

☑ Ich kenne Möglichkeiten, um zu überprüfen, ob mich die anderen verstehen.

☑ Ich erkenne die Rückmeldungen der anderen, wenn ich das Arbeitsklima störe.

☑ Ich merke, wenn ich vom Thema abschweife oder ablenke.

☑ Ich kann den Fortschritt der Gedanken und Arbeitsgänge im Hinblick auf das Gruppenziel erkennen und bewerten.

☑ Es fällt mir nicht schwer, Endergebnisse zu bewerten.

Auswertung Persönliche Erfolgsfaktoren für das Arbeiten in der Gruppe sind:

- systematisches Arbeiten,
- Kooperation,
- Selbstbeobachtung und -kontrolle.

Zu welchem Ergebnis sind Sie gekommen?
- Sollten Sie im ersten Teil mehrere Aussagen für sich als nicht zutreffend bewertet haben, müssen Sie Ihre Fähigkeit zum systematischen Arbeiten trainieren.
- Die Aussagen im zweiten Teil spiegeln Ihre Fähigkeit zu Kooperation wider.
- Der letzte Teil beschäftigt sich mit Ihrer Fähigkeit zur Selbstbeobachtung und -kontrolle.

Das bringt Sie weiter Versuchen Sie doch einmal, aus den Punkten der Checkliste Regeln für Ihre nächste Gruppenarbeit oder Ihre nächste Lerngruppe zu formulieren und dann auch zu vereinbaren.

6.6 | So gelingt es: die Organisation der Lerngruppe

Erfahren Sie hier, was Sie persönlich tun können, damit Ihre nächste Lerngruppe erfolgreich wird.

Nutzen

Tipps

- Persönliche Zielsetzung und Motivation klären:
  Klären Sie für sich Ihre persönliche Zielsetzung für eine Gruppenbildung. Wollen Sie in der Gruppe Ihre Kenntnisse verbessern? Haben Sie Lücken, die Sie für die Prüfungen füllen müssen? Wollen Sie mehr Sicherheit und einfach Ihr Wissen prüfen? Wollen Sie praktisch üben?
- Mitstreiter aussuchen:
  Überlegen Sie welche »Rollen« Sie für das Gelingen Ihrer Lerngruppe noch brauchen: den kompetenten Theoretiker, die erprobte Praktikerin oder jemanden, dem Sie viel erklären müssen.
- Mitstreiter ansprechen:
  Suchen Sie nach potenziellen Teilnehmern nicht nur in Ihrem Freundeskreis. Sprechen Sie gezielt Studierende an, die Sie für geeignet halten. Wer kann gut erklären? Wer ist in der Praxis stark und kann Beispielaufgaben finden? Wer stellt unbequeme Fragen und bringt Sie dadurch zu neuen Überlegungen?
- Ziel- und Methodenklärung:
  Klären Sie gemeinsam die Zielsetzung, den Umfang und das Anspruchsniveau der Arbeit. Achten Sie auf eine weitgehende Übereinstimmung. Hier ist der Zeitpunkt, an dem Sie sich auch noch gegen die Gruppe entscheiden können.
- Stellen Sie einen Lernplan auf:
  Planen Sie gemeinsam die Arbeitszeiten und das jeweilige Arbeitsprogramm. Vereinbaren Sie auch, wann Sie Pausen machen wollen.
- Vereinbaren Sie Verbindlichkeit:
  Pünktlichkeit und Zuverlässigkeit sind wichtige Bausteine für eine gut funktionierende Lerngruppe.
- Organisationsaufgaben und Verantwortlichkeiten:
  Klären Sie, welches Material Sie brauchen und wer für welches Material zuständig ist. Wer übernimmt die Führung einer Sitzung? Wer schreibt mit? Wer bereitet die Skripte vor?
- Vereinbaren Sie Feedback-Regeln:
  Vereinbaren Sie, regelmäßig Rückmeldungen zu der individuellen Teilnahme und Engagement in der Gruppe zu geben.

Schreiben Sie Ihre Vereinbarungen auf und verteilen Sie sie an alle Teilnehmer der Gruppe.

Das bringt
Sie weiter

6.7 | Lernen Sie effektiv an einem Lernwochenende

Nutzen Erfahren Sie, wie Sie die Arbeit an einem Lernwochenende sinnvoll organisieren und gestalten können.

Ein ganzes Wochenende zum Lernen. Das ist gerade bei Klausuren und Prüfungen eine gute Möglichkeit, sich effektiv vorzubereiten. Hier geht es aber nicht um das Büffeln von Freitag bis Sonntagabend, sondern darum, sich über längere Zeit und auf verschiedene Weise mit dem Prüfungsstoff zu beschäftigen.

Vorteile
- Sie können sich konzentriert und ohne große Unterbrechungen mit dem Prüfungsstoff auseinandersetzen.
- Sie lernen unterschiedliche Lern- und Arbeitsmethoden kennen, die Sie alleine nicht ausprobieren würden.
- Sie können allein, in der Kleingruppe und in der Gesamtgruppe arbeiten.
- Motivationseinbrüche werden durch die Gruppe aufgefangen.
- Gemeinsame entspannende Aktivitäten am Abend motivieren zusätzlich.

Vorbereitung
- Räumlichkeiten organisieren. Dabei sollte man auf unterschiedliche Räume für die Arbeit und die Pausen achten.
- Für eine gute Verpflegung (Essen, Getränke etc.) sorgen.
- Einen Arbeitsplan erstellen.
- Zuständigkeiten für das benötigte Material verteilen.
- Pausen organisieren (Uhrzeit festlegen, wer wird kochen, vielleicht einige Übungen zur Entspannung vorbereiten etc.)

Lernspirale Die Lernspirale ist die geeignete Vorgehensweise und Methode für das Arbeitswochenende.

Das bedeutet, jeder Teilnehmer hat Aufgaben für die Einzelarbeit, wechselt dann in die Partner- oder Kleingruppenarbeit und gelangt am Ende in das Plenum der Großgruppe.

Beispiel Sie wollen sich am Wochenende mit dem Thema »Moderationsprozess« auseinandersetzen.
- Die Einzelaufgabe besteht darin, sich eine Phase des Moderationsprozesses zu erarbeiten und die passenden Methoden aus der Literatur herauszuarbeiten.
- Die Arbeit in den Kleingruppen hat die Aufgabe, eine grafische Übersicht über den Moderationsprozess zu erstellen.
- In der Großgruppe bekommt jeder die Aufgabe, eine Methode aus der Einzelarbeit vorzustellen und praktisch durchzuführen.
- Den Abschluss bildet eine Diskussion über die Angemessenheit der Methoden.

Das bringt Sie weiter Halten Sie zu Beginn Ihre Lernziele schriftlich fest und klären Sie in der Mitte des Wochenendes, welche Punkte noch offen sind.

6.8 | Methoden für das Lernen in der Gruppe

Lernen Sie einige Methoden für das effektive Arbeiten in der Gruppe kennen.

Nutzen

Die Methode des Gruppenpuzzles, die als guter Einstieg in die Gruppenarbeit gilt, wurde 1978 von Elliot Aronson entwickelt (vgl. Frey-Eiling/ Frey 1992).

Gruppenpuzzle

Das Gruppenpuzzle ist eine Methode für große Gruppen und bietet sich an, wenn es bei einem Thema verschiedene Unterthemen zu bearbeiten gibt. Dabei kommt jedes Mitglied der Gruppe einmal in die Rolle des Lehrenden und des Lernenden. Der Lernstoff wird hierzu in möglichst gleich umfangreiche und gleich schwierige Unterthemen unterteilt und in **drei Arbeitsschritten** bearbeitet.

Expertenbildung
Die Gruppenmitglieder bilden sogenannte Stammgruppen. Im Original-Gruppenpuzzle besteht eine Stammgruppe aus sechs Teilnehmern. Sie müssen natürlich die Stammgruppen nach der Gesamtgruppenzahl richten und so viele Unterthemen haben, wie die Stammgruppe Mitglieder hat.

In jeder Gruppe bekommt jeweils ein Teilnehmer ein Teilthema des zu bearbeitenden Stoffs zugewiesen und eine angemessene Zeit, um es zu bearbeiten. Dadurch wird in jeder Gruppe ein Teilnehmer zum Experten für ein Teilthema.

Expertentreffen
Anschließend treffen sich diese Experten für ihr jeweiliges Unterthema in sogenannten Expertengruppen. Dort wird das eigene Material vorgestellt, diskutiert und offene Fragen werden geklärt.

Unterrichtsrunde
Abschließend kehrt jeder Experte in seine Stammgruppe zurück und unterrichtet die Gruppe anhand des überarbeiteten Materials. Dadurch wird die Gruppe über jedes Teilthema gut und umfassend informiert.

Mit dem reziproken Lehren (Reciprocal Teaching) haben Palincsar und Brown (vgl. Renkl 1997, S. 11) eine Methode entwickelt, mit der insbesondere das Leseverständnis überprüft werden kann. Sie eignet sich daher gut, um schwierige Texte zu bearbeiten.

Reziprokes Lehren

Gedacht ist diese Methode für eine Zweiergruppe, sie kann aber auch in Kleingruppen angewandt werden.

Lesen
Jeder liest zunächst für sich den vereinbarten Textabschnitt.

Erklären

Einer der beiden fasst nun den Inhalt des Textabschnittes zusammen und erklärt ihn dem Partner.

Rückmeldung

Der Partner oder die Kleingruppe gibt nun Rückmeldung, was verstanden wurde. Dazu gehören auch Hinweise auf Unklarheiten, andere Auffassungen oder andere Interpretationen.

Klären

Gemeinsam werden nun Verständnisprobleme gelöst und Erklärungen für schwierige Textstellen gesucht.

Rollentausch

Nun liest wieder jeder für sich den nächsten Abschnitt.

Anschließend beginnt der Prozess von Neuem, jetzt aber mit getauschten Rollen. Das wechselseitige Erklären und Zuhören wird so lange fortgesetzt, bis der ganze Text durchgearbeitet ist.

Kooperatives Skript

Das Vorgehen ist ähnlich wie beim reziproken Lehren, jedoch liest hier jeder nur noch die Passagen, die er selbst zusammenfassen muss. Damit bekommt der »Lehrende« eine größere Verantwortung für die von ihm bearbeiteten Inhalte. Er muss seine Passagen sehr gewissenhaft vorbereiten und gut strukturiert wiedergeben.

Diese Methode eignet sich hervorragend zur Klausurvorbereitung!

Natürlich können wir hier nicht alle Methoden und Lernmöglichkeiten darstellen, sondern Ihnen nur einige Anregungen geben. Werden Sie selbst kreativ!

Das bringt Sie weiter

Gestalten Sie eigene Formen und Szenarien des Gruppenlernens: Entwickeln Sie ein Quiz aus den Lernkarten, machen Sie eine Lern-Rallye, erfinden Sie Praxisübungen etc.

Denn eine Erfahrung sollten Sie unbedingt machen:
Inhalte, die Sie in einer außergewöhnlichen Situation gehört haben, behalten Sie auch.

7 Visualisieren und präsentieren Sie wirkungsvoll

Prüfungen sind häufig mit Präsentationen verbunden. Sie präsentieren z. B. die Ergebnisse eines schriftlichen Referates und bekommen dafür eine Teilnote. Oder Sie präsentieren die Ergebnisse Ihrer Abschlussarbeit und werden anschließend dazu befragt. Über die Qualität, die man hier manchmal zu sehen bekommt, sagt ein Bild mehr als 1000 Worte:

Etwas zu *visualisieren*,
das ist <u>nicht</u> einfach!

**Man kann da viele
Fähler machen!**

**Also besonders gut
aufgepasst!**

Sie verstehen, was wir meinen? So sollte eine Visualisierung bzw. eine Präsentation sicherlich nicht aussehen. Typische Fehler sind:
- schrille Farben,
- unterschiedliche Schrifttypen,
- unlesbare Schrifttypen,
- Hervorhebungen (in einem Dokument sowohl fett, kursiv, einfach unterstrichen, doppelt unterstrichen, durchgestrichen als auch Kapitälchen, Schattierungen, Einrahmungen etc.)
- unzählige Effekte,
- viele Bildchen unterschiedlichster Gestaltung,
- ganze Romane in kleiner Schrift.

Bei der Präsentation kann man Folgendes falsch machen:
- vergessen, den Beamer zu ordern,
- aufwendige Präsentation, aber inhaltlich schlecht,
- keine Struktur,
- nichts, was Aufmerksamkeit erregt,
- kleines Präsentationsbild,
- leise sprechen (»in den Bart hinein nuscheln«),
- gelangweilt in die Runde schauen,
- die Redezeit um 100 % überziehen,
- auf die Fragen der anwesenden Teilnehmer nicht eingehen.

7.1 | Planen Sie den Vortrag strukturiert

Nutzen Erkennen Sie, dass gute Planung die halbe Miete ist, und gehen Sie entsprechend vor.

Zeitplanung Sie sollten Ihren Vortrag möglichst wie folgt strukturieren:
- Einführung: 10 % der Präsentation/des Vortrags,
- Hauptteil: 50 % der Präsentation/des Vortrags,
- Diskussion: 30 % der Präsentation/des Vortrags,
- Schluss: 10 % der Präsentation/des Vortrags.

Präsentations-marketing Grundlage der Detailplanung ist die Marketingphilosophie. Mit anderen Worten: Eine Präsentation wird umso eindrucksvoller, je stärker Sie von Anfang an die Aspekte des Marketings berücksichtigen:
- Präsentationen sind dann besonders erfolgreich, wenn Sie den Betrachtern einen konkreten Nutzen bringt. Deshalb ist es wichtig, Präsentationen zielgruppengerecht aus der Sicht der Betrachter zu gestalten: »Denke im Kopf der Zuschauer«, »Fühle im Herz der Zuschauer«, »Träume in der Seele der Zuschauer«.
- Stellen Sie fest und berücksichtigen Sie, von welchen Voraussetzungen der Teilnehmer Sie ausgehen können.

Planungsmodell Gehen Sie bei der Planung Ihrer Präsentation strukturiert vor. Nutzen Sie hierfür folgende Kontrollfragen:
- Legen Sie die Ziele Ihrer Präsentation fest: Was ist der Grund für Ihre Präsentation? Was wollen Sie erreichen?
- Analysieren Sie die Situation der Teilnehmer: Von welchen Voraussetzungen können Sie ausgehen? Wen wollen Sie besonders ansprechen, informieren, überzeugen? Mit welchen Aussagen und Informationen wollen Sie überzeugen? Was sind die Kernaussagen Ihrer Präsentation?
- Mit welcher Strategie gehen Sie vor?
- Wie verpacken Sie die Kernaussagen Ihrer Präsentation?
- Gestalten Sie die Präsentation so, dass sie schnell verstanden wird und eingängig ist.
- Nutzen Sie die AIDA-Regel.

AIDA-Regel Es gibt eine einfache Grundregel, die im Bereich der Werbung sehr häufig angewandt wird, die AIDA-Regel:
- Gestalten Sie Ihre Präsentation so, dass sie die Aufmerksamkeit der Umworbenen sofort auf sich zieht (**Attention**).
- Wecken Sie dann das Interesse der Umworbenen (**Interest**).
- Überzeugen Sie die Umworbenen so gut von den Vorteilen Ihres Angebotes, dass sie den Wunsch verspüren, Ihr Angebot anzunehmen (**Desire**).
- Zeigen Sie den Umworbenen, wie sie auf Ihr Angebot eingehen können (**Action**).

Bei den einzelnen **Präsentationsphasen** sollten Sie Folgendes beachten:

- Begrüßen Sie freundlich die Teilnehmer.   Einführung
- Wecken Sie das Interesse der Teilnehmer.
- Machen Sie ihnen deutlich, welche Vorteile sie aus der Präsentation ziehen können.
- Gewinnen Sie ihr Wohlwollen. Denken Sie daran: Der erste Eindruck zählt.
- Holen Sie die Teilnehmer dort ab, wo sie stehen (bei ihrem Vorinformationen, Vorwissen etc.).
- Vermitteln Sie die fünf wichtigsten Kernaussagen, die Sie vorher präzise formuliert haben. Legen Sie fest, welche Details Sie zusätzlich vermitteln möchten bzw. welche Sie ggf. auch weglassen können.   Hauptteil
- Halten Sie stets das Interesse wach.
- Erzeugen Sie mit Ihrem Vortrag eine Spannung.
- Notieren Sie Fragen, die im Rahmen der Diskussion behandelt werden sollen und Fragen, die Sie später – nach der Veranstaltung – klären und deren Beantwortung Sie dann separat übermitteln werden.
- Führen Sie eine ergebnisorientierte Diskussion.   Diskussion
- Schweifen Sie nicht ab.
- Verlieren Sie Ihr Ziel nicht aus den Augen.
- Resümieren Sie kurz.   Schluss
- Zeigen Sie den Teilnehmern auf, wie sie die Ergebnisse des Vortrags anwenden und weiter vertiefen können.
- Bedanken Sie sich und verabschieden sich freundlich.

Bewerten Sie Ihre Präsentation selbst. Geben Sie sich selbst eine Note.
3 = befriedigend: Eine Präsentation, die den Erwartungen entspricht.
2 = gut: Eine Präsentation, die über den Erwartungen liegt.
1 = sehr gut: Eine Präsentation, die weit über den Erwartungen liegt.
Oder stellen Sie sich vor, jemand trägt Ihnen mit Ihren Unterlagen und in der von Ihnen geplanten Form Ihren Vortrag vor und erwartet dafür eine Honorarzahlung. Wie hoch fällt das Honorar aus, dass Sie bereit wären, ihm zu zahlen?

- Planen Sie Ihre Präsentation mithilfe einer Mind Map.   Das bringt
Sie weiter
- Üben Sie mit Mitstudierenden die Präsentationssituation. Simulieren Sie eine Echtsituation und spielen Sie Ihre Präsentation einmal vor Publikum durch. Bitten Sie die Teilnehmer um ein detailliertes Feedback.

7.2 | Wanted: die klassische Folie

Nutzen Lernen Sie die »Standard-Folie« kennen, mit der Sie so gut wie nichts falsch machen können.

Standard Ein allgemeiner Folienstandard kann wie folgt definiert werden:

Schriftart:	Arial
Schriftgröße:	18–20
Schriftfarbe:	schwarz
Schrift:	Groß- und Kleinschreibung
Hervorhebungen:	nur fett
Thema:	je Folie (höchstens) ein Thema
Zeilen:	6–9 Zeilen
Wörter:	5–7 Wörter je Zeile
Layout:	zurückhaltend
Animation:	zurückhaltend
Navigation:	klar und übersichtlich
Insgesamt:	weniger ist mehr!

Beispiel

Strategische Betätigungsfelder sind beschrieben durch:

- Bedürfnisse: Für welche grundlegenden Problemlösungen können Dienstleistungen entwickelt werden?

- Zielgruppen: Welche Nachfragergruppen kommen grundsätzlich als Kunden in Frage?

- Leistungen: Auf welcher Technologiebasis können Dienstleistungen entwickelt werden?

Prof. Dr. Werner Heister   Ein Marketingkonzept für die Hochschule Niederrhein

Dieses Layout-Beispiel wurde auf Grundlage einer Präsentation von Prof. Dr. R. Jung erstellt.

Das bringt Sie weiter Vermeiden Sie die typischen Fehler wie: zu viele Elemente, zu kleine Schrifttype, schwer lesbare Schriftart, nur Großschreibung, buntes Durcheinander, keine »Luft zum Atmen« (d. h. keine freien Flächen, sondern bis zum Rand vollgepackte Folien).

7.3 | Wecken Sie die Aufmerksamkeit der Teilnehmer

Lernen Sie, wie Sie die Aufmerksamkeit der Zuschauer auf Ihre Präsentation lenken können.

Nutzen

Durch die geschickte Auswahl von Gestaltungselementen und Inhalten gelingt es Ihnen, mit Ihrer Präsentation die Aufmerksamkeit und das Interesse der Zuhörer zu wecken.

Gestaltung

Gestaltungselemente sind:
- Bilder,
- grafische Elemente,
- Signalfarben,
- Textanordnung,
- Überschriften und Headlines,
- Gesamtlayout.

Nachfolgend einige Beispiele, die zum Nachahmen einladen sollen. Aber bedenken Sie: Weniger ist meistens mehr!

Durch eine besondere Anordnung kann der Text die Aufmerksamkeit der Teilnehmer erregen:

Textanordnung

Im
Rahmen
wissenschaftlicher
Forschung wurde heraus-
gefunden, dass viele Betrachter einen
Text, der ähnlich wie dieser angeordnet ist,
aufmerksam lesen. Deshalb empfiehlt sich
eine solche
Gestaltung.

… Nämlich dann, wenn es gewünscht ist, dass die Betrachter einen Textabschnitt besonders aufmerksam lesen.

Ein Beispiel mit fachlichem Inhalt:

Marketing
meint »die in ihrer Aussage
einfache, in ihrer radikalen Durchsetzung
so schwierige Umkehr der Betrachtung aller Probleme,
anstatt aus eigener Sicht aus der des Kunden
unter Berücksichtigung der Konkurrenten,
d. h. aus der Sicht des Marktes,
für den das Angebot gilt,
und nicht aus der
Sicht der Firmen,
die es gestalten.«
(H. Sabel)

Bilder

Machen Sie die Augen auf. Achten Sie beim Zeitschriftenlesen besonders auf die Werbung, nutzen Sie – wenn es thematisch passt – Elemente aus Werbeanzeigen. Ein Beispiel: In einigen Managerzeitschriften (z. B. Harvard Businessmanager, Mai 2007, S. 4) gab es eine Anzeige mit folgender Szene: Ein Zebra jagt einen Löwen. Der Slogan: »Gute Beratung kann alles verändern«. Nutzen Sie diesen Slogan, wenn Sie etwa die Bedeutung von Beratung (z. B. im Marketing) hervorheben wollen. Vgl. auch http://blog.handelsblatt.de/indiskretion/eintrag.php?id = 1202 (8.7.2007).

Einige Plakate findet man auch im Internet auf der Websites der Unternehmen, die die Plakate veröffentlicht haben. Ein Beispiel:

http://www.drk.de, unter »Service«, »Imagekampagne«, »Kampagnenmotive« (18.5.2007).

Aber wann könnte das thematisch passen? Ideal geeignet wäre dieses Plakat z. B. bei dem Thema »Serviceorientierung in Nonprofit-Organisationen«.

Slogans

Besondere Aufmerksamkeit lässt sich auch durch Überschriften und Headlines erreichen. Zur Recherche eignet sich hier besonders die Website www.slogans.de.

Das Thema Ihres Vortrags ist »Beratung«. Folgende, teils sehr interessante   **Beispiel**
Slogans, finden sich zu diesem Thema in der Datenbank unter www.
slogans.de:

Unternehmen	Slogan
ADAC	Der ADAC – führend in Hilfe, Schutz und Beratung!
Advance	Beratung auf den Punkt gebracht!
Arbeitsamt	Berufsberatung ... das machen wir vom Arbeitsamt.
Creative Inneneinrichter	Beratung schreiben wir groß.
Dresdner Bank	Mit System-Beratung sicher in die Zukunft.
Femia Cosmetic	Mehr Schönheit durch Beratung.
Fidelity Investments	Gutes Geld braucht gute Beratung.
GKB	Genossenschaftlich – kreativ – beratungsstark!
Koenigstraum.de	Exzellente Beratung per Mausklick.
Orakel24.com	Einfühlsame Zukunftsberatung rund um die Uhr.
Palmers	Exklusive Wäsche. Inklusive Beratung.
Runners Point	Der Punkt ist die Beratung.
Schwangerschaftsberatungs-stellen der Diakonie	Für schwierige und andere Umstände.

www.slogan.de, Stichwort »Beratung« (26.6.2007).

Inhalte von Bildern und Slogans wecken die Aufmerksamkeit besonders
durch:
- Emotionales,
- Überraschendes,
- Widersprüchliches,
- verfremdende Elemente.

Beachten Sie: Ihre Präsentation gelingt besonders gut, wenn Sie sich auf
das Wesentliche beschränken und dieses dafür deutlich in den Vordergrund stellen.
   Bedenken Sie: Auch Präsentationsfolien werden in einer besonderen
Weise betrachtet. Das Auge sucht sich zunächst das auffallendste Element. Von dort (oder allgemein von der Ecke links oben) geht das Auge
nach rechts unten. Das Auge geht nicht gerne nach oben zurück oder von
rechts nach links.

Layout

Ungünstig	Besser
Den Text links und ein Bildelement rechts anzuordnen.	Den Text rechts und links ein Bildelement einzufügen.
Über einem Bildelement wichtige Informationen zu platzieren.	Wichtige Informationen unter einem Bildelement zu platzieren oder die Überschrift ebenso groß zu gestalten.
Den Absender, die Öffnungszeiten etc. unten links oder oben rechts in die Ecke zu setzen.	Ein stets wiederkehrendes Logo oder Signet rechts unten zu platzieren.

Headline

Die auffällige Platzierung der Headline ist eine wichtige Voraussetzung dafür, dass sie schnell gesehen und verstanden werden kann. Dazu trägt insbesondere eine großflächige Gestaltung bei. Neben der Platzierung ist auch die Form und farbliche Gestaltung der Headline besonders wichtig. Schreiben Sie nicht in Großbuchstaben, sondern verwenden Sie Groß- und Kleinschreibung. Dann kann die Headline schneller aufgenommen werden.

Text

- Verzichten Sie in Ihrer Präsentation auf alle unwesentlichen Informationen und überflüssigen Wörter.
- Setzen Sie keinerlei Vorkenntnisse der Teilnehmer voraus.
- Vermeiden Sie auf jeden Fall Fremdwörter.
- Schreiben Sie kurze Sätze mit wenigen abstrakten Wörtern.
- Bilden Sie Sätze mit höchstens 13 Wörtern.
- Vermeiden Sie verschachtelte Sätze.
- Verwenden Sie starke Verben.
- Drücken Sie Ihre Nachricht positiv aus.
- Machen Sie vollständige Angaben zu Ort, Terminen, Konditionen.
- Hervorhebungen machen das Lesen generell leichter.
- Passen Sie sich dem Stil der Zielgruppe an.
- Geben Sie Ihre Texte jemand anderem zum Korrekturlesen.

Der Name der Veranstaltung und des Erstellers sollte auf jeder Seite gut sichtbar erscheinen.

Das bringt Sie weiter

Gehen Sie in der Zeit, in der Sie mit der Vorbereitung einer Präsentation beschäftigt sind, mit offenen Augen und Ohren durch die Welt. Nehmen Sie wahr, was in Zeitungen, Zeitschriften und Plakaten geschrieben und abgebildet ist. Nutzen Sie diese Eindrücke als Impulse und kreative Ideenlieferanten für Ihre Präsentation.

7.4 | Optimieren Sie die Navigation Ihrer Präsentation

Erkennen Sie die Bedeutung einer guten Navigation.

Nutzen

Der Begriff der Navigation stammt aus der Seeschifffahrt und bezeichnet die Kunst des Steuermanns, das Schiff zu einem bestimmten Ziel zu steuern. Übertragen auf Websites und Präsentationen meint er die Bewegungsmöglichkeiten eines Betrachters bzw. Nutzers.

Definition

Es ist grundsätzlich wichtig, eine userfreundliche Navigation anzubieten. Dabei werden verschiedene Formen unterschieden:

Formen

Bei der **linearen Navigation** folgt Folie auf Folie. Beispielsweise durch einen Mausklick wird von einer Seite zur nächsten navigiert. Dabei werden ggf. Kapitel dargestellt. Der Ablauf der Folien kann automatisch eingestellt werden.

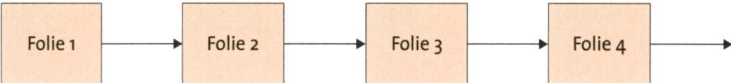

Bei der **sternförmigen Navigation** zweigen von einer zentralen Seite die Unterseiten ab. Im Mittelpunkt steht z. B. die Investitionsrechnung, davon zweigen dann die einzelnen Methoden der Investitionsrechnung ab.

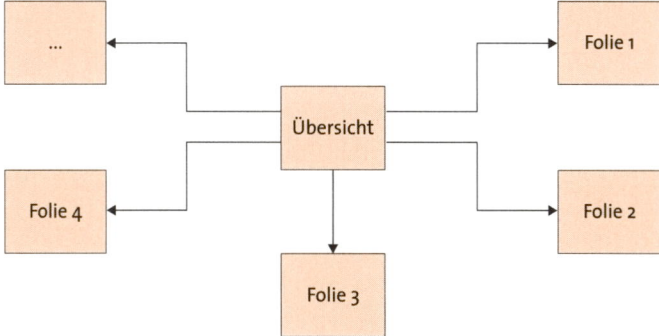

Bei der **Navigation mittels Hyperlinks** sind die Folien durch Verknüpfungen (Links) miteinander verbunden.

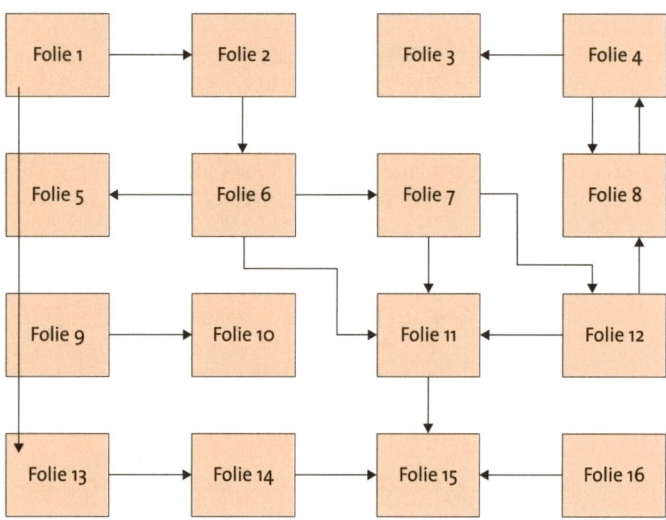

**Das bringt
Sie weiter**
Testen Sie die unterschiedlichen Navigationsmöglichkeiten und entscheiden Sie dann von Fall zu Fall, welches System Sie in der aktuellen Präsentation wählen.

7.5 | Nutzen Sie Hyperlinks

Hyperlinks ermöglichen Verknüpfungen mit einzelnen Folien und Dokumenten.

Ein Hyperlink (Link) ist eine anklickbare, elektronische Verknüpfung zu Textverarbeitungsdateien, zu HTML-Dateien, zu Präsentationen in Grafikprogrammen, zu Websites, zu einer Folie im aktuellen Dokument, zu einer E-Mail-Adresse etc. Sinnvoll eingesetzt ist dies eine sehr nützliche Sache!

In einer Folie zum Projektmanagement verknüpfen Sie beispielsweise zu den einzelnen Unterkapiteln und/oder Sie verknüpfen zu einer Grafikpräsentation (Animation zur Vorgehensweise) und/oder Sie verknüpfen zu einem Übungstool (Aufgabentool) in einem Tabellenkalkulationsprogramm und/oder zu einer interessanten Website etc.

Übrigens: So haben Sie möglicherweise zugleich ein sehr nützliches Lerntool geschaffen.

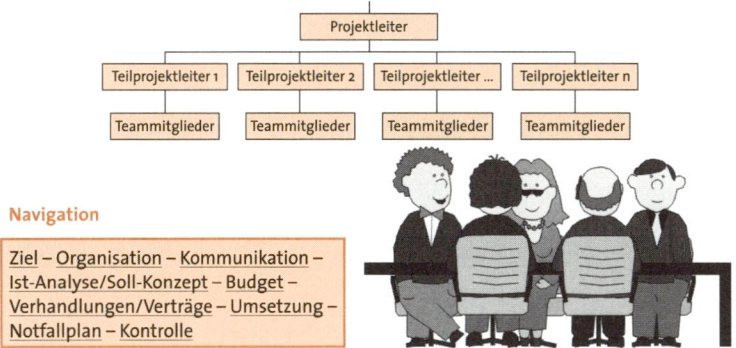

Grafik: Dipl.-Kfm. Dipl.-Theol. P. Plaumann

Es ist einfach, einen Hyperlink einzufügen. Sie müssen lediglich den Text/das Element markieren, das Sie mit einem Hyperlink versehen möchten. Meistens finden Sie die entsprechende Funktionalität bei »Ein-

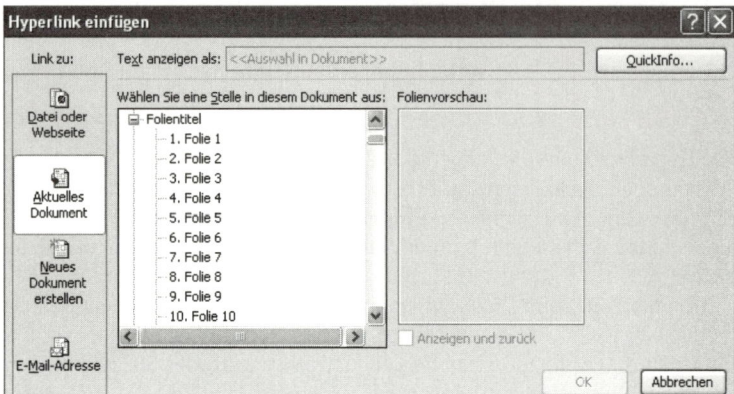

fügen« und »Hyperlink«. Alle weiteren Aktionen sind dann selbsterklärend.

Das bringt
Sie weiter
Sie können Hyperlinks auch auf grafische Elemente setzen. Markieren Sie diese vorab mit einem transparenten Rahmen (wählen Sie hierzu »Rechteck«, »Keine Füllung« und bei Rahmen »Keine Linie« aus).

7.6 | Richten Sie eine Bildschirmpräsentation ein

Lernen Sie verschiedene Möglichkeiten für die Gestaltung einer Bild- Nutzen
schirmpräsentation kennen.

Mithilfe der Funktionalität »Bildschirmpräsentation« müssen Sie nicht die ganze Information einer Folie gleichzeitig »preisgeben«, sondern Sie können die Aufmerksamkeit Ihrer Zuhörer stärker lenken und die jeweils wichtige Information besonders hervorheben oder im geeigneten Moment erst einblenden.

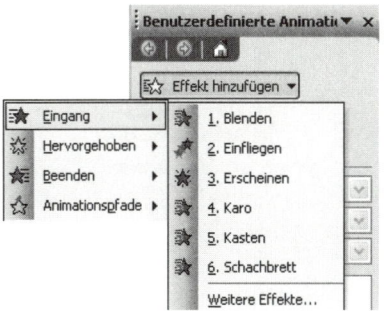

In Powerpoint, OpenOffice und Animation
ähnlichen Programmen sind ausreichend Funktionalitäten vorhanden, die Bildschirmpräsentationen unterstützen. Die angebotenen Effekte dienen dazu, z. B. Textelemente nacheinander auf der Folie »einzublenden«. Animation meint also das Erscheinen oder Bewegen von Texten, Bildern, Objekten etc.

Unterschieden werden:

- **Eingangseffekte**: Sie legen fest, wie Elemente auf der Folie erscheinen. So können z. B. die einzelnen Punkte einer Aufzählung nacheinander erscheinen.
- **Hervorhebungseffekte**: Sie heben wichtige Elemente hervor. Wenn beispielsweise ein neuer Aufzählungspunkt erscheint, werden die anderen transparent gesetzt.
- **Ausgangseffekte**: Sie legen fest, wie die Elemente wieder von der Folie verschwinden. Sie können z. B. ein Element aus dem Bildschirm hinausfliegen lassen.

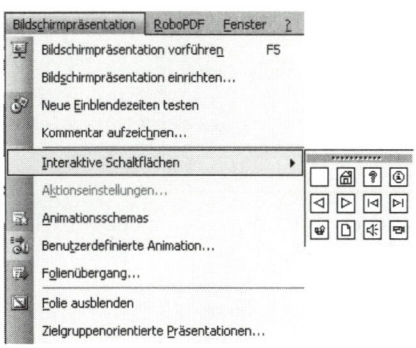

Darüber hinaus gibt es inter- Interaktive
Schaltflächen
aktive Schaltflächen, die für die Navigation genutzt werden können.

Folienübergang   Auch der Folienübergang – also der Schritt von einer Präsentationsfolie zur nächsten – kann individuell eingestellt werden.

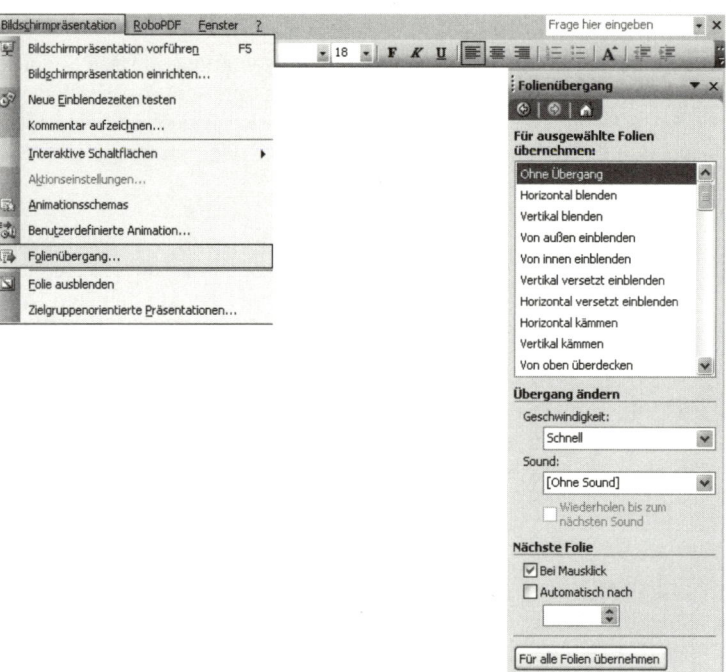

Zielgruppen-orientiert   Zielgruppenorientierte Präsentationen erlauben es, die Folien für verschiedene Zwecke individuell zusammenzustellen und zu sortieren.

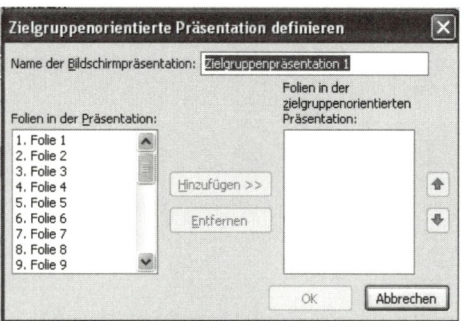

Das bringt Sie weiter

- Holen Sie sich weitere Informationen zu Powerpoint auf der offiziellen Microsoft-Seite unter http://office.microsoft.com/de-de/powerpoint/default.aspx.
- Bitte beachten Sie: Mit dem Einsatz von Effekten (Folienübergänge, Animation der Folienelemente, Sounds etc.) muss in jedem Fall sparsam umgegangen werden. Effekte haben keinen Selbstzweck, sondern sollen das Ziel der Präsentation unterstützen.

7.7 | Ist alles optimal vorbereitet?

Berücksichtigen Sie die nachfolgenden Aspekte, dann gelingt (fast) jede Präsentation.   Nutzen

Vorbereitung des Vortrags/der Präsentation: Checkliste
- Sind mir die Erwartungen der Zuhörer bekannt?
- Über welchen Wissensstand verfügen sie?
- Sind die Ziele meines Vortrages klar und präzise formuliert?
- Was ist meine zentrale Botschaft?
- Mit welchen konkreten Themen möchte ich meine Ziele bzw. die zentrale Botschaft transportieren?
- Könnte ich einen Praktiker einladen?
- In welchem Raum soll der Vortrag stattfinden? Ist der Raum hell, klimatisiert, gut gelüftet, ausreichend bestuhlt?
- Welche Medien und Materialien benötige ich? Laptop, Beamer, Overheadprojektor, Video, DVD-Player, Moderationskoffer, Tafel, Metaplanwand etc.
- Welche Zeit steht mir zur Verfügung?
- Kann ich die geplanten Inhalte in der Zeit präsentieren?
- Welche Unterlagen sollen die Teilnehmer erhalten? Wann sollen Sie diese erhalten?

Vorbereitung der Materialien/Medien:
- Baue ich in meine Präsentation Auflockerungen ein? Beispiele, Geschichten, Experimente, Materialien zum Anfassen, Videos, Spiele, Rätsel, Rollenspiele, Diskussionen, Gruppenarbeit etc.
- Ist meine Präsentation/mein Vortrag lebendig und natürlich?
- Gibt es ausreichend Medienwechsel bei meinem Vortrag?
- Arbeite ich mit einer Funkmaus und kann mich daher freier bewegen?
- Gibt es ein Video, eine DVD zum Thema?
- Sind meine Folien, Charts, Mind Maps aussagekräftig?
- Gebe ich einen Überblick über meine Präsentation/Vortrag?
- Habe ich zu viele oder zu wenige Folien?
- Sind nicht mehr als sieben Statements auf einer Folie?
- Sind Schriftart und Schriftgröße gut lesbar?
- Sind Symbole einheitlich und angemessen eingesetzt?
- Sind die Texte grammatikalisch richtig und fehlerfrei?
- Sind wichtige Informationen hervorgehoben?
- Ist die Textausrichtung (zentriert oder linksbündig) zweckmäßig?
- Sind die Farben ansprechend und angemessen?
- Setze ich Animationen z. B. beim Folienübergang ein? Wie wirken diese auf Sie (eher ruhig oder unruhig)?
- Sind die verwendeten Grafiken/Diagramme aussagekräftig?
- Werden die Zuhörer visuell überfrachtet?
- Bin ich auf konkrete und kritische Fragen vorbereitet?
- Bleibt ausreichend Zeit für Fragen und Diskussion?

Durchführung des Vortrags/der Präsentation:
- Bin ich angemessen gekleidet?
- Trage ich frei vor?
- Nutze ich Karteikarten zur Vortragsunterstützung?
- Begrüße ich die Zuhörer angemessen und vielleicht einfallsreich?
- Mache ich die Zuhörer von Anfang an neugierig?
- Mache ich die Zielsetzung/Problemstellung sofort deutlich?
- Gebe ich anfangs einen Überblick über die Präsentation/den Vortrag?
- Wissen die Zuhörer stets, wo ich mich im Vortrag befinde?
- Spreche ich langsam genug?
- Strukturiere ich den Vortrag durch Pausen und Betonungen?
- Verwende ich viele Füllwörter (wie »sozusagen«, »quasi«) oder Pausenfüller (wie »äh«, »ähm«)?
- Erläutere ich alle Fachbegriffe und Abkürzungen?
- Halte ich Blickkontakt mit den Zuhörern?
- Nutze ich einen Zeiger?
- Im Team: Ist genau geregelt, wer wann übernimmt?

Fragen Sie Ihre Zuhörer nach der Präsentation:
- War der Vortrag interessant und kurzweilig?
- Haben Sie etwas dazu gelernt? Was genau?
- Hat der Vortrag Ihren Erwartungen entsprochen?
- Fehlte etwas im Vortrag?
- Konnten Sie Ihre Fragen stellen?
- Wie beurteilen Sie Vortrag/Präsentation insgesamt? In Noten!

Die **Erinnerungsquote** steigt deutlich mit den beteiligten Sinnen:
- nur hören = > 20 %,
- nur sehen = > 30 %,
- sehen und hören = > 50 %,
- sehen, hören und diskutieren = > 70 %,
- sehen, hören, diskutieren und selbst tun = > 90 %.

»Tell me – and I forget, Teach me – and I remember, Involve me – and I learn.« (Benjamin Franklin).

Das bringt Sie weiter
- Überprüfen Sie vor jeder Präsentation, ob Sie an alles gedacht haben. Nutzen Sie hierfür die angeführte Checkliste.
- Verwenden Sie besser Mind Maps anstatt z. B. in Powerpoint erstellte Präsentationen.

7.8 | Bringen Sie Bewegung rein

Erfahren Sie, mit welchen (un-)gewöhnlichen Mitteln Sie die Präsentation schwungvoller gestalten können. Nutzen

Denken Sie sich etwas aus. Es gibt doch nicht nur Powerpoint!

■ Wandplakat Anregungen

Ein Bild oder eine Zeichnung verhilft den Zuhörern zu einem besseren Verständnis und dient als Gedächtnisstütze. Visualisieren Sie die Inhalte und platzieren Sie diese (fest) im Raum. Auch neurobiologisch betrachtet ist dies übrigens sinnvoll: Die Informationsinhalte brennen sich stärker ein, wenn der Blick häufiger darauf fällt bzw. darauf gelenkt wird.

■ Overheadprojektor

Ja, den gibt es ja auch noch. Wenn Sie eine Präsentation digital präsentieren, dann nutzen Sie ihn parallel doch einfach für die Agenda. Oder schreiben Sie hier mit, notieren Sie auf einer Folie die offenen Fragen. Der Vorteil dieses Gerätes liegt darin, dass Sie den Teilnehmern nie den Rücken zukehren müssen.

■ Flipchart

Nehmen Sie einfache Blätter DIN A1 (ob mit oder ohne Linien oder kariert, spielt keine Rolle). Notieren Sie hier Wichtiges. Und: Schreiben Sie unbedingt leserlich!

■ Moderationswand
■ Video
■ DVD
■ Mind Map (digital, auf Papier oder Folie)
■ etwas zum Anfassen
■ etwas zum Riechen
■ etwas zum Greifen
■ etwas zum Schmecken.

Eine spezielle, tragbare Konstruktion, auf der sie mit Nadeln Moderationskarten, auf die die Teilnehmer etwas aufgeschrieben haben, heften können.

Und nicht zuletzt:

■ elektronische Kreide.

Oder mal etwas ganz anderes:

■ ein unerwarteter Gast (vielleicht sollten Sie den Seminarleiter hierüber besser vorab informieren),
■ einen Test,
■ einen kleinen Wettbewerb.

Denken Sie einmal ein paar Stunden lang bei allem, was Sie unternehmen, was Sie in die Hand nehmen, worüber Sie sprechen etc., an Ihren Vortrag. Versuchen Sie mithilfe dieses (aus Kreativitätstechniken abgeleiteten) Vorgehens, neue Ideen zu generieren. Das bringt Sie weiter

7.9 | Sind Vorlagen im Internet etwas wert?

Nutzen Profitieren Sie von den Erfahrungen, die andere gemacht haben.

Suchen Sie im Internet nach geeigneten Präsentationsvorlagen. Hierbei können Sie auf verschiedene Weise vorgehen:

Allgemeine Suche Für die allgemeine Suche im Internet geben Sie in einer Suchmaschine Stichworte wie »Präsentation« »Präsentationsvorlagen« oder »Präsentationsvorlage« ein und schauen sich die Suchergebnisse an. Analysieren Sie die gefundenen Präsentationen.

PPT-Dateien Sie können auch direkt nach Powerpoint-Dateien suchen. Nutzen Sie dafür das erweiterte Suchformular z. B. bei Google:

Wählen Sie unter »Dateiformat« »Microsoft Powerpoint (.ppt)« aus. Die Suchmaschine sucht dann ausschließlich nach PPT-Dateien. Anstatt des allgemeinen Suchbegriffs »Präsentationsvorlage« können Sie hier auch spezielle Begriffe angeben wie z. B. »Controlling«.

PDF-Dateien Viele professionelle Präsentationen werden im PDF-Format eingestellt. Geeignete zusätzliche Suchworte sind hier auch die Namen von bekannten Unternehmen (z. B. Beratungsfirmen). Das ist deshalb so interessant, weil in Beratungsfirmen häufig professionelle Teams mit der Folienerstellung beschäftigt sind und die Qualität erheblich besser ist.

Vorgehen Werten Sie die gefundenen Präsentationen aus und schreiben Sie auf, was Sie daran gut und was Sie daran schlecht finden. Diskutieren Sie Ihre Einschätzung auch mit Mitstudierenden. Gewinnen Sie so Erkenntnisse, wie Sie eine optimale Präsentation gestalten können.

Das bringt Sie weiter
- Erstellen Sie ein Musterlayout für Präsentationen und optimieren Sie dieses Musterlayout von Vortrag zu Vortrag.
- Nutzen Sie möglichst jede Chance, um Ihr Musterlayout mit anderen zu diskutieren und so beständig weiter zu verbessern.

7.10 | Achten Sie auf Ihre Haltung

Auch wenn Sie nicht beim Bund waren: Stehen Sie nicht nur »dumm rum«, sondern nehmen Sie Haltung an.

Nutzen

Unterstützen Sie mit einer bewussten Körperhaltung die Wirkung Ihrer Präsentation:

Körperhaltung

- Machen Sie eine gute Figur.
- Kleiden Sie sich angemessen.
- Sprechen Sie langsam und ruhig.
- Artikulieren Sie deutlich und laut.
- Schauen Sie die Zuhörer an.
- Achten Sie auf Ihre Gestik (Arme, Hände, Finger).
- Denken Sie an Ihre Mimik (Gesicht).
- Beachten Sie Ihre Haltung (Beine, Oberkörper, Schultern).
- Stehen Sie fest auf dem Boden.
- Bleiben Sie ruhig und wippen Sie nicht hin und her.
- Formulieren Sie möglichst frei.
- Nutzen Sie ggf. Karteikarten DIN A6 als Merkhilfen (Günther Jauch macht es auch so!).

Wenn das Lampenfieber Sie packt:

Lampenfieber

Entscheidend ist, dass das Unterbewusstsein Ihre Präsentation als ein positives, angenehmes Erlebnis erkennt. Nicht Furcht darf erlebt werden, sondern Freude am Erfolg. Machen Sie deshalb Ihren Auftritt zu einem angenehmen, angstfreien Erlebnis. Aber wie geht das?

- Nutzen Sie jede Chance, um zu präsentieren. Die Furcht vergeht mit der Zeit und Sie werden immer sicherer.
- Lernen Sie mit der Furcht umzugehen, wenn sie Sie überfällt.
- Seien Sie stets gut vorbereitet.
- Übernehmen Sie jedoch keine Präsentation, wenn Sie sich (z. B. im Stoff) nicht fit genug fühlen.
- Achten Sie darauf, dass Sie nicht noch zusätzlich (z. B. vor Beginn der Präsentation) in Stress geraten.
- Meditieren Sie lieber.
- Nutzen Sie Entspannungsübungen.
- Tanken Sie frische Luft.

Üben. Üben. Üben. Dann werden Sie wie von selbst immer sicherer und können immer selbstbewusster auftreten.

Das bringt Sie weiter

8 Sammeln Sie wertvolle Erfahrungen im Praktikum

Prüfen bringt Sicherheit. Prüfen Sie die Praxis und gewinnen Sie Sicherheit in der Berufswahl. Lassen Sie sich durch die Praxis prüfen und gewinnen Sie Sicherheit für das Arbeitsleben.

Gründe
- Vielleicht müssen Sie ein Praktikum absolvieren, weil es die Studienordnung vorsieht.
- Vielleicht müssen Sie ein Vorpraktikum ableisten, um überhaupt zu einem Studiengang zugelassen zu werden.
- Vielleicht wollen Sie freiwillig ein Praktikum machen, um in die Arbeitswelt hineinzuschnuppern, berufliche Kontakte anzubahnen oder Ihre theoretischen Kenntnisse in der Praxis zu erproben.
- Vielleicht wollen Sie einfach sinnvoll Zeit überbrücken, weil Sie nicht sofort eine Anstellung bekommen.
- Vielleicht ist ein Praktikum eine gute Möglichkeit, einen interessanten Auslandsaufenthalt zu finanzieren.

Es gibt viele gute Gründe für ein Praktikum ... und es gibt einen ganz klaren Grund gegen ein Praktikum: Wenn Sie keine neuen Erfahrungen sammeln, sondern nur schnell viel Geld verdienen wollen.

Natürlich können Sie für Ihre Arbeit in einem Praktikum bezahlt werden. Es gibt auch einige Unternehmen, die Ihre Praktikanten sehr gut bezahlen und es ist auch legitim, mit dem Unternehmen darüber zu verhandeln. Die meisten Praktikanten machen jedoch die Erfahrung, dass Sie den Wert Ihrer Leistung im Praktikum keineswegs an der Höhe Ihrer monetären Entlohnung messen dürfen, sonst wären Sie sehr enttäuscht.

Der wirkliche Gewinn und Ihr Hauptlohn im Praktikum ist der Erfahrungszuwachs.

Teil der Ausbildung
Egal, ob Sie ein Vorpraktikum, ein freiwilliges Praktikum oder ein Anerkennungsjahr absolvieren – jedes Praktikum wird vom Gesetzgeber als Ausbildungszeit gewertet. Ihre Praktikumszeit in einem Unternehmen muss daher auch einen Ausbildungscharakter haben. Das Unternehmen darf Sie daher nicht als Ersatz für einen festen Mitarbeiter zur Verrichtung täglicher Aufgaben einsetzen. Praktikantenstellen sind also immer zusätzliche Stellen und müssen die Möglichkeit bieten, betriebliche Abläufe und ein Unternehmen in seiner Gesamtstruktur kennenzulernen.

Tipp
Sie machen das Praktikum gar nicht freiwillig und finden es eigentlich völlig überflüssig?

Versuchen Sie doch, das Praktikum als Ihren ersten Schritt auf der Karriereleiter zu sehen und gestalten Sie es aktiv als wertvolle Zusatzqualifizierung.

8.1 | Profitieren Sie von Ihrem Praktikum

Erfahren Sie, was Ihnen ein Praktikum bieten kann.

    Um wirklich etwas von einem Praktikum zu haben – müssen Sie wissen, was Sie haben wollen. Und um realistische Ziele entwickeln zu können, müssen Sie wissen, was Sie haben können.

Nutzen

Praktika vor der Aufnahme eines Studiums bieten eine reale Vorstellung von dem Arbeitsalltag in dem angestrebten Beruf:

- Das Praktikum hilft Ihnen bei der beruflichen Orientierung.
- Das Praktikum bietet Ihnen die Möglichkeit, die für ein bestimmtes Studium notwendigen Kompetenzen zu festigen.

Vorpraktikum

Praxiserfahrung im Grundstudium kann sehr hilfreich sein, um theoretische Inhalte etc. in der Praxis zu erfahren und besser zu verstehen.

- Im Praktikum können Sie die Möglichkeiten, aber auch die Risiken von Methoden kennenlernen.
- Im Praktikum erleben Sie Gesamtprozesse und -abläufe, von denen Sie im Studium nur Ausschnitte kennengelernt haben.

Im Grundstudium

Praxiszeiten im Hauptstudium bieten Ihnen in erster Linie die Möglichkeit, das erworbene Wissen in der Praxis auszuprobieren.

- Das Praktikum deckt persönliche Stärken und Schwächen auf.
- Das Praktikum bietet Ihnen Anhaltspunkte, um den Studienschwerpunkt noch einmal zu überprüfen.
- Das Praktikum bietet Ihnen eine gute Möglichkeit, Kontakte für die Zeit nach dem Studium zu knüpfen.

Im Hauptstudium

Praktika nach dem Studium sind nicht ungefährlich. Viele Studenten erhoffen sich von einem Praktikum einen leichteren Berufseinstieg. Aber viele Unternehmen nutzen die schwierige Arbeitsmarktlage aus und ersetzen teure Mitarbeiter durch billige Praktikanten.

    Mit einer guten Zielvereinbarung (vgl. Abschnitt 8.4) kann das Praktikum dennoch von Vorteil sein.

- Das Praktikum kann Ihre erste Probezeit sein – die Übernahme ist möglich!
- Das Praktikum kann eine sehr gute Möglichkeit sein, Zusatzqualifikationen zu erwerben.
- Mit dem Praktikum können Sie Ihre Praxistauglichkeit verbessern.
- Mit dem Praktikum können Sie Ihre Chancen auf dem Arbeitsmarkt testen.
- Nach dem Studium sollten Sie nicht mehr als zwei Praktika hintereinander absolvieren. Suchen Sie dann lieber nach Trainee-Stellen.
- Ausgesuchte Aushilfsjobs können auch Erfahrungen bringen und machen sich, ebenso wie Trainee-Stellen, gut im Lebenslauf.

Nach dem Studium

Das bringt Sie weiter

8.2 | Finden Sie Ihre ideale Praxisstelle

Nutzen
Erfahren Sie, welchen Einfluss Sie auf den Erfahrungswert Ihres Praktikums nehmen können.

Praktikum ist nicht gleich Praktikum. Zum großen Teil liegt es an den Unternehmen, welche Erfahrungen Sie im Praktikum machen können. Aber Sie können dies auch selbst mit beeinflussen.

Ganz wichtig: Fangen Sie mit der Suche nach der Praxisstelle frühzeitig an! Große Unternehmen haben oft Praktikantenprogramme und planen dafür ein Jahr im Voraus.

Bevor Sie sich auf die Suche nach einem geeigneten Unternehmen machen, müssen Sie unbedingt Ihre persönlichen Voraussetzungen und Ziele klären:

Interessen und Ziele
- Wo liegen Ihre fachlichen und persönlichen Interessen?
- Welche Erfahrungen haben Sie bereits in der Praxis erworben?
- Wo fehlen Ihnen praktische Erfahrungen?
- Welche Tätigkeiten machen Sie besonders gerne?
- Gibt es konkrete Kompetenzen, die Sie erwerben möchten, um altbekannte Schwächen loszuwerden?
- Was erwarten Sie von dem Praktikum?
- In welche Unternehmensarten haben Sie schon mal reinschnuppern können?
- Haben Sie besonderes Interesse an einem konkreten Unternehmen?

Voraussetzungen
Sie sollten unbedingt Ihre persönliche Voraussetzungen und Rahmenbedingungen beachten:
- Können Sie sich ein unbezahltes Praktikum leisten?
- Wie viel Zeit können Sie investieren?
- Welche Vorgaben gibt es in der Studienordnung?
- Welche Wegstrecken können Sie bewältigen?

Suche
Nun brauchen Sie gezielte Informationen über die in Frage kommenden Unternehmen.

Hilfreich sind Recherchen im Internet. Manche Firmen stellen auch ihre Praktikantenprogramme auf der Homepage vor. Fragen Sie auch Mitarbeiter, die Sie kennen, und scheuen Sie sich nicht, in den Unternehmen anzurufen, um Folgendes herauszubekommen:
- Wie groß ist das Unternehmen (Mitarbeiter, Abteilungen etc.)?
- Wie sieht die Organisationsstruktur aus? Wie viele Hierarchieebenen gibt es?
- Was tun die eigentlich genau? Erfragen Sie die genauen Arbeitsbereiche des Unternehmens.
- Wie wirkt die Außendarstellung des Unternehmens auf Sie? Erkennen Sie die Unternehmensphilosophie? Gibt es ein Leitbild?
- Wie etabliert oder innovativ ist das Unternehmen?

Hilfreich für die Suche nach einer guten Praxisstelle sind Praxisbörsen oder andere Sammelstellen. Die Unternehmen, die hier ausschreiben, suchen Praktikanten. Das erspart Ihnen schon mal die Kontaktaufnahme zu Unternehmen, die gar nicht an Praktikanten interessiert sind.

Praktikumsbörsen

Oft finden Sie hier auch den richtigen Ansprechpartner im Unternehmen und die Bewerbungsvoraussetzungen.

Nutzen Sie daher:
- Praktikumsbörsen von Hochschulen, auf Messen und im Internet (geben Sie einfach mal den Begriff »Praktikumsplätze« bei Google ein),
- Websites der Unternehmen,
- Websites von Stiftungen,
- Alumni-Netzwerke der Hochschulen,
- Veröffentlichungen der Wirtschaftspresse,
- Schwarze Bretter in den Hochschulen,
- Prüfungsämter (hier finden Sie oftmals eine Zusammenstellung der bisherigen Praxisstellen von Studierenden),
- BIZ (Berufsinformationszentren),
- persönlich Kontakte (besonders die Studierenden der höheren Semester haben oft wertvolle Kontakte),
- Ihre Professoren: Sie kennen viele Praxisstellen aus den Praxisberichten und können Ihnen gute Hinweise geben.

Nutzen Sie die im Kapitel 12 gegebenen Tipps und Informationen zu Bewerbungen.

Bewerben

Nutzen Sie zusätzlich auch die unzähligen Seiten im Internet oder die ausgezeichnete Fachliteratur. Die »CoachAcademy« bietet speziell für die Bewerbung um einen Praktikumsplatz ein sehr umfassendes und hilfreiches Booklet an, das Sie kostenlos herunterladen können (unter: http://www.coachacademy.de, »Mediacenter«, »E-Booklets«, E-Booklet No. 7 »Tipps zum Praktikum«, 24.5.2007).

Wussten Sie übrigens, dass sich auch die Europäische Union mit Bewerbungen befasst hat? So hat z. B. das Europäische Zentrum für die Förderung der Berufsbildung (CEDEFOP) einen standardisierten »Europass-Lebenslauf« entwickelt. Auf der Seite http://europass.cedefop.europa.eu/finden Sie nicht nur eine Word-Vorlage dafür, sondern auch einige weitere Vorlagen für international nutzbare Bewerbungen. Wenn Sie auch an Auslandspraktika denken, sollten Sie sich auf jeden Fall auf den Seiten der EU umschauen. Auch wenn Sie sich gar nicht mehr offiziell bewerben müssten, weil der Kontakt schon anders hergestellt wurde – bedenken Sie, jede Bewerbung, die Sie verfassen und zu der Sie eine Rückmeldung bekommen, ist eine gute Übung.

Sie können von den Praxiserfahrungen anderer profitieren und auch andere Studierende an Ihren Erfahrungen teilhaben lassen. Auf der Seite http://www.students-at-work.de finden Sie unter »Rund ums Praktikum« nicht nur gute Praxistipps, sondern können Ihre Praktikumsstelle bewerten und die Bewertungen anderer lesen.

Das bringt Sie weiter

8.3 | Kennen Sie Ihre Rechte und Pflichten im Praktikum?

Nutzen   Lernen Sie Ihre Rechte und Pflichten im Praktikum kennen. Dann können Sie gut gerüstet in Ihre Praxiszeit gehen.

Pflichtpraktikum   Praktikum ist nicht gleich Praktikum. Praktika werden vom Arbeits- und Sozialrecht unterschiedlich behandelt. Die Art des Praktikums entscheidet darüber, welche rechtlichen Grundlagen gelten.

Die folgende Tabelle bietet eine **Übersicht für Pflichtpraktika:**

	Pflichtpraktikum vor dem Studium	Pflichtpraktikum während des Studiums
Arbeitsrecht	kein normales Arbeitsverhältnis, sondern Teil der Ausbildung	normales Arbeitsverhältnis mit allen Arbeitnehmerrechten
Urlaub	keinen Anspruch, kann aber verabredet werden	Urlaubsanspruch
Krankheit	Krankmeldung ist Pflicht, alleine schon wegen der erforderlichen Praxistage	Krankmeldung ist Pflicht, alleine schon wegen der erforderlichen Praxistage
Bezahlung	möglich, wird 1:1 auf BAföG angerechnet, Einkommensgrenzen bei Wohngeld und Waisenrente.	möglich, Sonderregelungen für Mini- und Midi-Jobs sowie kurzfristige Beschäftigung, wird auf BAföG angerechnet, Einkommensgrenzen bei Wohngeld, Waisenrente und ALG II.
Lohnfortzahlung	muss für Urlaub und Krankheit vertraglich vereinbart werden	wenn bezahlt, dann besteht ein Rechtsanspruch
Steuerrecht	gilt als Einkommen	gilt als Einkommen
Sozialversicherung	keine Beiträge, bei einer Vergütung über 400 € keine Familienversicherung mehr.	Beiträge in alle Sozialversicherungen, bei einer Vergütung über 400 € keine Familienversicherung mehr.

Die oben angeführten Bestimmungen gelten nur für die in der Studienordnung vorgeschriebenen Zeiten. Wenn Sie also die Pflichtzeit des Praktikums überschreiten und z. B. statt der vorgeschriebenen acht Wochen, zehn Wochen leisten, gelten ab diesem Zeitpunkt, hier also für die letzten zwei Wochen, die Bestimmungen für ein freiwilliges Praktikum. Dies sollten Sie beim Abschluss des Praktikumvertrages klären.

Die folgende Tabelle bietet eine **Übersicht für freiwillige Praktika:**

	Freiwilliges Praktikum während des Studiums	Freiwilliges Praktikum nach dem Studium
Arbeitsrecht	normales Arbeitsverhältnis mit allen Arbeitnehmerrechten	normales Arbeitsverhältnis mit allen Arbeitnehmerrechten
Urlaub	Urlaubsanspruch	Urlaubsanspruch
Krankheit	Krankmeldung ist Pflicht	Krankmeldung ist Pflicht
Bezahlung	möglich, Sonderregelungen für Mini- und Midi-Jobs sowie kurzfristige Beschäftigung, wird 1:1 auf BAföG angerechnet, Einkommensgrenzen bei Wohngeld und Waisenrente.	möglich, Sonderregelungen für Mini- und Midi-Jobs sowie kurzfristige Beschäftigung, Einkommensgrenzen bei Wohngeld, Waisenrente und ALG II.
Lohnfortzahlung	wenn bezahlt, dann besteht ein Rechtsanspruch	Rechtsanspruch
Steuerrecht	gilt als Einkommen	gilt als Einkommen
Sozialversicherung	Rentenversicherungsbeiträge **Achtung**: Bei mehr als 20 Std. wöchentlich, länger als 2 Monate und während der Vorlesungszeiten fallen alle Sozialversicherungsbeiträge an. Bei einer Vergütung über 400 € keine Familienversicherung mehr	Beiträge in alle Sozialversicherungen, bei einer Vergütung über 400 € keine Familienversicherung mehr.

Vertiefende Hinweise zu den gesetzlichen Regelungen im Praktikum finden Sie unter: www.students-at-work.de und in der dort herunterladbaren Broschüre der DGB-Jugend »Rechte und Pflichten im Praktikum, Tipps und Informationen für Studierende und AbsolventInnen«.

Darin ist auch ein Modellvertrag enthalten.

Natürlich wollen Sie nach dem Praktikum eine Rückmeldung über Ihre Leistungen. Einerseits für sich selbst, um sich besser einschätzen zu können, aber auch als Nachweis für spätere Bewerbungen etc.

Als Praktikant haben Sie immer einen Anspruch auf ein einfaches Zeugnis.

Wenn es auch Zeugnis heißt (und auch unbedingt diese Überschrift haben sollte), so ist es eigentlich nicht mehr als ein Nachweis Ihrer Praxistätigkeit und sagt wenig über Ihre Leistung aus.

Ein **einfaches Zeugnis** muss folgende Angaben enthalten:

- Namen und Sitz des Unternehmens,
- Ihren Namen, Geburtsdatum und Wohnsitz,
- Namen der Hochschule und Ihres Studiengangs,
- Art der Tätigkeit im Praktikum,
- Ihre Einsatzbereiche im Unternehmen,
- Beginn und Dauer des Praktikums.

Sie wollen jedoch, dass in Ihrem Zeugnis mehr steht, als nur, wo und wie lange Sie in der Praxis waren. Das Zeugnis soll auch darstellen, wie Sie Ihre Aufgaben im Unternehmen gemeistert haben. Schließlich soll es ja eine Empfehlung für Sie sein.

Daher lohnt es sich auf jeden Fall, nach einem sogenannten qualifizierten Zeugnis mit ausführlicheren Informationen zu fragen.

Das **qualifizierte Zeugnis** enthält zusätzlich:

- Ihre Einsatzbereiche und Tätigkeiten einzeln aufgezählt,
- eine Bewertung Ihrer Gesamtleistung,
- eine Bewertung der gezeigten Einzelleistung,
- eine Bewertung Ihrer Schlüsselkompetenzen bzw. überfachlichen Fähigkeiten (wie Auffassungsgabe, Konfliktfähigkeit, Kooperationsvermögen),
- eine Bewertung der gezeigten Einstellung (Interesse, Freundlichkeit, Kontaktfreudigkeit),
- eine Auflistung der selbstständig übernommenen Projekte oder eigenständig erfüllten Aufgaben,
- und, wenn geplant, den Hinweis auf die Möglichkeit einer weiteren Zusammenarbeit.

Beide Zeugnisformen sollten auf jeden Fall mit einem Satz abschließen, aus dem ersichtlich wird, dass Sie dieses Praktikum in gutem Einvernehmen beendet haben (z. B. gute Wünsche für die Zukunft).

Worauf Sie bei einem guten Zeugnis achten sollen und wie Sie es selbst entschlüsseln können, finden Sie in dem bereits erwähnten Booklet der CoachAcademy (www.coachacademy.de, vgl. Abschnitt 8.2) und natürlich auch in der entsprechenden Fachliteratur.

Kündigung Natürlich hoffen wir nicht, dass Sie kündigen müssen oder Ihnen gekündigt wird. Der Praktikumsvertrag ist normalerweise ein befristeter Vertrag, der mit dem Ablauf der vereinbarten Zeit automatisch endet.

Eine Kündigung ist also Ausdruck von Unzufriedenheit, und zwar in einem solchen Ausmaß, dass eine weitere Zusammenarbeit nicht möglich ist.

Bei den Pflichtpraktika regelt die Studienordnung, welche Möglichkeiten es gibt und wie Sie zu handhaben sind, um ein Praktikum vorzeitig zu beenden. Beachten Sie, dass eine solche Beendigung auf jeden Fall

Auswirkungen auf den weiteren Verlauf Ihres Studiums hat. Möglicherweise verlieren Sie dadurch mehr als ein Semester oder Ihnen fehlen wichtige Voraussetzungen für andere Prüfungen.

Ein freiwilliges Praktikum kann auf drei Arten beendet werden:

Für die **ordentliche Kündigung** ist es notwendig, dass diese Möglichkeit im Praktikumsvertrag vorgesehen ist. Der Praktikumsvertrag ist ja von vornherein befristet.

Sinnvoll ist es daher auf jeden Fall, eine Probezeit in den Vertrag aufzunehmen, in der die Zusammenarbeit erprobt und gegebenenfalls einfach beendet werden kann.

Ihr Praktikumsgeber und Sie sind sich einig. Es geht einfach absolut nicht mehr weiter. Dann schließen Sie einen gemeinsamen Vertrag, den sogenannten **Aufhebungsvertrag,** in dem Sie das Ende des Praktikums vereinbaren. Wenn Ihr Chef Ihnen einen solchen Vertrag vorschlägt und Sie eigentlich gar nicht damit einverstanden sind, sollten Sie es dennoch in Erwägung ziehen, ihn zu unterschreiben. Andernfalls wird Ihnen die Kündigung ausgesprochen und die wirkt im Lebenslauf nun gar nicht gut.

Die **fristlose Kündigung** ist wirklich der absolute »Härtetest« unter den Praxiserfahrungen und sollte Ihnen eigentlich im Praktikum erspart bleiben. Ganz selten kommt es vor, dass es für Sie unzumutbar wäre, das Praktikum fortzusetzen (z. B. bei sexueller Belästigung durch Vorgesetzte oder wenn Sie zu kriminellen Handlungen aufgefordert werden). Anderseits kann es auch für das Unternehmen unzumutbar werden, Sie weiter zu beschäftigen (z. B. wenn Sie Ihren Arbeitgeber in wichtigen Belangen belügen, Unternehmensgeheimnisse ausplaudern oder Unternehmenseigentum entwenden). Übrigens gehören auch unerlaubte Kopien in hoher Zahl, das private Surfen im Internet oder das private Telefonieren während der Arbeitszeit zu dem Tatbestand der Entwendung von Unternehmenseigentum.

Schauen Sie sich einmal die Seite www.praktika.de genauer an.

Das bringt Sie weiter

8.4 | Gehen Sie niemals ziellos in das Praktikum

Nutzen Erfahren Sie, wie Sie Ihre Ziele im Praktikum auch wirklich erreichen können.

Erinnern Sie sich: Bei den Vorüberlegungen zu einer idealen Praxisstelle sollten Sie sich über Ihre Ziele und Ihre Erwartungen an ein Praktikum klar werden. Nun geht es darum, diese Ziele auch wirklich zu erreichen.

Ziele konkretisieren Wenn Sie einige Informationen über das Unternehmen gesammelt haben, bei dem Sie Ihr Praktikum absolvieren wollen, werden Ihnen sicherlich Bereiche und Aufgaben auffallen, die Ihnen besonders interessant erscheinen. Haben Sie besondere Wünsche, in welchen Unternehmensbereichen Sie Erfahrung sammeln wollen? Möchten Sie bestimmte Aufgaben unbedingt einmal selbstständig erfüllen?

Vorstellungen aussprechen **Sprechen Sie Ihre Wünsche und Vorstellungen vor dem Beginn Ihres Praktikums an.** Es gefällt Führungskräften, wenn Sie erkennen, dass Sie sich mit dem Unternehmen beschäftigt haben. Auch Eigeninitiative ist gerne gesehen. Vielleicht hat das Unternehmen andere Vorstellungen, wie Sie Ihr Praktikum absolvieren sollen. Aber denken Sie daran: Ihr Hauptlohn sind Ihre Lernerfahrungen, also sollten Sie sich für Ihren Lohn auch engagieren und Ihre Interessen vertreten.

Unternehmen, in denen häufig Praktikanten sind, haben bereits vielfältige Erfahrungen gesammelt und oft werden diese in komplexe Praktikakonzepte umgesetzt. Wenn Ihnen der Ablauf eines Praktikums nicht verständlich ist, dann fragen Sie nach dem Lernziel. Liegt ein gutes Praxiskonzept vor, wird man Ihnen darauf schlüssige Antworten geben können. Sonst ist es hier immer noch der richtige Zeitpunkt, um die unterschiedlichen Vorstellungen zu klären.

Zielvereinbarung Für viele Pflichtpraktika gibt es Richtlinien, was in der Praxiszeit erreicht werden soll. Zwischen Ihnen und dem Unternehmen werden zur Umsetzung dieser Richtlinien Zielvereinbarungen getroffen und schriftlich festgehalten. Darin werden die Unternehmensbereiche, die Sie kennen lernen werden, die Aufgaben, die Sie im Praktikum zu erfüllen haben, und die speziellen Kenntnisse, die Sie erwerben sollen, festgelegt. Es wird vonseiten des Unternehmens erklärt, wer Sie dabei unterstützt und wie das geschieht, also, wie die Praxisanleitung aussehen wird.

Auch wenn Sie kein Pflichtpraktikum absolvieren, sollten Sie auf ein Zielvereinbarungsgespräch bestehen und auch darauf, dass Ihre Absprachen schriftlich festgehalten werden.

Die Zielvereinbarung sollte folgende Punkte klären:

- Welche Bereiche des Unternehmens lernen Sie in welcher Reihenfolge kennen?
- Wie lange bleiben Sie in den einzelnen Bereichen oder Abteilungen?

- Welche Kenntnisse möchten Sie erwerben, vertiefen, erweitern?
- Welche Einsichten bekommen Sie, bei welchen Sitzungen sind Sie dabei (besonders wichtig bei der Arbeit mit vertraulichen Unterlagen)?
- Welche Aufgaben werden Sie übernehmen?
- Wer leitet Sie bei den Aufgaben an und steht für Rückfragen zur Verfügung?
- Wie und von wem bekommen Sie Rückmeldungen über Ihre Leistungen?
- Wer ist Ihr Ansprechpartner bei Problemen, Konflikten etc.?
- In welchen Abständen und zu welchen Terminen haben Sie Reflexionsgespräche?

Eine gute Praxisanleitung, die eine persönliche Einführung, einen Coach, schriftliche Informationen, Schulungen etc. umfasst, erfüllt vier Funktionen: **Praxisanleitung**

Lehren: Ihnen werden das notwendige Wissen und die notwendigen Kenntnisse vermittelt. Sie erhalten die Anregung, diese in der Praxissituation anzuwenden und zu erproben.

Beraten: Sie werden in der Bewältigung des Arbeitsalltages beraten und zur Reflexion Ihres Selbstverständnisses in der Arbeitswelt angeregt.

Administration: Die Praxisanleitung strukturiert Ihre Praxiserfahrungen und ordnet Ihre Tätigkeiten in den organisatorischen Rahmen des Unternehmens ein. Dazu gehört die Beachtung rechtlicher Aspekte.

Beurteilen: Die Praxisanleitung beobachtet Ihre Lernprozesse und beurteilt sie im Hinblick auf die gesetzten Ziele (dazu ist es wiederum sehr wichtig, eine konkrete Zielvereinbarung zu haben).

Wenn Sie Glück haben, geraten Sie an einen erfahrenen und kompetenten **Praxisanleiter,** der ganz von alleine weiß, was Sie als Praktikant brauchen. Aber machen Sie sich keine Illusionen. Den »Superlehrercoachorganisator« gibt es wirklich nur sehr selten. Oft werden Mitarbeiter zu Praxisanleitern gemacht, ohne dass Sie darauf vorbereitet wurden. »Ach, Frau Müller, das ist Frau XY, unsere Praktikantin von der Uni. Zeigen Sie Ihr doch mal, wie das hier bei uns so läuft …«.

Und nun? Ja, nun sind Sie gefragt. Sagen Sie Frau Müller, was Sie möchten (z. B. »Ich würde gerne mitbekommen, wie Sie so eine Anmeldung durchführen«). Bitten Sie Frau Müller um konkrete Hinweise oder Kritik (z. B. »Ich möchte gerne einen der nächsten Anträge einmal selbst vorbereiten. Können Sie mir dann sagen, ob ich es richtig gemacht habe und mir ein paar Tipps geben?«). Und geben Sie Frau Müller auch eine Rückmeldung, wenn die Praxisanleitung gut funktioniert. Denn in diesem Fall lernt auch Frau Müller etwas.

Wenn Ihnen kein Betreuer zur Seite gestellt wird, suchen Sie sich aktiv jemanden. Sprechen Sie Ihren Vorgesetzten an und bitten Sie ihn dabei um Unterstützung. Machen Sie ruhig konkrete Vorschläge, wenn Sie dabei an einen bestimmten Mitarbeiter denken. **Das bringt Sie weiter**

8.5 | So gelingt Ihr Praktikum garantiert

Nutzen Das Praktikum ist eine Bewährungsprobe – eine Prüfung. Erfahren Sie, wie Sie diese Prüfung bestehen können.

Erster Auftritt **Der erste Auftritt beeinflusst Ihre Akzeptanz im Unternehmen stärker**, als Sie vielleicht glauben. Praxiszeit ist eine Zeit des Beobachtens und beobachtet werden. Was meinen Sie, wie viele Mitarbeiter sich schon ein Bild von Ihnen gemacht haben, bevor Sie Ihnen auch nur guten Tag gesagt haben.

Überlegen Sie, wie Ihre äußere Erscheinung wirkt, und überlegen Sie, ob dies in das Unternehmen passt. Wenn Sie immer nach der neuesten Mode gekleidet sind und dabei auch vor interessanten Experimenten keine Scheu haben, kommt das in der innovativen Internetbranche bestimmt gut an – aber im Altenheim oder in der Bank? Lieber nicht.

Wenn es keine Kleiderordnung gibt (ja, das gibt es immer noch!), dann schauen Sie, wie die anderen Mitarbeiter gekleidet sind. Achten Sie dabei auf die Grundprinzipien: z.B. alle wirken seriös und sachlich oder alle sind leger, aber unauffällig gekleidet. Es geht nicht darum, dass Sie zur grauen Maus werden oder sich verkleiden müssen, aber Sie wollen anerkannt werden und da liegt es in Ihrer Verantwortung, nicht von vornherein Ablehnung zu provozieren.

Kontakte Sie müssen nicht der Mittelpunkt der Aufmerksamkeit im Unternehmen werden. Aber Sie wollen doch auch nicht völlig unbeachtet bleiben. Gehen Sie mit offenem Blick durch die Flure, grüßen Sie die Mitarbeiter und stellen Sie sich Mitarbeitern, denen Sie zum ersten Mal begegnen vor. Nutzen Sie die Kantine, die Kaffeeküche oder den gemeinsamen Pausenraum. Dort fällt es besonders leicht, auch Kontakte zu den Mitarbeitern zu knüpfen, mit denen Sie nicht unmittelbar zusammenarbeiten. Sie bekommen dort viele Einblicke in die inoffiziellen und informellen Abläufe in einem Unternehmen. Und die können Ihnen manchmal ein sehr genaues Bild über die Umsetzung eines Leitbildes oder die Akzeptanz einer Firmenphilosophie vermitteln.

Kommunikation Einige Tipps für die Kommunikation:
- Dackeln Sie Ihren Kollegen nicht stumm hinterher, nutzen Sie die Zeit während der notwendigen Gänge z.B. für Fragen.
- Stehen Sie nicht sprachlos in Gesprächsrunden. Beteiligen Sie sich an den Gesprächen.
- Bleiben Sie distanziert und achten Sie auf die allgemeinen Kommunikationsregeln. Auch bei flachen Hierarchien sollten Sie Ihren Vorgesetzten nicht mit »Hi!« begrüßen oder gar duzen. Es sei denn, es ist ausdrücklich erwünscht.
- Beteiligen Sie sich nicht am Gerede hinter dem Rücken anderer Mitarbeiter. Wenn Sie in eine solche Situation hineingeraten, gehen Sie einfach. Wenn Sie aktiv einbezogen werden, sagen Sie, dass es Ihnen als

Praktikant nicht zusteht, über andere Mitarbeiter zu reden. Damit zeigen Sie klar und deutlich Ihre Grenze, ohne dass die anderen ihr Gesicht verlieren.

Zeigen Sie, dass Sie für verantwortungsvolle Aufgaben reif sind. Seien Sie absolut zuverlässig. Dazu gehört es, Aufgaben sorgfältig zu erfüllen, Terminabsprachen einzuhalten und Regeln zu beachten.

Wenn es Ihnen aus einem bestimmten Grund nicht möglich ist, einen Termin einzuhalten, dann sagen Sie das rechtzeitig. Nennen Sie den Grund und sagen klar, wann Sie stattdessen mit der Aufgabe fertig sein werden. Auch das rechtzeitige Informieren über nicht einzuhaltende Termine ist Ausdruck von Zuverlässigkeit.

Zuverlässigkeit

Wer lernt, macht Fehler und darf auch Fehler machen. Stehen Sie zu Ihren Fehlern. Zeigen Sie Rückgrat und Selbstbewusstsein, indem Sie um Hilfe und Anregungen bitten, damit Sie es beim nächsten Mal besser machen können. Noch besser wirkt es, wenn Sie aktiv Vorschläge zur eventuellen Schadensbegrenzung oder Ausbesserung machen. Es erscheint Ihnen vielleicht einfacher, nach einer Ausrede für eine nicht erfüllte oder falsch ausgeführte Aufgabe zu suchen. Aber wenn Ihre Ausrede auffliegt, wirkt das nicht sehr verantwortungsbewusst.

Fehler eingestehen

Gar keinen Gefallen tun Sie sich damit, Fehler auf andere Mitarbeiter abzuwälzen. Sie machen sich damit nicht nur die weitere Zusammenarbeit mit diesem Mitarbeiter schwer, sondern überzeugen auch Ihren Vorgesetzten ganz schnell davon, dass Sie nicht bereit sind, wirklich Verantwortung zu tragen, und es mit Ihrer Ehrlichkeit auch nicht weit her ist.

Wenn Sie im Vorfeld einer Aufgabe erkennen, dass diese Aufgaben für Sie nicht zu bewältigen ist oder Sie schwere Fehler befürchten, sprechen Sie auch das offen und frühzeitig an. Klären Sie, in welchem Ausmaß Sie die Verantwortung tragen können und wo Sie Unterstützung brauchen.

Wenn Sie mitten im Praktikum erkennen, dass es in dem Unternehmen zwar ganz nett ist, aber die Arbeit selbst Ihnen eigentlich gar keinen Spaß macht, dann geben Sie nicht auf. Nehmen Sie das Praktikum als Bewährungsprobe, mal eine überschaubare Zeit lang den manchmal grauen Arbeitsalltag auszuhalten. Erproben Sie, wie Sie einen Acht-Stunden-Tag erträglich gestalten können. Und versuchen Sie herauszufinden, warum die Arbeit keinen wirklichen Spaß macht. Das bringt Ihnen wertvolle Informationen für Ihre weitere Berufslaufbahn.

Das bringt Sie weiter

8.6 | Meistern Sie Probleme im Praktikum

Nutzen Lesen Sie hier, wie Sie mit typischen Problemen im Praktikum umgehen können.

Der Alltag im Praktikum bietet viele Chancen, neue Erfahrungen zu sammeln. Manche davon sind nicht angenehm und daher nicht einfach zu verkraften.

Mögliche Probleme **Keiner ist für Sie zuständig**
Egal, wen Sie mit Ihrem Problem ansprechen, keiner fühlt sich zuständig. Jeder schickt Sie woanders hin und eigentlich hört auch keiner richtig zu.

Dann sollten Sie sich an Ihren Praxisanleiter wenden. Bitten Sie um ein kurzfristiges Gespräch und teilen Sie mit, dass Sie Ihre Aufgaben nicht erledigen können, wenn Sie Ihre Fragen nicht klären können. Bitten Sie Ihren Praxisanleiter, Ihnen jeweils konkret den Ansprechpartner für eine bestimmte Aufgabe zu nennen. Bitten Sie ihn notfalls auch, den betreffenden Mitarbeiter daran zu erinnern.

Sie dürfen immer nur zuschauen und bekommen keine konkreten Aufgaben
Das ist ein Thema für das Reflexionsgespräch mit Ihrem Vorgesetzten. Sie können jedoch auch selbst aktiv werden: Fragen Sie konkret, welche Aufgaben zu tun sind. Fragen Sie einen Mitarbeiter, ob Sie ihm bei seiner Aufgabe helfen können. Und fragen Sie auch ruhig: »Kann ich das jetzt mal übernehmen?«

Immer nur Kaffee kochen oder Hiwi-Arbeiten
Am Anfang ist das ja ganz in Ordnung. Auch Kaffeekochen gehört halt dazu, aber es darf nicht dabei bleiben. Je länger Sie im Unternehmen sind, umso mehr Aufgaben sollten Sie übernehmen dürfen.

Drehen Sie den Spieß doch einmal um: »Herr Maier, ich hätte da einen Vorschlag. Sie entspannen sich ein wenig beim Kaffeekochen und ich berechne mal den Preis für das Angebot. Dann können wir anschließend gemeinsam bei einer Tasse Kaffee das Ergebnis anschauen«. Sollte der Wink mit dem Zaunpfahl nicht helfen, sprechen Sie Ihren Vorgesetzten an und bitten Sie ihn um eine eigene Aufgabe oder ein kleines Projekt. Teilen Sie mit, welche Lernerfahrung Ihnen dabei wichtig ist.

Ein heftiger Konflikt mit Kollegen
Konflikte gehören zum Arbeitsalltag dazu. Konflikte sachlich und konstruktiv austragen zu können, gilt als Schlüsselkompetenz. Versuchen Sie, den Konflikt auch als Übungsfeld zu betrachten. Bleiben Sie bei der Sache und kritisieren Sie nicht die Person, sondern ihr Verhalten oder das Arbeitsergebnis. Versuchen Sie, sachlich zu sprechen und Verallgemeinerungen zu vermeiden. »Sie machen immer soviel Druck«, »Sie mit Ihrer ewigen Nörgelei«, das sind Aussagen, die den anderen in die Ecke drän-

gen und zum Gegenangriff starten lassen. Sagen Sie stattdessen: »Es setzt mich stark unter Druck, wenn …« oder »Ich höre viel Kritik von Ihnen«.

Wenn Sie alleine nicht weiterkommen, bitten Sie Ihren Praxisanleiter um Beistand. Bei Konflikten mit Vorgesetzten kann Ihnen auch die Mitarbeitervertretung weiterhelfen.

Übrigens ist jedes Unternehmen nach dem neuen Antidiskriminierungsgesetz (AGG) verpflichtet, eine Stelle anzugeben, bei der Sie sich beraten lassen können, wenn Sie sich diskriminiert fühlen.

Eine erschreckende Entdeckung

Der nette Kollege trinkt heimlich. Der Gruppenleiter hat Kinderpornos in der Aktentasche. Die Kollegin schleppt tütenweise den Kaffee aus der Vorratskammer.

Solche Beobachtungen machen erst mal sprachlos, und dann?

Sollen Sie handeln? Sollen Sie den Mitarbeiter ansprechen?

Nein – das ist nicht Ihre Aufgabe, sondern die des Vorgesetzten. Wenn Sie das Gefühl haben, dass das beobachtete Verhalten schlimme Konsequenzen haben kann, müssen Sie die Verantwortung für Ihre Beobachtung übernehmen und den Vorgesetzten informieren. Wenn der Kollege alle drei Tage zum Abholen der Mitarbeiter aus der Behindertenwerkstätte eingeteilt ist, gefährdet er sie und sich mit seinem Trinken. Wenn schon entdeckt wurde, dass dauernd Kaffee fehlt, kann es sein, dass fälschlicherweise andere Mitarbeiter verdächtigt werden. Ein Mitarbeiter mit Kinderpornos in der Aktentasche ist z.B. in einer Einrichtung mit Kindern schlichtweg untragbar.

Entscheiden Sie nach Ihrem Empfinden und Ihrem Gewissen. Erklären Sie Ihrem Vorgesetzten, warum Sie Ihre Beobachtung mitteilen und was genau Sie gesehen haben. Alles Weitere, die Beurteilung der Sache, die erforderlichen Konsequenzen, überlassen Sie ihm.

Wenn Sie das Gefühl haben, dass eine weitere Zusammenarbeit mit dem betroffenen Kollegen für Sie nicht möglich ist, bitten Sie um die Versetzung in eine andere Abteilung. Da Sie Praktikant sind, kann dies sehr unauffällig geschehen.

Suchen und halten Sie Kontakt zu anderen Praktikanten. In großen Unternehmen gibt es oft Praktikantentreffen. Sie haben aber sicherlich auch in Ihrem Bekanntenkreis Menschen, die sich gerade in der gleichen Situation befinden. Der Austausch mit Ihnen zeigt, dass viele Erlebnisse ganz typisch für eine Praxisphase sind und nicht an Ihrem Unvermögen liegen. Sie können sich über Erlebnisse austauschen und hören, wie andere damit umgehen.

Das bringt Sie weiter

9 Erfahrungen, die Sie fit für jede Prüfung machen

Übung macht den Meister. Und: Drum prüfe, wer sich ewig bindet, ob sich nicht …

Das sind die bekannten Redensarten, die aber Sinn machen. Deshalb: Engagieren Sie sich bereits im Studium und die Wahrscheinlichkeit, dass Ihnen auch die Wahl einer Arbeitsstätte und der Berufseinstieg perfekt gelingen, steigt erheblich.

Engagement Engagieren Sie sich:

- im Auslandssemester,
- in einer studentischen Unternehmensberatung,
- am Lehrstuhl,
- im Alumni-Netzwerk oder
- engagieren Sie sich einfach so.

Nutzen Exzellente Mitarbeiter sind noch nie vom Himmel gefallen. Beispielsweise die Fähigkeit, Menschen zu führen, muss entdeckt und entwickelt werden. Studentisches Engagement ist eine perfekte Möglichkeit, um »Entwicklungshilfe« zu bekommen, z. B.:

- eigenständig arbeiten,
- im Team arbeiten,
- sich in Berufsfelder einarbeiten können,
- die Kommunikation verbessern,
- Konfliktmanagement lernen,
- Netzwerke knüpfen,
- Projektarbeit kennenlernen,
- Verantwortung übernehmen.

9.1 | Arbeiten Sie als studentischer Mitarbeiter

Sie vertiefen Ihre organisatorischen und fachwissenschaftlichen Fähigkeiten und Fertigkeiten, indem Sie als studentische Mitarbeiter arbeiten.

Nutzen

Viele Lehrstühle, Institute und andere Einrichtungen der Hochschule sind ständig auf der Suche nach Studierenden, die in den Bereichen Lehre und Forschung, Verwaltung etc. als studentische Hilfskräfte mit Interesse, Engagement und Freude mitarbeiten möchten. Spaß an der Umsetzung von Konzepten, Kreativität und Eigenmotivation gehören hier dazu. Also eigentlich eine ganze Menge. Und was wird im Gegenzug geboten?

Wanted!

Nein, erwarten Sie jetzt bitte nicht ganz viel Geld. Die Bezahlung der studentischen Hilfskräfte ist in der Regel überschaubar.

Vorteile

Die Vorteile:
- Sie können das gelernte Fachwissen anwenden.
- Sie können das erworbene Fachwissen vertiefen.
- Sie können in anderen Themenfeldern mitwirken, die möglicherweise im regulären Lehrstoff nicht vorkommen.
- Sie bekommen eine größere Übersicht über Fachgebiete und können später besser entscheiden, in welchem Bereich Sie Ihre Berufstätigkeit ausüben möchten.
- Sie haben direkten Kontakt zu Professoren und Assistenten.
- Sie erhalten Studienberatung auf dem kleinen Dienstweg.
- Sie haben einen geeigneten Nachweis für die Bewerbungsmappe.

»Für den aktuellen Projektabschnitt, die Einführung und Evaluation der im bisherigen Projektverlauf entwickelten telematisch unterstützten Überleitungsdokumentation SEAMAN, suchen wir eine studentische Hilfskraft.

Beispiel einer Ausschreibung

Aufgabe: Vielseitige Aufgaben im Rahmen der Unterstützung der Projektmoderation: Literaturrecherche und Aufbereitung in Endnote, Unterstützung bei der Erhebung, Eingabe und Auswertung der Evaluationsergebnisse, Erstellung eines Handbuchs und die üblichen Aufgaben einer studentischen Hilfskraft (z. B. Kopieren).

Qualifikation: Studierende der Psychologie im Hauptstudium oder Studierende der Medizin im klinischen Abschnitt mit Interesse an praxisorientierter Forschung. Erfahrungen in den oben genannten Aufgabenbereichen sowie gute bis sehr gute EDV-Kenntnisse sind wünschenswert. Die Bereitschaft zur inhaltlichen Auseinandersetzung und Mitarbeit setzen wir voraus.« (Universitätsklinikum Hamburg-Eppendorf, 25.5.2007)

Informieren Sie sich regelmäßig, welche Institute, Professoren etc. Hilfskräfte zur Unterstützung suchen. Fragen Sie auch von sich aus – also initiativ – die Dozenten, bei denen Ihnen eine Mitarbeit sinnvoll und nutzbringend erscheint. Achten Sie auch darauf, dass die Chemie stimmt.

Das bringt Sie weiter

9.2 | Planen Sie ein Auslandssemester ein

Nutzen Hier finden Sie wichtige Hinweise, auf was Sie bei der Vorbereitung auf einen Auslandsaufenthalt achten sollten.

Die meisten Studierenden, die ein Auslandssemester absolviert haben, sind begeistert von den Erfahrungen, die sie dort gewonnen haben.

Vorteile Die Gründe, die für ein Auslandsstudium sprechen, sind z. B.:
- die für viele Bewerbungen wichtige Auslandserfahrung sammeln,
- internationale Kontakte aufbauen und erhalten (Netzwerk),
- internationale Persepektiven des Fachs kennenlernen,
- Fremdsprachenkenntnisse erlangen bzw. verbessern,
- Land, Leute und Kultur eines anderen Landes kennenlernen.

Ein Auslandsstudium ist bestens geeignet, Ihre Qualifikationen zu steigern und die Entwicklung Ihrer Persönlichkeit zu fördern.

Vorgehen **Allgemeines Vorgehen und mögliche Unterstützung:**
- Orientieren Sie sich und definieren Sie Ihre Ziele und Vorstellungen. Beraten Sie sich mit Studierenden, die bereits im Ausland waren.
- Wenden Sie sich an das Auslandsamt Ihrer Hochschule.
- Klären Sie die Anrechenbarkeit von Leistungen im Ausland.
- Schreiben Sie das »Für« und »Wider« einzelner Alternativen auf.

Berücksichtigungen Sie bei der **Entscheidung** auch:
- Hochschulsystem,
- Lehrangebot,
- Zulassungsvoraussetzungen,
- Kosten: Studiengebühren, Unterkunft und Verpflegung, Reisekosten, Krankenversicherung, Test (z. B. TOEFL), Visa, Bücher etc.

Bevor es losgehen kann, ist u. a. noch zu klären:
- Gültigkeit Reisepass, Internationaler Führerschein/Studentenausweis.
- Anreise, Unterkunft, Bankkonto.
- Auslandskrankenversicherung, Impfungen.
- Bitten Sie Mitstudierende, Sie über wesentliche Änderungen an der Heimathochschule zu informieren.
- Vergessen Sie nicht die Rückmeldung/Einschreibung für das Semester nach dem Auslandsstudium.

Das bringt Sie weiter Deutscher Akademischer Austausch Dienst e.V. (DAAD)
Kennedyallee 50, 53175 Bonn
Tel.: 0228/882–0, Fax: 0228/882–444
Internet: http://www.daad.de
InWEnt – Internationale Weiterbildung und Entwicklung gGmbH
Friedrich-Ebert-Allee 40, 53113 Bonn
Tel.: 0228/4460-0, Fax 0228/4460-1766
Internet: http://www.inwent.org/

9.3 | Machen Sie in einer studentischen Beratung mit

Engagieren Sie sich in einer studentischen Unternehmensberatung und Sie erleben die Berufswirklichkeit live.

Nutzen

An vielen Hochschulen haben Studierende studentische Unternehmensberatungen gegründet, die in der Beratung von Unternehmen im Profit- und Nonprofitsektor engagiert sind. Häufig sind die Unternehmensberatungen den wirtschaftswissenschaftlichen Fachbereichen eng verbunden.

Idee

Ziel der studentischen Unternehmensberatungen ist es, den Studierenden Praxiserfahrung zu ermöglichen. Studenten werden von Unternehmen beauftragt, »echte« Probleme aus der Praxis zu lösen. Die Vorteile für die Unternehmen liegen insbesondere darin, dass sie häufig sehr kreative Vorschläge von den noch »unverbrauchten« und »unbeeinflussten« Studierenden erhalten und dafür eine weitaus geringeren Preis zahlen, als er für klassische Unternehmensberatungen anfallen würde.

In Deutschland und Europa existieren folgende Dachverbände:

Dachverbände

- BDSU e.V.(http://www.bdsu.de),
- JCNetwork e.V. (http://www.jcnetwork.de),
- JADE Network (http://www.jadenet.org).

Hier ein Beispielprojekt »Prozessoptimierung Deutsche Lufthansa AG«:
»Ziel des Projektes war es, die Effizienz der Einkaufsprozesse unter Einbeziehung der internen und externen Schnittstellen zu erhöhen. Das dreiköpfige Team führte dabei ca. 30 Interviews mit Mitarbeitern des Zentraleinkaufes durch, um die bestehenden Prozesse zu erfassen und dokumentieren zu können. Im Anschluss daran entwickelte das Projektteam Verbesserungsvorschläge und in Workshops zusammen mit Mitarbeitern des Auftraggebers Vorschläge zur Implementierung der neu gestalteten Beschaffungsprozesse. Die Ergebnisse, die für die Mitarbeiter des Zentraleinkaufs eine Fokussierung auf ihre Kernkompetenzen ermöglichten, wurden in einer umfangreichen Abschlusspräsentation dokumentiert und vorgetragen.« (Bundesverbandes Deutscher Studentischer Unternehmensberatungen, 25.5.2007)

Beispiel

Während manche den Kontakt zu den akademischen Lehrern begrüßen und um Kooperationen bemüht sind, lehnen andere dies ab. Sie finden es besser, wenn die Studierenden ganz alleine arbeiten und so ins kalte Wasser geworfen werden.

Einbindung der Lehrkräfte

Erkundigen Sie sich an Ihrer Hochschule, ob es eine studentische Unternehmensberatung gibt. Wenn ja, schnuppern Sie mal rein. Falls es keine gibt, dann sammeln Sie doch potenzielle Mitstreiter um sich und gründen Sie selbst eine.

Das bringt Sie weiter

9.4 | Engagieren Sie sich im Alumni-Netzwerk

Nutzen   Erkennen Sie die Vorzüge von Alumni-Netzwerken.

Begriffsklärung   Ein Alumnus (weiblich Alumna) ist ein Ehemaliger der Hochschule. Der Plural lautet »Alumni«.

Alumni-Netzwerke sind Vereinigungen von Ehemaligen einer Bildungseinrichtung. Diese bestehen entweder aus lockeren privaten Kontakten oder haben eine verfasste Form, bilden also z. B. einen Verein.

Häufig werden auch Studierende bereits in der Studienzeit in das Alumni-Netzwerk eingebunden. Die Vision der Alumni-Arbeit lautet dann: »Alumni« = im Netzwerk von Anfang an eingebunden sein = Beziehungen knüpfen, Verbindungen stärken und Kompetenzen erweitern.

Leistungen   Typische Leistungen, die im Rahmen einer Studienarbeit von Kerstin Patzer zusammengetragen wurden, sind:

- Absolventenverzeichnis,
- Alumni-Zeitschrift,
- Berufsstart-Seminare,
- fachspezifische Schulungen/Seminare,
- Fachvorträge,
- Karriereberatung,
- kostenlose Rechercheinstrumente,
- kostenloser Internetzugang an der Hochschule,
- lebenslange E-Mail-Adresse,
- Merchandisingangebote,
- Newsletter,
- Umfragen/Evaluation,
- Vergünstigungen bei Fort- und Weiterbildungsangeboten,
- Vermittlung von Praktika,
- Vermittlung von Stellenangeboten,
- Zugang zur Bibliothek der Hochschule.

Das bringt Sie weiter
- Informieren Sie sich, ob Sie auch als Studierender Mitglied im Alumni-Club werden können. Wenn ja, dann machen Sie mit! Ansonsten setzen Sie sich doch dafür ein, dass das Netzwerk auch für Studierende geöffnet wird.
- Informieren Sie sich über die Alumni-Arbeit bei der Vereinigung der Alumni-Clubs unter http://www.alumni-clubs.net/.

10 Argumentieren Sie überzeugend

Zwei Studierende, Frau Studiosa und Herr Studius, treffen sich. Sagt Herr Beispiel
Studius zu Frau Studiosa: »Ich brauche Deine Mitschrift von letzter
Stunde.« Frau Studiosa zu Herr Studius: »Wieso?«. »Nun es reicht doch,
wenn Du mitschreibst.« Die Unterlagen hat Herr Studius nicht bekommen, Frau Studiosa drehte sich auf dem Absatz um und ging. Eigentlich
wollte Herr Studius Frau Studiosa anbieten: »In der nächsten Stunde
kann ich ja mitschreiben, vielleicht hast Du noch etwas Dringendes zu
erledigen.« Aber dazu ist er nicht mehr gekommen.

Nun, woran hat es konkret gelegen?
An der fehlenden bzw. nicht passenden Argumentation. Die Kommunikation hat nicht funktioniert.

Das braucht Ihnen nicht zu passieren. Sie sollten der Situation angemessen argumentieren.
In diesem Kapitel finden Sie hierzu wichtige Tipps und Anregungen.

Die Bezeichnung »**Argument**« kommt aus dem Lateinischen und wird Begriffsklärung
von »argumentum«, dem »Beweis«, abgeleitet. Unter einem Argument
kann man also eine oder mehrere Aussagen verstehen, die zum Beweis
einer oder mehrerer anderer Aussagen herangezogen wird.

Das Wort »**diskutieren**« wird vom lateinischen »discutere« abgeleitet und
meint »zerschlagen, auseinandersetzen, zerlegen«.

Kommunizieren (von lat. communicare = mitteilen) bezeichnet den
wechselseitigen Austausch von Gedanken in Sprache, Bilder und/oder
Schrift.

10.1 | Checkliste: für wichtige Gespräche gut gerüstet

Nutzen Bereiten Sie sich strukturiert auf eine Gesprächssituation vor, so wird Ihnen das Argumentieren leichter fallen.

Checkliste
- Worauf legt mein Gesprächspartner großen Wert?
- Was ist er für ein Typ?
- Was sind seine Interessengebiete, seine Vorlieben?
- Wo liegen seine Probleme?
- In welcher Lage befindet er sich?
- Welche Themen wurden bislang angesprochen bzw. diskutiert?
- Welche Themen bevorzugt mein Gesprächspartner üblicherweise?
- Wie reagiert mein Gesprächspartner auf bestimmte Themen?
- Was sind seine üblichen Argumente?
- Auf welche Einwände und Argumente müssen Sie vorbereitet sein?
- Welche Erfahrungen haben Sie (oder andere) bereits gemacht?
- Was weiß der Gesprächspartner über Sie?
- Was vermutet er womöglich?
- Was sind besondere Merkmale seiner Gesprächsführung?
- Wie entscheidet er üblicherweise?
- Woher kommt er, welche Entwicklung hat er hinter sich?
- Wie vertrauenswürdig ist er?
- Wie fair ist er?
- Wie großzügig ist er?
- Wie zuverlässig ist er?
- Wie diskret?
- Wie wird seine Zukunft aussehen?
- Welche Gesprächsergebnisse strebt er an?
- Was will er erreichen?
- Was will er verhindern?
- Was ist aus Prestigegründen für ihn wichtig?
- Was findet er gut und was nicht?
- Was mag er besonders?
- Was mag er gar nicht?

Eigene Übertragung auf den Bereich des Studiums, in enger Anlehnung an: Weisbach 2000, S. 15.

Diese Fragen helfen Ihnen in »normalen« Gesprächssituationen, aber auch in Prüfungssituationen.

Das bringt Sie weiter Versuchen Sie gemeinsam mit Mitstudierenden, die oben genannten Fragen in Bezug auf die wichtigen Prüfer bzw. Gesprächspartner zu beantworten und notieren Sie die Informationen für sich und für die Studierenden, die vielleicht später in eine ähnliche Gesprächssituation kommen werden.

10.2 | Beachten Sie die vier Ebenen der Kommunikation

Hören Sie genau hin, denken Sie nach und erst dann – reden Sie. Dann gelingt Vieles besser.   **Nutzen**

Ein klassisches Beispiel. Ein Ehepaar. Ein Auto. Eine Ampel. Sie fährt (von mir aus können Sie an Loriot denken). Der Ehemann sagt: »Du, da vorne ist Grün!«. Die Frau erwidert: »Fährst du oder fahre ich!?«.   **Botschaft**

Dieses kurze Gespräch (auch wenn wir unterstellen, dass der Ehemann wirklich nur sachlich äußern wollte, dass die Ampel auf Grün steht) findet auf vier Ebenen statt: **4 Ebenen**

Eigene Erstellung in Anlehnung an Schulz von Thun 1981.

Deshalb ist es wichtig, Folgendes zu beachten:
In Bezug auf die **Sachebene:**
- Bleiben Sie wahr, klar und verständlich.
- Kommunizieren Sie alle Inhalte, die für das Thema relevant sind.

In Bezug auf die **Selbstoffenbarung** (Selbstkundgabe):
- Senden Sie Ich-Botschaften.
- Sagen Sie die eigene Meinung.
- Erklären Sie Absicht und Ziel.

In Bezug auf die **Beziehungsseite:**
- Hören Sie aktiv zu.
- Sprechen Sie Gefühle direkt an.
- Zeigen Sie, wie Sie zu dem anderen stehen und fordern dies auch in Bezug auf sich ein.

In Bezug auf den **Appell:**
- Argumentieren Sie überzeugend.
- Stellen Sie Fragen.
- Diskutieren Sie fair.

Für eine erfolgreiche Kommunikation müssen Sie jedoch alle genannten Aspekte beachten und einhalten (vgl. Schulz von Thun 1981 und http://www.schulz-von-thun.de/mod-komquad.html, 8.7.2007).

10.3 | Nehmen Sie Ihre Gesprächspartner ernst

Nutzen Lernen Sie Formulierungsvorschläge kennen, die besser ankommen und daher zum Erfolg führen.

Checkliste

Aussagen mit Angriff auf der Beziehungsebene	Mögliche Interpretation des Gesprächspartners	Formulierungsvorschlag
»Falsch!«	Ich werde als blöd dargestellt.	»Ich sehe das anders.«
»Damit ich mich nicht wiederholen muss ...«	Sind wir hier in der Schule?	ersatzlos streichen
»Das habe ich nicht gemeint«	Da wäre ich ja nie drauf gekommen.	»Ich meine ...«
»Sie müssen Folgendes beachten ...«	Ich muss gar nichts!	»Bitte beachten Sie ...«
»Sie sind auf dem Holzweg!«	Sie auch!	ersatzlos streichen
»Das ist unmöglich.«	Na, dann wollen wir mal ...	»Ich sehe noch einen anderen Weg.«
»Da haben Sie mich falsch verstanden.«	Bin ich ein Trottel?	»Da habe ich mich falsch ausgedrückt.«
»Da muss ich Sie korrigieren.«	Ach ja? Was habe ich denn falsch gemacht?	»Aus meiner Sicht ...«
»Das ist doch logisch.«	Heißt das, dass ich unlogisch argumentiere?	»Ich sehe das folgendermaßen ...«
»Ungeachtet der Tatsache, dass ...«	So ein Umstandskrämer.	ersatzlos streichen
»Das ist mir egal.«	Mir auch!	»Bitte entscheiden Sie.«
»In der Theorie haben Sie recht ...«	Das sagt der mir als Praktiker?	»Ich verstehe noch nicht, wie ...«
»Das entspricht nicht den Tatsachen.«	Ich lüge?	»Das höre ich zum ersten Mal.«
»Ganz einfach.«	Meine Güte, bin ich dumm.	»Mein Lösungsvorschlag ist ...«
»Schon, aber ...«	Jetzt soll ich für doof verkauft werden.	»Stimmt, und außerdem ...«

Weisbach 2000, S. 15.

Das bringt Sie weiter Besuchen Sie einen Rhetorikkurs, einen Kurs zur Gesprächsführung. An vielen Hochschulen werden solche Kurse angeboten.

10.4 | So diskutieren Sie erfolgreich

Erkennen Sie, aus welchen Gründen manche Diskussionen scheitern und lernen Sie, dies zu verhindern. Nutzen

Es gibt viele Gründe, aus denen Diskussionen scheitern können: Scheitern
- Das Ziel der Diskussion ist nicht klar.
- Nicht alle gehen vom gleichen Themenschwerpunkt aus.
- Die miteinander diskutierenden Personen kennen sich zu wenig.
- Es ist kein Zeitplan festgelegt worden.
- Es sind keine Spielregeln festgelegt worden.
- Die Ergebnisse der Diskussion werden nicht festgehalten.
- Fragen werden nicht beantwortet.

So geht es richtig: Gelingen
- Beschränken Sie die Diskussion auf das Wesentliche.
- Denken Sie daran, dass klare Prioritätensetzungen Sie meistens weiterbringen als Vollständigkeit.
- Halten Sie die Diskussionsergebnisse fest.
- Verdeutlichen Sie Zwischenergebnisse.
- Sorgen Sie dafür, dass es einen roten Faden gibt.
- Helfen Sie den Teilnehmern, den roten Faden im Blick zu behalten.

Falls es brenzlig wird (vgl. Franck 2006, S. 185 f.):
- Lassen Sie sich nicht unterbrechen (»Bitte lassen Sie mich ausreden«).
- Weisen Sie deutlich darauf hin, wenn Sie ständig unterbrochen werden (»Ich bin nun mehrmals unterbrochen worden«).
- Bestehen Sie darauf, dass Ihre Frage beantwortet wird (»Bitte beantworten Sie meine Frage«).
- Lassen Sie das eigene Thema nicht untergehen (»Ich möchte meinen Vorschlag noch einmal ins Gespräch bringen«).
- Senden Sie keine Unsicherheitssignale (wie etwa die Bitte um Zustimmung oder eine Einleitung in der Form: »Wenn ich auch etwas sagen dürfte«).

Fazit: Leiten Sie lieber eine Diskussion, als unter ihr zu leiden.

Studieren Sie Franck 2006 intensiv und nehmen Sie sich vor, die Anregungen umgehend auszuprobieren. Führen Sie dies gemeinsam mit Mitstudierenden durch, diskutieren Sie und tauschen Sie sich anschließend über Ihre Erfolge aus. Das bringt Sie weiter

10.5 | Argumentiere und gewinne

Nutzen Üben Sie sich in der hohen Kunst des Argumentierens.

Vor Jahren wurde ein Buch aus den USA als Bestseller gehandelt, das es auch wirklich in sich hat, nämlich »Argumentiere und gewinne«. Das Werk, das der Staatsanwalt Gerry Spence geschrieben hat, ist keinesfalls nur für Juristen geeignet, sondern kann jeder für den Alltag gebrauchen. Es hat bei uns einen bleibenden Eindruck hinterlassen.

Hohe Kunst Spence erhebt den Anspruch, die hohe Kunst des erfolgreichen Argumentierens zu lehren. Ihm geht es nicht darum, den Gegner zu besiegen. Weil: **Die Niederlage des Gegners ist auch immer die eigene Niederlage.** Nur derjenige kann überzeugen, der seinem Gegenüber aufmerksam zuhört, ihm Respekt zollt und seine Worte nicht als Waffen benutzt. Zu Recht weist er darauf hin: Andere haben nur Macht über Sie, weil Sie ihnen diese Macht geben.

Empfehlungen Als Rezept bietet Spence an:
- Bereiten Sie sich auf Gespräche und Diskussionen intensiv vor. Bereiten Sie sich so lange vor, bis Sie die Argumente in- und auswendig können.
- Machen Sie den anderen für Ihre Argumente empfänglich, damit er sie annehmen kann. Ermächtigen Sie ihn dazu. Fordern Sie ihn dazu auf.
- Tragen Sie die Argumentation in Form einer Geschichte vor.
- Sagen Sie stets die Wahrheit. Ihre Glaubwürdigkeit ist ein hohes Gut.
- Sagen Sie dem anderen, was Sie wollen. Sonst irrt er vielleicht.
- Vermeiden Sie Sarkasmus, Hohn und Spott. Setzen Sie Humor nur vorsichtig und sparsam ein.
- Bedenken Sie: Logik ist Macht. Versuchen Sie aber nicht, die Logik in Richtung auf Ihr Argument zu »verbiegen«.
- Handeln und gewinnen sind Brüder. Erlauben Sie dem Gegner nicht, die Kontrolle zu übernehmen.
- Räumen Sie gleich zu Beginn der Auseinandersetzung die Schwachpunkte ein.
- Begreifen Sie Ihre Macht. Geben Sie sich die Erlaubnis dazu – aber nur zum Gewinnen. Aber Achtung: Seien Sie nicht überheblich, unverschämt und dumm-dreist.
- Nehmen Sie die Haltung des Siegers ein. Führen Sie das magische Argument an. Riskieren Sie etwas, springen Sie.

Vgl. Spence 1995, S. 255–258.

Das bringt Sie weiter Studieren Sie das Buch von Spence (Spence 1995) intensiv und üben Sie es insbesondere, Geschichten zu erfinden. Weitere Hinweise finden Sie in: Etrillard 2004.

10.6 | Setzen Sie den richtigen Hut auf

Lernen Sie, Fragestellungen systematisch von verschiedenen Seiten zu beleuchten und in die Diskussion einzubringen.

Die von Edward de Bono stammende Methode der sechs Hüte dient dazu, Fragestellungen und Probleme von verschiedenen Seiten aus zu betrachten.

Gegenstand der Methode sind **sechs unterschiedlich gefärbte Hüte**. Die Farben stehen jeweils für eine bestimmte Einstellung/Blickrichtung:

- der weiße Hut: Objektivität und Neutralität (Informationen sammeln, keine Wertung),
- der rote Hut: subjektives Empfinden, persönliche Meinung, Emotionen/Gefühl, Bauchempfinden,
- der schwarze Hut: objektiv negative Aspekte, Risiken, Zweifel,
- der gelbe Hut: objektiv positive Aspekte, Chancen und Vorteile,
- der grüne Hut: neue Ideen, Kreativität, Alternativen,
- der blaue Hut: den Denkprozess managen (Kontrolle und Organisation des Vorgehens, Zusammenfassung der Ergebnisse).

Während einer Diskussion kann man dann die entsprechende Sprechweise wählen: »Wir müssen noch mal den gelben Hut aufsetzen. Oder besser den roten …«.

Grundlage dieser Methode ist folgendes Modell: Jeder von uns hat **verschiedene »Hüte«** zur Verfügung, **die bestimmte Denkrichtungen symbolisieren.** Die unterschiedlichen Denkrichtungen sind etwa die kreative, die kritische, die neutrale etc. In Diskussionen sind wir in der Lage, je nach Bedarf einen entsprechenden Hut aufzusetzen.

Ziel ist es, bei der zu klärenden Frage systematisch alle Hüte nacheinander aufzusetzen und die Aussage zu der jeweiligen Denkrichtung aufzuschreiben.

Sind mehrere Personen an der Problemlösung beteiligt, so können Sie z. B. während der Diskussion immer die gewählte Hutfarbe behalten und vertreten dann entsprechend diese Position. Später können dann alle zugleich die Hüte wechseln.

Die Diskussionsteilnehmer beleuchten die Problematik von unterschiedlichen Seiten. Einseitigkeit und Konflikte werden vermieden, die Vielseitigkeit der Denkweise hingegen gefördert. Die Methode wird auch als »paralleles Denken« bezeichnet.

Recherchieren Sie im Internet nach »de bono« oder geben Sie »Bono, Edward de« auf der Seite www.buchhandel.de unter »Autor« ein.

11 Führen Sie Ihre Projekte zum Erfolg

Ein Projekt ist ein zeitlich befristetes, komplexes Vorhaben zur Erreichung und Lösung bestimmter, zeitlich befristeter Aufgaben und Ziele (vgl. Online-Verwaltungslexikon olev.de, 15.5.2007).

Wesentliche Merkmale eines Projektes sind:
- eine klare Zielorientierung,
- eine gewisse Komplexität,
- eine klar definierte Zeitspanne und
- Einmaligkeit.

Vorteile Ein projektorientiertes Vorgehen zeichnet sich durch folgende Vorteile aus:
- Es ermöglicht den Aufbau einer einfachen, flexiblen und rasch reaktionsfähigen Temporärorganisation für die Abwicklung des Vorhabens.
- Es erleichtert die interdisziplinäre Zusammenarbeit.
- Es fördert die direkte Kommunikation innerhalb und außerhalb des Projektes.
- Durch Teamarbeit und eine stimulierende Atmosphäre wird das vorhandene Leistungspotenzial aktiviert.

In der Lehre **Projekte spielen auch an der Hochschule zunehmend eine Rolle.** Projekte werden hier beispielsweise als:
»Methodisch unternommene und begründete Lösung komplexer Aufgaben, die die Studierenden einzeln oder in Gruppen weitgehend selbstständig bearbeiten. Das Projektstudium dient der Anwendung von wissenschaftlichen Kenntnissen und Methoden zur Lösung exemplarischer, praxisnaher Aufgaben aus dem Gebiet der Oecotrophologie und führt in die grundsätzlichen Vorgehensweisen bei der Bearbeitung von Projekten ein. Insbesondere soll die Studierende hier das wissenschaftlich korrekte Erstellen von Ergebnis- und Projektberichten üben.« (Studienordnung Hochschule Niederrhein, 15.5.2007)
Durch Projektarbeit wird in erster Linie ein übergreifendes, vernetztes Denken gefördert.

à la kölsch Bekannt ist insbesondere auch die Form des kölschen Projektmanagements: Das Rheinische Grundgesetz: § 1 Et is, wie et is!, § 2 Et kütt, wie et kütt!, § 3 Et is noch immer jot jejange!, § 4 Wat fott is, is fott! Aber so sollte hier wohl besser nicht vorgegangen werden …!

Tipps
- Betrachten Sie die Hinweise in diesem Kapitel zugleich auch als Hilfen für den Berufseinstieg.
- Übertragen Sie die nachfolgenden Hinweise auf Ihr konkretes Projekt.

11.1 | Professionelles Projektmanagement

Betreiben Sie professionelles Projektmanagement und dokumentieren Sie den Projektauftrag – dann wird Ihr Projekt gelingen.　　　　　　　　Nutzen

Unter Projektmanagement versteht man einen systematischen Prozess zur Steuerung von Projekten. Mit anderen Worten: Projektmanagement meint die zielgerichtete Gestaltung, Steuerung und Entwicklung von Projekten. Steuerung (= Controlling) umfasst Planung, Informationsversorgung und Kontrolle.

Im Projektmanagement muss folgenden Merkmalen besonders Rechnung getragen werden:　　　　　　　　Merkmale
- Anfang und Ende sind festgelegt, zeitliche Befristung,
- begrenzte Ressourcen,
- eindeutige Zielvorgabe,
- Einmaligkeit, keine Routinetätigkeit,
- fachliche Komplexität,
- Hierarchien übergreifend,
- innovativ,
- interdisziplinäre Zusammensetzung,
- organisatorische Komplexität,
- Risikoaspekte.

Folgende Projektphasen werden unterschieden:　　　　　　　　Projektphasen
- Vorbereitung,
- Planung,
- Durchführung,
- Kontrolle/Evaluation/Entlastung.

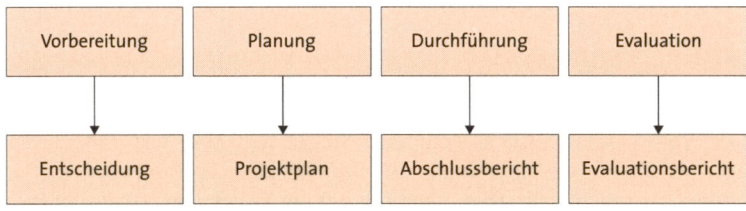

Meilensteine markieren die Zeitpunkte, an denen bestimmte Zwischenergebnisse erreicht sein müssen.　　　　　　　　Meilensteine

Den einzelnen Projektphasen können daher Meilensteine und entsprechende Berichte zugeordnet werden:
- Entscheidungsvorlage und ggf. Entscheidung,
- Projektplan,
- Abschlussbericht,
- Evaluationsbericht.

Beispiel Halten Sie den Projektauftrag schriftlich fest:

Projektauftrag		
Projektname	Immer Ärger mit der EDV?	
Projektnummer	4711	
Projektdauer	11.11.2008–11.11.2009	
Zweck des Projektes	Analyse der EDV-Probleme im Unternehmen, Entwicklung von Vorschlägen zur Beseitigung der Probleme.	
Erwartetes Ergebnis	Genaue Angabe von Schwachstellen, konkrete Vorschläge für Maßnahmen zur Beseitigung der Schwachstellen.	
Rahmenbedingungen/ Restriktionen	Qualitätsrichtlinien des Unternehmens sind zu beachten.	
Budget	10.000 € für Sachkosten, Reisekosten und Einbeziehung von Beratern	
Meilensteine	01.02.2008	▪ Ist-Analyse
	01.04.2008	▪ Soll-Konzept
	01.12.2008	▪ Umsetzung
	01.02.2009	▪ Revision
		jew. abgeschlossen.
Projektleiter	Hr. H.	
Projektteilnehmer	Fr. F. Hr. K. Fr. L.	
Auftraggeber	Projektleiter	
Datum:	Datum:	
Unterschrift:	Unterschrift:	

Der Projektverantwortliche leitet das Projekt, legt Ziele fest und ist verantwortlich für die Erreichung des Projektziels. Die Projektleitung ist häufig, aber nicht zwingend, identisch mit der Projektsteuerung. Der Projektsteuernde hat die Aufgabe, alle Maßnahmen, Termine etc. in der Projektgruppe zu steuern, zu koordinieren und entsprechende Informationen an die Projektleitung weiterzugeben. Die Projektleitung überprüft kontinuierlich Ziele, Ergebnisse, Anforderungen, Kosten, Zeit, Personalaufwand etc. Alle Mitarbeiter unterschiedlicher Bereiche und Hierarchien, die an der Bearbeitung des Projektes beteiligt sind, sind Projektteilnehmer.

Das bringt Sie weiter Nutzen Sie die entsprechende Fachliteratur, z. B. Schulz-Wimmer 2005.

11.2 | Planen Sie die Projektphasen präzise

Ein phasenorientiertes Vorgehen unterstützt Sie dabei, die Schritte richtig zu planen und nacheinander durchzuführen. **Nutzen**

Bereiten Sie das Projekt gut vor: **Vorbereitung**
- Stellen Sie im Rahmen einer Projektanalyse fest, welche Fragestellungen/Probleme zu beachten sind und welche Vorgehensweisen Ihnen bekannt sind.
- Planen Sie die Ziele des Projektes.
- Beachten Sie die Interessen der Anspruchsgruppen. Anspruchsgruppen sind alle Gruppen, die ein Interesse an dem durchzuführenden Projekt haben, also etwa Unternehmenseigner, Mitarbeiter etc.
- Legen Sie die Struktur des Projektes fest.
- Führen Sie eine Machbarkeitsstudie durch.
- Nehmen Sie ggf. Änderungen in der bis dahin vorgesehenen Projektplanung vor und starten Sie dann durch.
- Kommunizieren Sie das Projekt, seine Ziele, erwartete Ergebnisse und die Vorgehensweise.
- Stellen Sie die notwendigen Informationen/Ressourcen zur Verfügung.

Planen Sie das Projekt professionell: **Planung**
- Legen Sie die Organisationsstruktur des Projektes fest.
- Planen Sie die Aufgabenpakete. Legen Sie die Meilensteine fest.
- Nehmen Sie eine Terminplanung vor.
- Stellen Sie einen Kostenplan auf. Planen Sie alle weiteren Ressourcen.
- Vereinbaren Sie die Kommunikationsstrategien und -maßnahmen.
- Legen Sie die erwartete Qualität fest.
- Vereinbaren Sie, wie das Risikomanagement aussehen soll.

Führen Sie das Projekt konsequent durch: **Durchführung**
- Erkennen Sie Probleme in der Organisation und Teamführung.
- Überprüfen Sie die Erledigung der Aufgabenpakete.
- Checken Sie die Einhaltung der Meilensteine.
- Prüfen Sie die Einhaltung der Termine.
- Kontrollieren Sie die Kosten.
- Überprüfen Sie, ob die Ressourcen ausreichen.
- Stellen Sie fest, ob offen und transparent kommuniziert wird.
- Prüfen Sie regelmäßig, ob die erwartete Qualität eingehalten wird.
- Beobachten Sie Risiken. Gehen Sie professionell damit um.
- Präsentieren Sie die Ergebnisse. **Evaluation**
- Reflektieren Sie das Projekt.
- Loben Sie die Mitarbeiter und entlasten Sie die Verantwortlichen.

Achten Sie darauf, dass Sie einen Schritt nach dem anderen durchführen. Scheuen Sie sich aber nicht vor Korrekturen! **Das bringt Sie weiter**

11.3 | Klare Ziele und ein strukturiertes Vorgehen helfen

Nutzen Nur mit einem klaren Ziel und einer guten Struktur kann Ihr Projekt zu einem Erfolg werden.

Projektziel Die eindeutige Definition eines Projektziels ist unabdingbare Voraussetzung für den Projekterfolg. Die Definition des Projektziels kann durch eine kleine Gruppe von Mitarbeitern und Beratern vorbereitet werden, die sich im Rahmen einer Vorstudie mit der Situation der Organisation und den zu erwartenden Fragestellungen beschäftigt.

Beispiel Eine EDV-Analyse soll folgende Ziele verfolgen:
- für die Zukunft gewappnet sein,
- stärkere Unterstützung der operativen Arbeit vor Ort,
- rationellere und effizientere Gestaltung der Arbeitsabläufe,
- regelmäßige Versorgung mit zeitnaher Führungsinformation,
- Einheitlichkeit,
- guter Service,
- besondere Sicherheit.

Projekt-organisation Ebenso wichtig ist eine klare Projektorganisation, wie sie in der Grafik beispielhaft dargestellt ist. Legen Sie die Organisationsstruktur des Projektes fest, innerhalb derer alle wichtigen Angelegenheiten geregelt werden. Beziehen Sie nicht nur Fachleute, sondern auch Mitarbeiter aus allen betroffenen Bereichen mit ein.

Beispiel Das vorliegende Projekt wurde in mehrere Teilprojekte untergliedert:

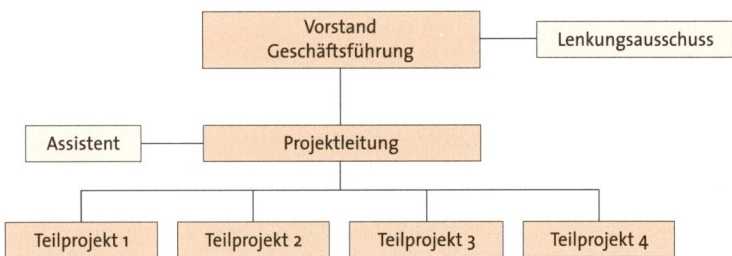

Alle wichtigen Entscheidungen über den Projektumfang, die Rahmenbedingungen des Projektes und Grundsatzfragen, werden im **Lenkungsausschuss** getroffen. Die Mitglieder des Lenkungsausschusses sind letztverantwortlich dafür, dass im Unternehmen die notwendigen Ressourcen bereitgestellt werden. Der Lenkungsausschuss verabschiedet das Gesamtkonzept.

Die **Projektleitung** ist verantwortlich für die Führung, Organisation und Koordination der Teilprojekte und die Berichterstattung gegenüber der Geschäftsleitung. Sie überprüft die Einhaltung der gesetzten Ziele, steuert und überwacht Termine, Kosten und Qualitäten und ergreift ggf. notwendige Maßnahmen bzw. informiert die Geschäftsleitung. Der **Projektleiter** ist Dienstleister für die Teilprojekte. Es ist unabdingbar, dass der Projektleiter neben persönlicher Kompetenz, Führungs- und sozialer Kompetenz sowie einem breiten Fachwissen auch über eine profunde Kenntnis der Unternehmensstruktur verfügt. Es ist davon abzuraten, einen Projektleiter aus dem Fachbereich zu beauftragen.

Die **Teilprojektleiter** sind für die Planung und Steuerung ihrer Teilprojekte verantwortlich. Auch bei ihnen sind persönliche Kompetenz, Führungs- und soziale Kompetenz sowie breites Fachwissen wesentlich. Sie verfolgen die Ziele der Teilprojekte, überwachen Aufgaben, Meilensteine und Budgets. Die Teilprojektleiter tauschen sich regelmäßig innerhalb einer Teilprojektleiterrunde aus, sodass sie alle auf dem gleichen Informationsstand sind und Schnittstellenprobleme sowie andere auftretende Fragen rechtzeitig lösen können. Die Weiterleitung von Informationen ist eine Bring- und keine Holschuld.

Die **Mitarbeiter** sind zuständig, die Arbeitspakete (Aufgaben), die sie übernommen haben, gewissenhaft und termingerecht umzusetzen.

Geben Sie sich eine Ordnung. Legen Sie Wesentliches in einer Projektgeschäftsordnung fest und kommunizieren Sie Details mittels eines Projekthandbuchs. Wesentliche Inhalte des **Projekthandbuchs** sind:

Strukturiertes Vorgehen

- Ziel des Projekts,
- geplantes Vorgehen,
- Projektorganisation,
- Organigramm des Projekts,
- Anschriften- und Telefonliste,
- Verfahrensregelungen,
- Budget,
- Methoden des Projektcontrollings,
- Terminplanung,
- Verfahren zur Herbeiführung von Entscheidungen,
- Vereinbarung zur Dokumentation der Ergebnisse,
- Verfahren zur Archivierung der wesentlichen Dokumente,
- Urlaubsregelung,
- Sonstiges.

Schreiben Sie die Projektziele auf Zettel und platzieren Sie diese – deutlich sichtbar – in Ihrem Arbeitszimmer, in Ihrem Timer etc. Es ist wichtig, dass Sie diese Ziele stets vor Augen haben und immer daran erinnert werden, wohin Sie gelangen möchten.

Das bringt Sie weiter

11.4 | Nutzen Sie Ist-Analyse und Soll-Beschreibung

Nutzen Nur wer die Schwachstellen erkennt, kann die notwendigen Konsequenzen daraus ziehen und sie beheben.

In diesem Stadium des Projektes geht es darum, die eigenen Modelle zu hinterfragen, die Stärken und Schwächen bezüglich der relevanten Fragestellungen zu erkennen und sich ein Bild von der aktuellen und der künftigen Umwelt des Unternehmens zu verschaffen.

Ist-Analyse Ziel der Ist-Analyse (Diagnose) ist es, Informationen für die Planung und die Ermittlung von Schwachstellen zu generieren. Sie kann in der Form einer Sekundär- oder einer Primärerhebung erfolgen.

- Im Rahmen der Sekundärerhebung werden vorliegende Dokumente analysiert.
- Als Methoden der Primärerhebung sind die Selbstaufschreibung, Fragebogen, Interviews, Beobachtungen zu unterscheiden.

Beispiel Ein EDV-Projekt: Typische Inhalte der Ist-Analyse sind – je nach geplantem Projektumfang – sowohl die gegenwärtige Aufbauorganisation (Organigramm), die gegenwärtigen operativen Prozesse und Verwaltungsprozesse, die gegenwärtige technische Infrastruktur, die gegenwärtigen Anwendungen (Software) als auch die gegenwärtige Kostenstruktur.

Soll-Beschreibung Ziel einer Soll-Beschreibung sind die Entwicklung von Optionen, deren Bewertung und Auswahl, die Entscheidung sowie letztlich die Verschriftlichung des geplanten Zustandes. Handlungsleitend ist die Frage: Wie muss das Unternehmen, seine Aufbauorganisation und Abläufe etc. gestaltet sein, um die angestrebten Ziele und Zustände zu erreichen.

Zur Ermittlung des gewünschten »Soll« wird häufig ein **Benchmarking** durchgeführt. Unter Benchmarking versteht man den kontinuierlichen Vergleich von Produkten/Leistungen, Prozessen oder Methoden des eigenen Unternehmens mit denen des besten Konkurrenten bzw. des Besten in der Branche (ggf. auch mit Organisationen/Unternehmen anderer Branchen). Ziel des Vergleiches ist es, effektive und effiziente Prozesse und Methoden auch über Branchengrenzen hinweg zu erkennen und sich anzueignen, um so Spitzenleistung in allen Funktionsbereichen zu erzielen. Die Kernfrage ist: Wie gehen andere Unternehmen vor?

Bleiben wir bei unserem EDV-Beispiel. Im Mittelpunkt der Betrachtung stehen häufig Daten:

- Wo, wann, in welchen Zeitabständen/Mengen fallen Daten an?
- Welche Arten von Daten fallen an?
- Wie kann auf die Daten zugegriffen werden?
- Wie aktuell muss die Datenerfassung sein?

Das bringt Sie weiter Behalten Sie die Wirtschaftlichkeit im Blick. Eine zu oberflächliche Analyse birgt die Gefahr, dass mögliche Probleme nicht erkannt werden. Eine zu detaillierte Analyse kann schnell unwirtschaftlich werden.

11.5 | Wählen Sie die geeignete Software aus

Bei sehr vielen Projekten spielen Hard- und Software eine entscheidende Rolle. Gehen Sie hier unbedingt professionell vor.

Nutzen

Eine wesentliche Entscheidung ist die, ob Sie individuell erstellte Software oder Standardprogramme einsetzen.

Individuell
oder Standard?

- **Individualsoftware** ist eine für den Anwendungsfall eigens erstellte Software. Sie bietet Ihnen eine optimale Anpassung an die konkrete Problemlösung.
- **Standardsoftware** wird für die allgemeine Nutzung unterschiedlicher Anwender erstellt und meist in hoher Auflage vertrieben (und ist daher kostengünstiger). Außerdem besteht eine größere Zukunftssicherheit in Bezug auf Anpassung und Update.

Für die Entwicklung bzw. Inbetriebnahme von EDV-Systemen sind **Lasten- und Pflichtenhefte** ein effektives und effizientes Hilfsmittel:

- Ein Lastenheft (Anforderungen, Requirement Specification) beinhaltet die Anforderungen an die Software (Umfang von Leistungen und Lieferung), so wie Sie der Auftraggeber sieht. Das Lastenheft beinhaltet somit das Fachkonzept der Software (die Beschreibung der Funktionalität aus Sicht des Anwenders): Was soll durch die Software erledigt, unterstützt etc. werden? Wofür ist die Nutzung der Software vorgesehen?
- Pflichtenheft: Das Pflichtenheft gibt an, was womit realisiert werden soll. Hier wird direkt auf das Lastenheft Bezug genommen.

Ein Lastenheft enthält:

Lastenheft

- wichtige Informationen über das Unternehmen,
- Zweck und Ziel der einzusetzenden Software,
- Anwendungsbereich der Software (auch: Zielgruppen),
- Hauptfunktionen der Software,
- Hauptdaten der Software,
- Mengen und Häufigkeiten für einzelne Prozesse etc.,
- Anforderungen (z. B. bezüglich Genauigkeit, Zuverlässigkeit, Benutzungsfreundlichkeit, Effizienz).

Die Anforderungen an eine Software werden häufig mittels »Anwendungsfällen« (Use Cases) beschrieben. Use Cases beschreiben immer genau einen Ablauf oder einen Prozess. Use Cases sind aber nicht mit Geschäftsprozessen zu verwechseln und unterscheiden sich von diesen.

Anwendungsfall

Bezüglich der **Auswahl von Software** sind sowohl operative als auch strategische Kriterien relevant.

Operative Kriterien

Als operative Kriterien werden im Allgemeinen unterschieden:

- **Funktionalität:** Sind alle Funktionen, die notwendig bzw. gewünscht sind, in der Software enthalten und auch ausführbar?
- **Zuverlässigkeit:** Ist die Software zuverlässig? Arbeitet Sie korrekt? Werden Testmuster, die vorher festgelegt werden, korrekt abgearbeitet?
- **Benutzbarkeit** (Usability): Ist die Software einfach und intuitiv zu benutzen? Ist das Programm einfach zu bedienen? Lässt sie sich leicht erlernen? Werden Fehleingaben durch Plausibilitätsprüfungen verhindert? Und wie wird auf Fehleingaben reagiert?
- **Effizienz:** Ist die Software effizient? Sind die Systemanforderungen angemessen? Wie schnell reagiert das Programm bei Angaben? Welche Speicherkapazität wird benötigt?
- **Änderbarkeit:** Ist die Software einfach zu ändern? Wie einfach können Verbesserungen vorgenommen und Fehler beseitigt werden?
- **Übertragbarkeit:** Wie einfach ist es, die Software auf eine andere Umgebung (anderes System) zu portieren?

Strategische Kriterien

Im Allgemeinen werden folgende strategische Kriterien unterschieden:

- **Marktstellung des Softwarehauses:** Handelt es sich um ein ausreichend großes Softwarehaus? Sind genügend Mitarbeiter mit der Pflege der Software betraut? Ist gesichert, dass die Software auch in Zukunft gepflegt wird und technologische Anpassungen genutzt werden.
- **Dichte des Beraternetzes:** Gibt es genügend Berater, die bei der Softwarepflege ggf. behilflich sein können?
- Gefährden Hinzuprogrammierungen die Releasefähigkeit (sodass Hinzuprogrammierungen bei Updates bestehen bleiben)?

Tipps

Noch einige Aspekte, die Sie bei der Auswahl einer Software beachten sollten:

- Gelingt ein intuitiver Zugang zur Software?
- Haben Sie die relevanten fachlichen Inhalte in der Software erkannt?
- Gibt es eine ausreichend klare Dokumentation und eine gute Hilfe?
- Ist Ihnen stets klar, was die Software von Ihnen erwartet?
- Ist die Software netzwerkfähig?
- Reichen die Schnittstellen aus? Sind sie gut beschrieben und funktionieren sie korrekt?

Das bringt Sie weiter

In Cockburn 2003 finden Sie weitere Informationen zur Gestaltung von Anwendungsfällen.

11.6 | Achten Sie darauf, dass die Budgets stimmen

Sorgen Sie dafür, dass die Budgets angemessen sind und eingehalten werden. Dann werden alle mit Ihrer Arbeit zufrieden sein!

Nutzen

Gehen Sie wie folgt vor:

Vorgehen

- Ermitteln Sie die für die einzelnen Teilprojekte und das Gesamtprojekt
  geplanten Kosten.
- Verhindern Sie so, dass das Projekt plötzlich unter Kostendruck gerät.
  Nutzen Sie die Chance, bereits in der Planungsphase Lösungen für vo-
  rausgesehene Engpässe zu finden.
- Stellen Sie einen Projektkostenplan auf und planen Sie die Finanzie-
  rung (auch für die Teilprojekte).
- Stellen Sie regelmäßig die Istkosten den Plankosten gegenüber und ermitteln Sie Abweichungen. Ergreifen Sie bei Kostenabweichungen
  frühzeitig geeignete Maßnahmen.
- Berücksichtigen Sie, dass sich enge Budget- und Zeitvorgaben erfah-
  rungsgemäß nicht einhalten lassen.

Realisieren Sie im Rahmen eines Projektcontrollings eine ständige Er-
folgs-, Maßnahmen- und Budgetkontrolle. Kontrollieren Sie neben der
Einhaltung der vereinbarten Budgets auch die Einhaltung des Leistungs-
fortschritts. Häufig werden zwar die Budgets eingehalten, aber der Leis-
tungsfortschritt ist weit hinter der Planung zurück.

Projektcontrolling

Beachten Sie stets auch die verdeckten Kosten, die z. B. durch unproduk-
tive Abläufe entstehen.

Verdeckte Kosten

EDV-Projekt: Die Gesamtkosten bei einem fünfjährigen Lebenszyklus von
PCs werden wie folgt eingeschätzt:
17 %   Investition in Hard- und Software (Beschaffung),
26 %   Technik und Administration,
57 %   verdeckte Kosten.
Mit verdeckten Kosten sind hier gemeint: Kosten der Fehlbedienung, Ver-
waltung/Reparatur von Dateien, Suche in Handbüchern, Besprechung
von EDV-Problemen mit Kollegen.

Beispiel

Nutzen Sie eine Exceltabelle zur Darstellung Ihrer Plan- und Istkosten.

*Das bringt
Sie weiter*

11.7 | Bestehen Sie in der Verhandlungs- und Vertragsphase

Nutzen Lernen Sie, Projekte richtig zu verhandeln und die Abmachungen entsprechend festzuhalten. Dann kann nicht mehr viel schiefgehen!

Die Verhandlungs- und Vertragsphase ist für das gesamte Projektmanagement entscheidend!

Beispiel Das gilt auch für Projekte im Studium:

Sie führen als studentische Gruppe ein Projektmanagement für eine Veranstaltung durch. Aber: Ist die Veranstaltung auch seitens der Hochschule versichert? Sie rufen in der Zentrale an: »Ich glaub schon«, erhalten Sie als Antwort. Das reicht nicht. Sie sollten sich dies unbedingt auch schriftlich zusichern lassen.

Tipps Hier einige Tipps und Hinweise für Verhandlungen und den Abschluss von Verträgen:
- Bevor Sie zu einer Verhandlung gehen, sollten Sie vorher genau wissen, was Sie erreichen möchten.
- Bleiben Sie in der Verhandlung konsequent.
- Halten Sie wichtige Ergebnisse fest und lassen Sie sich diese schriftlich bestätigen.

Zur Verhandlung von Abmachungen und Verträgen:

Häufig wird bei einem komplexen Outsourcing-Projekt zunächst durch den Austausch eines **Letter of Intent** (Absichtserklärung) eine Arbeitsgrundlage geschaffen. Wesentlich ist, dass der Letter of Intent bereits die wesentlichen Eckpunkte des späteren Vertrags beinhaltet.

Die genaue Aushandlung des Vertrages erfolgt in der Praxis häufig erst zeitgleich mit dem Projekt. Es ist empfehlenswert, hier einen entsprechenden Fachanwalt hinzuzuziehen.

Das bringt Sie weiter
- Besuchen Sie ein Seminar zur Verhandlungsführung.
- Lesen Sie Fisher u. a. 2004. Expertise in der Verhandlungsführung werden Sie im Berufsleben immer wieder benötigen.

11.8 | Setzen Sie gekonnt um

Erfahren Sie, wie Sie Projekte mithilfe eines Fahrplans zum Erfolg führen können. **Nutzen**

Stellen Sie einen Fahrplan für die Umsetzung Ihres Projektes auf: **Fahrplan**
- Legen Sie alle durchzuführenden Aktivitäten in Form von Arbeitspaketen fest.
  Die Arbeitspakete erhalten jeweils einen Namen und beinhalten eine Aufgabenbeschreibung, den Namen des Verantwortlichen, den frühesten sowie den spätesten Startzeitpunkt, den frühesten sowie den spätesten Endzeitpunkt und legen die Informationspflichten fest.
- Halten Sie besondere Haltepunkte – die Meilensteine – im Projektplan fest.
- Ermitteln Sie frühzeitig die für die einzelnen Projektphasen benötigten personellen Ressourcen. Verhindern Sie so, dass das Projekt aufgrund unzureichender Ressourcen unter Termindruck gerät.

Legen Sie eine Datei mit dem nachfolgenden Muster an und pflegen Sie sie regelmäßig: **Muster**

Fahrplan

(1) Termine
Termin 1
Termin 2 ….

(2) Meilensteine
Meilenstein 1 (Datum, Gegenstand)
Meilenstein 2 (Datum, Gegenstand) ….

(3) Teilprojekte
Teilprojekt 1: Gegenstand
Verantwortlich: N.N.

Arbeitspaket/ Aktivität	Verant- wortlich	Mit wem	Start/Endzeit- punkt	Info an

Teilprojekt 2: Gegenstand
Verantwortlich: N.N.

Arbeitspaket/ Aktivität	Verant- wortlich	Mit wem	Start/Endzeit- punkt	Info an

Das bringt
Sie weiter

- Denken Sie bei aller Planungsstringenz daran: Es soll SPASS machen!
- Wesentlich für den Erfolg sind ein schnelles, pragmatisches, anpackendes Vorgehen, das bei Misserfolgen auch zu Korrekturen fähig ist und das die Teammitglieder selbst verstehen und auch mittragen können.
- Nutzen Sie Software zur Projektplanung wie Microsoft-Project oder Open-Source-Software (z. B. »GanttProject« unter: http://ganttproject.biz/).

11.9 | Beachten Sie unbedingt die kritischen Faktoren

Erfahren Sie, worauf Sie besonders achten müssen, damit das Projekt gelingt.

Eine der wichtigsten Aufgaben des Projektleiters ist es, **auf die Gegebenheiten zu achten, die das Projekt behindern oder gar zum Scheitern bringen können.** Ein guter Projektleiter hat deshalb etwas von einem liebenswerten »Spürhund«. Er spürt die überall lauernden Projektgefahren auf und ist bemüht, Lösungsansätze so schnell wie möglich zu finden.

Gute Projektmitarbeiter zeichnen sich dadurch aus, dass sie nicht die Augen vor gegebenenfalls auftretenden Problemen verschließen, sondern dass sie Schwierigkeiten thematisieren und konsequent nach Lösungswegen suchen.

Stärken Sie daher das Selbstvertrauen Ihrer Mitarbeiter, damit sie alle auftretenden Probleme umgehend thematisieren und Sie gemeinsam nach Lösungen suchen können.

Sie sollten auf jeden Fall einen Notfallplan aufstellen, der detaillierte Informationen dazu enthält, welche Maßnahmen ergriffen werden, wenn etwas unplanmäßig verläuft (z. B. wenn kurzfristig keine Rechnungen mehr fakturiert werden können und somit die Liquidität des Unternehmens gefährdet ist).

Wenn Sie mit einer Software (oder Updates und Hinzuprogrammierungen) arbeiten, müssen Sie diese unbedingt vorher testen. Insbesondere die Schnittstellen sind in diesen Test einzubeziehen.

Ein kritischer Punkt ist häufig auch die ausreichende Schulung der Mitarbeiter. Erstellen Sie einen präzisen **Schulungsplan,** etwa nach folgendem Muster:

Nr.	Inhalt der Schulung	Teilnehmer	Ort	Termin	Materialien
1	Software A	Abt. A	....	....	....
2	Prozesse	Abt. B	....	....	....
....	....	....	....	....	....

Überprüfen Sie regelmäßig, ob Sie alle Risikofaktoren bedacht haben, und besprechen Sie dies mit erfahrenen Projektmitarbeitern.

11.10 | Vermeiden Sie häufige Fehler

Nutzen   Damit Ihre Projekte nicht scheitern.

Das sollte Ihnen nicht passieren:
- Projektziele sind nicht klar definiert bzw. werden nicht klar kommuniziert.
- Projektziele ändern sich andauernd.
- Die Führung steht nicht hinter den Projektzielen.
- Der zu erwartende Nutzen übersteigt die Kosten des Projektes.
- Die Erwartungen wurden nicht ausgesprochen.
- Das Projekt ist nicht richtig strukturiert.
- Arbeitspakete werden nicht unterschieden, entsprechend beschrieben und mit konkreten Aufgaben, Ressourcen und Terminen unterfüttert.
- Die Kompetenzen wurden nicht eindeutig kommuniziert.
- Die Projektorganisation ist unvorteilhaft.
- Im Projekt arbeiten zu wenige Mitarbeiter mit.
- Die Mitarbeiter sind hinsichtlich ihrer Qualifikation überfordert.
- Die Mitarbeiter werden für das Projekt nicht freigestellt.
- Die finanziellen Ressourcen reichen nicht aus.
- Ein Projektleiter wurde nicht bestimmt.
- Termine werden nicht eingehalten/kontrolliert.
- Budgets werden nicht eingehalten/kontrolliert.
- Die Budgets liegen zwar noch im vereinbarten Rahmen, aber mit dem Budget wurde die geplante Leistung nicht erbracht.
- Der Projektleiter ist nur halb bei der Sache, das Projekt ist ihm nicht wirklich ein Anliegen.
- Der Projektleiter erfüllt seine Aufgabe nicht.
- Das Projekt wird nicht zeitnah geplant und gesteuert.
- Der Projektleiter schafft es nicht, die anderen Teilnehmer zu motivieren.
- Verhandlungen werden nur halbherzig geführt.
- Die Risiken des Projektes werden nicht genügend in Betracht gezogen.
- Auftretende Probleme werden nicht direkt thematisiert.
- Wichtige Probleme werden nicht gelöst.
- Interessenkonflikte (z. B. zwischen Bereichen, Kollegen etc.) werden nicht angesprochen und nicht gelöst.
- Ein Notfallplan besteht nicht.
- Innerhalb des Projekts wird nicht ausreichend informiert und kommuniziert.
- Es werden keine Beschlüsse gefasst.
- Die Projektmitarbeiter haben Angst vor Veränderung und Neuem.

Das bringt Sie weiter
- Denken Sie einfach ganz logisch und praktisch. Oftmals hilft es, die Komplexität gedanklich zu reduzieren und auf die persönliche Erfahrung zu setzen.
- Betrachten Sie Ihr Projekt von außen und überlegen Sie, was Sie als Außenstehender über Ihr Projekt sagen und wie Sie vorgehen würden.

11.11 | Checkliste: Sitzungen optimal vorbereiten

So gelingt jede Sitzung.

Nutzen

Gehen Sie strukturiert vor:

Checkliste

- Ort und Zeit (Anfang, geplantes Ende) festlegen,
- Raum klären und reservieren,
- Tagesordnungspunkte (TOP) aufschreiben,
- Zeitbedarf für die einzelnen TOPs klären,
- Teilnehmerliste erstellen,
- Teilnehmer einladen,
- ggf. Sicherheitsfragen klären,
- klären, welche Kosten anfallen,
- abstimmen, wer die Kosten trägt,
- Sitzordnung erstellen,
- Namensschilder schreiben,
- Parkmöglichkeiten klären und kommunizieren,
- festlegen, welche Technik benötigt wird (Laptop, Beamer, Overhead, Pinnwand, Stifte, Flipchart), und Technik reservieren,
- Pausenorganisation,
- Pausengetränke und Verpflegung bestellen,
- Rahmenprogramm klären,
- notwendiges Briefing von Referenten und Teilnehmern vornehmen,
- Einladung und Tagesordnung abstimmen und schreiben,
- die zu versendenden Unterlagen und Tischvorlagen zusammenstellen,
- Anreisebeschreibungen erstellen,
- Unterlagen versenden,
- Diskussionsleitung bestimmen und darüber informieren,
- Protokollführung bestimmen und darüber informieren,
- klären, welche problematischen Situationen eintreten können,
- festlegen, wie mit den problematischen Situationen umgegangen werden soll,
- Ergebnisprotokoll erstellen,

TOP	Beschluss/Maß-nahme/To Do	Verantwortlich?	Termin

Beispiel

- Versenden Sie das Protokoll so schnell als möglich an die Teilnehmer (spätestens nach zehn Tagen).

Bieten Sie freiwillig an, das Protokoll zu übernehmen. So lernen Sie, das Protokollschreiben zu perfektionieren und nehmen inhaltlich viel mehr aus der Sitzung mit.

Das bringt Sie weiter

12 Examen ist morgen – berufliche Orientierung ist heute

Früh beginnen Starten Sie Ihre Karriere schon während des Studiums.

Wenn Sie erst als frischgebackener Bachelor oder Master beginnen, Ihren beruflichen Einstieg zu planen, sind Sie eindeutig zu spät dran. Man sagt ja: Studenten seien Langschläfer! Tun Sie alles, um kein Langschläfer und Spätzünder bei der Planung Ihrer Karriere zu sein.

Schon während des Studiums sollten Sie sich nach und nach klar werden, welchen beruflichen Weg, in welchen Unternehmen und in welcher Branche Sie sich vorstellen können und welcher auch der Richtige für Sie ist.

Äußerst wichtig ist hier, die eigenen Fähigkeiten und Persönlichkeitsfaktoren klar einzuschätzen. Berufliche Laufbahnentscheidungen müssen in Einklang mit Ihren persönlichen Fähigkeiten, Ihrer Werteorientierung, aber auch Ihren Schwächen gefällt werden.

Gerade am Anfang der beruflichen Laufbahn können Sie als Berufseinsteiger Ihre Begabungen und Fähigkeiten meist nicht richtig einschätzen. Erst im Laufe der beruflichen Erfahrungen lernen Sie sich dann besser kennen, mit all Ihrem Können, aber auch Ihren Grenzen. Dieser Prozess kann in Einzelfällen sehr schmerzhaft sein, weil der Berufseinstieg mit Vorstellungen, Träumen und Ideen über einen selbst beginnt, die der beruflichen Realität dann teilweise nicht standhalten können.

Realistische Einschätzung **Lernen Sie möglichst früh, Ihre Fähigkeiten, Begabungen und Grenzen in den folgenden Bereichen einzuschätzen:**
- Fachkompetenz,
- Methodenkompetenz,
- Sozialkompetenz,
- Führungskompetenz.

Analysieren Sie insbesondere auch:
- Selbstsicherheit,
- Kreativität,
- Selbstmotivation/Engagement,
- Flexibilität,
- Unabhängigkeit,
- den eigenen Lebensstil.

Ratgeber Fragen Sie Ihre Freunde und Kommilitonen, aber auch die Dozenten/Professoren und Ihre Familienangehörigen nach deren Einschätzung. Führen Sie regelrechte Befragungen durch. Und versuchen Sie, ganz offen und realistisch damit umzugehen. Schreiben Sie die unterschiedlichen Ergebnisse auf und gleichen Sie diese mit Ihrer eigenen Einschätzung ab. Bedenken Sie dabei, dass es oft große Differenzen zwischen dem Selbst- und Fremdbild gibt.

Untermauern Sie diese Einschätzungen z.B. durch unterschiedliche Befragungsmethoden, die Sie jederzeit im Internet erklärt finden. Oder investieren Sie einmal etwas Geld und lassen Sie Ihre Kompetenzen von einer Personalvermittlungs- oder Beratungsfirma oder von einer darauf spezialisierten psychologischen Praxis ermitteln.

Nur wer sich selbst kennt, wird den richtigen Weg einschlagen können und sich entsprechend einem Unternehmen als potenzieller neuer Mitarbeiter präsentieren können.

Üben Sie möglichst früh, sich selbst realistisch einzuschätzen. Nutzen Sie hierfür den Selbsttest in Abschnitt 12.2.

Selbsteinschätzung

Wenn Sie Ihre berufliche Laufbahn planen wollen, so sollten Sie zunächst folgende Fragen klären:

Relevante Fragen

- Welche Aufgaben, Tätigkeiten möchten Sie später ausüben und was passt zu Ihnen?
- Wie stellen Sie sich einen Arbeitstag vor?
- Möchten Sie lieber alleine oder im Team arbeiten?
- Brauchen Sie Zeitdruck und Hektik oder lieben Sie es ruhig?
- Welche Branche interessiert Sie?
- Welche Arbeitszeiten passen zu Ihnen?
- Für welches Produkt, für welche Dienstleistung können Sie sich begeistern?
- Welche Unternehmensgröße (kleiner Familienbetrieb, Großkonzern) bevorzugen Sie?
- Welche Arbeitsatmosphäre, Ausstattung am Arbeitsplatz brauchen Sie?
- Welche Rahmenbedingungen bevorzugen Sie?
- Welche Hierarchieebenen passen zu Ihnen?
- Wie muss Ihr Vorgesetzter sein, damit es mit der Zusammenarbeit klappt? Wie darf er auf keinen Fall sein?
- Wie mobil sind Sie?
- Welche Arbeitsorte kommen für Sie in Frage?
- Welche beruflichen Ziele haben Sie für die ersten Berufsjahre?
- Welche beruflichen Ziele haben Sie langfristig?

12.1 | Finden Sie den perfekten Einstieg

Nutzen Hier finden Sie einige Möglichkeiten, wie Sie sich über freie Stellen, Unternehmen und Einstiegsmöglichkeiten informieren können.

Nicht jede freie Stelle wird annonciert. Daher gibt es verschiedene Wege, sich über den Stellenmarkt und die Einstiegsmöglichkeiten zu informieren:

- Jobbörsen, Personalmessen, Branchenmessen,
- Onlinestellenbörsen und Internetpräsentationen der Firmen,
- Printmedien, Sonderpublikationen von Wirtschaftsmagazinen,
- Praktika,
- Projektarbeiten, Abschlussarbeiten.

Praktika **Hier ist jede Menge Eigeninitiative gefragt.** Schon während des Studiums bieten sich in den Semesterferien Praktika an, um die erworbenen theoretischen Kenntnisse in der Praxis zu überprüfen, praktisches Wissen zu erwerben und den Berufsalltag kennenzulernen. In den Praktika können Sie vielfältige Kontakte knüpfen und Sie haben hier häufig die Gelegenheit, auch Spezialgebiete und konkrete Aufgaben zu bearbeiten. Eine wirklich gute Chance, sich zu erproben und sich einem Unternehmen direkt zu präsentieren. Diese Praktika helfen Ihnen, ein realistisches Bild von Ihren Vorstellungen, aber auch von der Realität zu bekommen. Darüber hinaus gibt es eine Vielzahl positiver Beispiele, wo diese Praktika die Brücke zum späteren beruflichen Einstieg bildeten.

Viele Großunternehmen suchen gezielt nach Praktikanten, auch als Halbjahres- oder Jahrespraktikum mit einer Praktikantenvergütung, was als Einstieg durchaus sinnvoll sein kann.

Beispiele Beispiele aus Stellenanzeigen:
- Firma Bahlsen: »Wenn Sie Ihr Grundstudium abgeschlossen haben, bieten wir Ihnen bereits während des Studiums die Möglichkeit, ein sechsmonatiges Praktikum zu absolvieren.«
- Firma Philip Morris: »Damit Sie fit für eine erfolgreiche Karriere werden, bieten wir Ihnen Praktika und Traineeprogramme in unterschiedlichen Geschäftsbereichen.«
- Firma Haniel: »Freuen Sie sich auf Praktika im In- und Ausland, betreute Diplomarbeiten …«
- Firma Johnson & Johnson: »Als Praktikant im Studium bekommen Sie so Gelegenheit, Ihr bisheriges theoretisches Wissen in die Praxis umzusetzen.«

Sie können sich aber auch gezielt, den Unternehmen Ihrer Wahl als Praktikant/-in anbieten. Am besten ist es, Sie haben eine konkrete Vorstellung, welche Aufgabe Sie gerne bearbeiten möchten – eine, die Sie weiterbringt, aber auch dem Unternehmen von Nutzen ist.

Machen Sie sich auch die Netzwerke und Kontakte Ihrer Professoren zunutze. Sie können Ihnen bei der Vermittlung eines Praktikums helfen.

Auch die Mitgliedschaft im Alumni-Club der Hochschule kann hierbei sehr hilfreich sein. Dort sind viele Ehemalige der Hochschulen und Unis vereint, die heute in Unternehmen arbeiten und gerne bei der Vermittlung von Praktikantenplätzen helfen.

Mit einem Praktikum können Sie Netzwerke aufbauen und Sie erhalten auch Informationen über derzeitige und zukünftige freie oder neue Stellen.

Praktika bieten vielfältige Einblicke, bereichern die eigene Persönlichkeit und erweitern den Horizont. Auch wenn sie in aller Regel unbezahlt sind, zahlt es sich am Ende doch aus. Denn sie helfen Ihnen bei der späteren Berufsentscheidung, der persönlichen Weiterentwicklung und stellen Zusatzqualifikationen für eine spätere Festanstellung dar!

Während Ihres Studiums gibt es zahlreiche Projektarbeiten zu erstellen. Projekt- und Abschlussarbeiten bieten die Chance, das Thema durch praktische Beispiele zu untermauern: mit konkreten Daten und Fakten einer Firma zu arbeiten, Analysen zu erstellen und entsprechende Ergebnisse zu erreichen, die auch für ein Unternehmen hilfreich sind. Oft sind es solche Aspekte, die im beruflichen Alltag der Manager zwar von Interesse, aber zu aufwendig zu bearbeiten sind oder aus bestimmten Gründen derzeit nicht im Fokus und auf der Prioritätenliste weiter hinten stehen. *(Projekt- und Abschlussarbeiten)*

Seien Sie clever und spüren Sie diese Themen auf. Gehen Sie auf die Unternehmen zu, bieten Sie die Bearbeitung dieser Themen an. Finden Sie über die Internetseiten der Firmen heraus, wer derzeit an welchen Fragen und Themen arbeitet, so können Sie sich orientieren und gezielt vorgehen. Die Firmen werden es dankbar annehmen und Ihnen so die Möglichkeit bieten, praktische Erfahrung zu sammeln und einen Fuß in die Tür zu bekommen.

Es gibt eine Vielzahl von Veranstaltungen, auf denen sich Unternehmen vorstellen und auch ihren Nachwuchs rekrutieren wollen: auf Jobmessen, Personalmessen, Fachmessen etc. *(Messen)*

Nutzen Sie auch diese Möglichkeiten. Oft sind die Unternehmen dort mit Informationsständen vertreten und vor allem sind Mitarbeiter, Personaler und Führungskräfte vor Ort, die persönlich informieren und Kontakte aufbauen.

Diese Veranstaltungen werden oft von Vorträgen begleitet, die Ihnen ebenfalls eine Reihe wichtiger Informationen bieten können.

Die dort investierte Zeit lohnt sich! Sie bekommen viele Eindrücke und Sie können die verschiedenen Firmen unmittelbar miteinander vergleichen.

Bereiten Sie solche Besuche gut vor. Überlegen Sie im Vorfeld, was Ihnen wichtig ist, was Sie fragen wollen, was Sie erfahren wollen. Nehmen Sie Bewerbungsmappen (Kurzbewerbungen, Flyer, umfangreiche Bewerbung, vgl. Abschnitt 12.3) mit, die Sie bei Interesse an bestimmte Firmen übergeben können. Sie haben dann die Chance, einen guten persönlichen Eindruck zu hinterlassen und Ihre Unterlagen direkt zu kommentieren.

Hier gilt: Fangen Sie mit dem Besuch solcher Messen frühzeitig an, auch wenn Ihr Berufseinstieg noch in weiter Ferne liegt. Beobachten Sie den Markt von Jahr zu Jahr und bauen Sie Kontakte auf.

Internet Viele Firmen nutzen zunehmend neben den Printmedien auch die im Internet vorhandenen Online-Stellenbörsen. Klar, denn das Internet ist günstiger. Hier gibt es zahlreiche spezialisierte, auf bestimmte Zielgruppen zugeschnittene Jobbörsen, aber auch eine Vielzahl sogenannter Universal-Jobbörsen, die Stellen aus allen Bereichen anbieten. Häufig sind auch solche umfasenderen Plattformen nach Branchen und Positionen untergegliedert. Derzeit gut aufgestellt und weit verbreitet sind z. B.:

- www.monster.de
- www.stepstone.de
- www.jobpilot.de
- www.stellenanzeigen.de

Auch die Agentur für Arbeit bietet einen Online-Stellenmarkt (http://www.arbeitsagentur.de/) an.

Weitere Online-Stellenbörsen können Sie über die entsprechenden Suchmaschinen wie www.google.de oder www.yahoo.de finden. Geben Sie hier Begriffe wie »Stellenmarkt«, »Stellenbörse« oder »Jobsuche« ein. Aber auch über die Meta-Suchmaschine wie www.jobrobot.de können Sie sicher fündig werden.

Viele Firmen veröffentlichen inzwischen ihre freien Stellen auf der eigenen Website. Wenn Sie bestimmte Unternehmen im Blick haben, sollten Sie daher deren Firmenwebsites regelmäßig aufrufen.

Denken Sie auch an die Websites von Berufsverbänden und Fachzeitschriften, die in der Regel ebenfalls über entsprechende Online-Jobbörsen verfügen.

Printmedien Viele Firmen nutzen nach wie vor die üblichen Printmedien, in denen sie Anzeigen schalten. Das sind die überregionalen Stellenmärkte der Zeitungen wie der Süddeutschen Zeitung (SZ) oder der Frankfurter Allgemeinen Zeitung (FAZ), manche sind auch auf bestimmte Bereiche spezialisiert, wie z. B. Die ZEIT auf den Wissenschafts- und Hochschulbereich.

Für regionale Stellen werden die großen Tageszeitungen genutzt, wie in Köln der Kölner Stadtanzeiger, im Großraum Düsseldorf die Rheinische Post oder in Hamburg das Hamburger Abendblatt.

Die großen Wirtschaftsmagazine und Fachzeitschriften haben unterjährig immer wieder Sonderpublikationen zu den Themen Karriere oder Jobsuche. Diese Magazine enthalten dann eine Vielzahl von Annoncen der unterschiedlichsten Firmen und Branchen. Halten Sie hiernach gezielt Ausschau.

Das bringt Sie weiter Stöbern Sie öfter mal in den großen Zeitschriftenläden am Bahnhof und nutzen Sie so Ihre Wartezeiten.

12.2 | Schätzen Sie sich selbst ein

Schätzen Sie sich selbst ein und Sie wissen besser, wie Sie von anderen eingeschätzt werden.

Nutzen

Nutzen Sie die folgenden Kriterien:

Kriterien

Selbstständigkeit
- Agiert nicht erst auf Aufforderung, sondern von sich aus.
- Handelt aus eigenem Impuls. Setzt von sich aus Impulse.
- Urteilt und entscheidet eigenständig und unabhängig.
- Ergreift unaufgefordert Aktivitäten, um die Aufgaben zu erfüllen.
- Nutzt vorhandene Spielräume aus und handelt eigenverantwortlich.

Analysefähigkeit
- Hinterfragt Strukturen, Abläufe, Regelungen, Standards und Verhaltensweisen und überprüft sie auf ihre Zweckmäßigkeit hin.
- Arbeitet Stärken und Schwächen heraus.
- Erkennt Ursachen, Problembereiche, Fehlerquellen.
- Trennt Wichtiges von Unwichtigem.

Kreativität
- Entwickelt Ideen, Anregungen und Vorschläge und bringt sie ein.
- Kann sich von Strukturen, Vorgehensweisen frei machen.
- Schlägt andere, praktikable Schritte für die Umsetzung vor.

Flexibilität
- Kann sich schnell von einer Situation (Aufgabe, Anforderung) auf die nächste umstellen.
- Reagiert geistig beweglich auf Veränderungen aller Art.

Belastbarkeit/Konzentration/Ausdauer
- Hält auch unter erschwerten Arbeitsbedingungen und bei Belastungsspitzen die gewohnte Arbeitsqualität bei.
- Verkraftet Stresssituationen, Ärgernisse und Rückschläge.

Einsatzbereitschaft
- Bringt sein Leistungsvermögen voll ein.
- Geht die täglichen Anforderungen und Aufgaben aktiv an.
- Ist bereit, zusätzliche Aufgaben zu übernehmen.

Organisation der eigenen Arbeit
- Bewahrt bei komplexen Aufgaben/Tätigkeiten die Übersicht.
- Plant und organisiert anstehende Aufgaben und Tätigkeiten.
- Erkennt und berücksichtigt Prioritäten.
- Nutzt vorhandene Ressourcen und Hilfsmittel.
- Beschafft erforderliche Unterlagen und Materialien rechtzeitig.
- Geht ökonomisch mit dem Faktor Zeit um.

Kommunikation und Kollegialität

- Beschafft die erforderlichen Informationen rechtzeitig und vollständig, nimmt diese auf und verarbeitet sie.
- Gibt Informationen rechtzeitig und umfassend an alle zuständigen Personen und Stellen weiter.
- Kommuniziert positiv und fördert damit die Arbeitsbeziehungen.
- Toleriert und unterstützt die Kollegen.
- Vermittelt zwischen unterschiedlichen Vorstellungen und Interessen, ermöglicht eine von allen mitgetragene Lösung.

Lernfähigkeit

- Betrachtet die eigene Person selbstkritisch.
- Erkennt seine individuellen Fähigkeiten und Fertigkeiten.
- Erkennt seine Stärken und Schwächen.
- Erkennt Möglichkeiten für die persönliche Weiterentwicklung und Weiterqualifizierung und setzt diese um.

Kontaktfähigkeit

- Geht offen und aufgeschlossen auf andere zu.
- Knüpft schnell Kontakte.
- Kann sich auf die Situation und den/die Gesprächspartner in Auftreten und Wortwahl einstellen.

Verhandlungsgeschick

- Geht flexibel und souverän auf die Verhandlungspartner ein.
- Berücksichtigt Wünsche, Interessen, Motive, Erwartungen und/oder Ansprüche der Verhandlungspartner.
- Unterbreitet den Kundenwünschen entsprechende Angebote und zeigt mögliche Perspektiven auf.
- Legt seine Interessen kundenorientiert dar und argumentiert geschickt.
- Arbeitet Gemeinsamkeiten heraus und findet einen Konsens.

Führungsfähigkeit

- Kann seine Mitarbeiter motivieren.
- Schafft in bestimmten Situationen einen tragfähigen Ausgleich zwischen Unternehmensinteressen und Mitarbeiterinteressen.
- Lebt die formulierten Erwartungen und Ansprüche vor.
- Vermittelt fachliche Unterstützung und Hilfestellung.
- Delegiert Aufgaben und Verantwortung.
- Trifft Zielvereinbarungen.
- Gibt Feedback, führt Anerkennungs- und Kritikgespräche.
- Bezieht Mitarbeiter in Entscheidungen ein.
- Kommuniziert klar und eindeutig.
- Erteilt Arbeitsaufträge und Anweisungen.

Das bringt Sie weiter Erkennen Sie Stärken und bauen Sie diese systematisch aus. Erkennen Sie Schwächen und arbeiten Sie konsequent daran, diese abzubauen.

12.3 | Welche Art der Bewerbung ist angemessen?

Erstellen Sie für jeden Zweck die richtige Bewerbung.

Nutzen

Die Kurzbewerbung, der Flyer, die Initiativbewerbung oder die gezielte Bewerbung auf eine offene Stelle, so überzeugen Sie! Manche Personaler sind auch von einer Onlinebewerbung begeistert.

Die schriftliche Bewerbung bietet eine Vielzahl von Gestaltungsmöglichkeiten und sollte immer danach ausgerichtet sein, wo und worauf man sich bewirbt.

Ihre Visitenkarte

Wichtig für alle Bewerbungen ist: Überprüfen Sie diese gewissenhaft, bevor Sie sie versenden oder abgeben!

Eine **Kurzbewerbung** ist ideal, wenn Sie sich persönlich im Rahmen eines Besuches, Gespräches (z. B. bei einem Messebesuch) vorstellen und Sie diese Situation nutzen, um einen ersten Eindruck Ihrer Person mit weiteren wichtigen Daten zu untermauern.

Die Kurzbewerbung eignet sich allerdings auch als sogenannte **Initiativbewerbung.** Diese nutzen Sie dann, wenn Sie sich vorher ein Bild über die Unternehmen gemacht haben, bei denen Sie gerne arbeiten würden, hier jedoch derzeit keine freien Stellen ausgeschrieben sind.

Inhalt einer Kurzbewerbung ist immer ein individuelles Anschreiben, in dem Sie Ihre Motivation für die Bewerbung in diesem Unternehmen schildern und klar beschreiben, was Sie suchen. Neben dem Anschreiben gehören ein Lebenslauf und ein Foto zur Kurzbewerbung. Idealerweise sollte auch ein Tätigkeitsprofil beigefügt werden. Hierin können Sie beschreiben, welche Aufgaben, Projekte, Praktika etc. Sie schon absolviert haben.

Zu den Kurzbewerbungen zählen auch sogenannte **Flyer.** Der Flyer ist eine auffällige, eher unkonventionelle Art der Bewerbung, die in einigen Branchen sehr angesagt ist.

Flyer sollten immer die wesentlichen Daten des Lebenslaufs, Angaben zu Tätigkeitsprofilen und ein Foto enthalten. Flyer eignen sich nur dann, wenn Sie gut gestaltet und von guter Papier- und Druckqualität sind.

Achten Sie auch auf eine ordentliche Falttechnik, denn sonst wird die besondere Bewerbung schnell zu einem Fehlschlag und wird aussortiert.

Den Flyer als Kurzbewerbung empfehlen wir nur dann, wenn Sie sicher sind, dass das Unternehmen, bei dem Sie sich bewerben, offen für solche besonderen, »aufgepeppten« Bewerbungen ist. Wenn Sie unsicher sind, ob es ankommt, lassen Sie es lieber.

Auf branchenspezifische Bewerbungen (u. a. für die Werbe- oder Medienbranche, im Bereich Architektur oder Design) werden wir nicht eingehen. Hier ist ein deutlich höheres Maß an Kreativität gefragt und es gelten hohe Anforderungen an die Gestaltung.

In vielen Hochschulen werden Veranstaltungen mit Titeln wie »Die optimale Bewerbung« angeboten. Besuchen Sie eine solche Veranstaltung.

Das bringt
Sie weiter

12.4 | Optimieren Sie Ihre Bewerbungsunterlagen

Nutzen Die klassische Bewerbung wird immer noch von den meisten Personalern bevorzugt. Glänzen Sie mit Ihrer Bewerbung!

Bewerbungs-mappe Die klassische Bewerbungsmappe bietet einen strukturierten und schnellen Überblick und vermittelt einen Eindruck über den Bewerber.

In die klassische Bewerbungsmappe gehören:

- Deckblatt und Foto,
- Anschreiben,
- Lebenslauf,
- Arbeitszeugnisse,
- Nachweise über Praktika,
- Abschlusszeugnis Uni/FH,
- Abschlusszeugnis Ausbildungsberuf,
- Abschlusszeugnis höchster Schulabschluss,
- Zertifikate über Weiterbildungen und Fortbildungen (sofern für die Stelle relevant).

Die Bewerbung muss heute zwingend am Computer geschrieben werden, hat in aller Regel ein DIN-A4-Format und wird auf etwas dickerem Papier gedruckt (bitte nur 1-seitig bedrucken).

Am Leser orientiert Auch wenn Sie ein hohes Interesse daran haben, möglichst viel über sich in der Bewerbung mitzuteilen, denken Sie stets an den Leser Ihrer Unterlagen. Dieser muss eine Vielzahl solcher Bewerbungen durcharbeiten und das meist in kurzer Zeit. Oft bleiben bei der ersten Vorentscheidung vielleicht 1–2 Minuten pro Bewerbung. In dieser kurzen Zeit, beim Querlesen entscheidet sich also, ob Sie auf den Stapel zur weiteren Analyse kommen oder ob Sie direkt aussortiert werden. Daher **müssen Sie lernen, kurz, prägnant und überzeugend Ihre Inhalte auf den Punkt zu bringen** und auch mit der Optik Ihrer Unterlagen zu punkten.

Deckblatt Das Deckblatt Ihrer Bewerbung enthält die Position und den Namen des Unternehmens, bei dem Sie sich bewerben, sowie Ihre persönlichen Daten mit Name, Adresse, E-Mail und Telefonnummer.

Nutzen Sie für das Deckblatt sauberes, nicht geknicktes und etwas stärkeres Papier. Auf dem Deckblatt platzieren Sie ein gutes Foto (es kann auch eingescannt sein), auf dem Sie freundlich und sympathisch wirken.

Das Foto sollte die übliche Bewerberfotogröße haben und nicht überdimensioniert sein und z. B. die halbe Seite einnehmen. Auch sind Urlaubsfotos, aus denen Sie Ihr Porträt ausschneiden, kaum geeignet.

Schon mit dem Deckblatt vermitteln Sie dem Leser einen ersten Eindruck, der positiv oder auch negativ ausfallen kann.

Mit dem Anschreiben müssen Sie punkten. Sie müssen jetzt den Leser neugierig machen, aber auch nicht abschrecken, mit drei Seiten oder mehr.

Anschreiben

Das Anschreiben enthält neben der Adresse des Unternehmens, Ihre Absenderanschrift, das aktuelle Datum, eine ausgefüllte Betreffzeile mit präziser Angabe, auf welche Stelle Sie sich bewerben, den Text des Anschreibens und Ihre Unterschrift sowie den Hinweis auf die Anlagen, die allerdings nicht alle einzeln aufgezählt werden.

Kurz, aussagekräftig, überzeugend und gut formuliert, so sprechen Sie den Leser an. Sie müssen sich mit dem Anschreiben von der großen Masse absetzen.

- Beschreiben Sie zunächst Ihre Motivation: Warum bewerben Sie sich gerade bei diesem Unternehmen und auf diese Stelle?
- Was haben Sie zu bieten?
- Was können Sie, welche Erfahrungen und Fachkenntnisse bieten Sie an?
- Was haben Sie persönlich »im Gepäck«?

Ihr zukünftiger Arbeitgeber möchte in aller Regel wissen, welche Persönlichkeit sich bewirbt. Formulieren Sie selbstsicher und aktiv.

Wichtig ist, dass Sie einen Bezug zwischen Ihren Fähigkeiten, Ihrem Können und dem Profil der Stelle herstellen.

Für den Einstieg des Anschreibens hilft es immer, etwas aus der Ausschreibung aufzugreifen, z. B. wen oder was das Unternehmen sucht.

Beispiel: »Sie suchen eine fachlich qualifizierte Persönlichkeit mit Führungserfahrung für die Leitung Ihrer XX-Abteilung. Dieser Herausforderung stelle ich mich gerne.«

Die nachfolgenden Fragen helfen Ihnen, Ihr Anschreiben nochmals daraufhin zu überprüfen, ob die wesentlichen Kriterien berücksichtigt wurden:

Checkliste

- Haben Sie prägnant alle wichtigen Informationen auf einer Seite (maximal anderthalb) gut dargestellt?
- Nehmen Sie mit der Bewerbung konkret Bezug auf die zu besetzende Position?
- Nehmen Sie Bezug auf die konkreten Anforderungen der Stelle und stellen heraus, was Sie dazu qualifiziert?
- Benennen Sie nachvollziehbare Gründe/Motivationen für Ihre Bewerbung?
- Benennen Sie berufliche Ziele?
- Formulieren Sie flüssig, ansprechend und selbstsicher?
- Sind Rechtschreibung und Zeichensetzung einwandfrei?

Fragen Sie sich selbst:

- Würde Ihr Anschreiben Ihr Interesse wecken, Sie näher kennenzulernen?

Lebenslauf Ein gut strukturierter und übersichtlich gestalteter Lebenslauf enthält folgende Angaben:

- Persönliche Daten, wie Name, Vorname, vollständige Adresse mit Telefon- und Handynummer, E-Mail-Adresse, Geburtsdatum, Familienstand/Kinder, Staatsangehörigkeit und je nach Arbeitgeber auch die Konfession (trotz des Allgemeines Gleichbehandlungsgesetz AGG sind kirchliche Arbeitgeber berechtigt, diese Punkte abzufragen),
- als Berufseinsteiger steht es Ihnen frei, auch Angaben zu den Eltern und Geschwistern zu machen. Dies ist allerdings kein Muss!
- Angabe zu Schule und Ausbildung mit Zeiten,
- bisherige berufliche Stationen (chronologisch oder antichronologisch, d. h. das Aktuelle an den Anfang),
- besondere Kenntnisse und Fähigkeiten (wie etwa Sprachen, IT-Kenntnisse etc.),
- besondere Interessen und Hobbys.

Grundsätzlich gilt: Der Lebenslauf enthält das aktuelle Erstellungsdatum und wird unterschrieben!

Tipps zur Weitere Tipps zur Gestaltung des Lebenslaufs:
Gestaltung
- Der Lebenslauf muss so gestaltet sein, dass er ein schnelles Lesen und Erfassen möglich macht.
  Daher wählen Sie Gliederungspunkte/Überschriften und lassen genügend Platz zwischen den einzelnen Punkten. Wählen Sie eine größere Schrift und eventuell Fettdruck für die Überschriften. Nutzen Sie grundsätzlich eine Schriftart für die gesamte Bewerbung und nicht etwa verschiedene Schriftarten für Lebenslauf, Anschreiben und Deckblatt oder sogar drei verschiedene Schriftarten allein im Anschreiben. Das macht eine Bewerbung unruhig und gestaltet sie nicht lesefreudig.
- Wählen Sie grundsätzlich eine Schriftgröße zwischen 10 und 12 und lediglich für Überschriften etwas größere Schriftgrößen bis maximal 14.
- Bei der Auswahl der Schriftart empfehlen wir keine zu verspielte oder zu verschnörkelte Schrift. Orientieren Sie sich lieber an den Standardschriften wie Arial oder Times New Roman.
- Optisch ansprechend können Sie Ihren Lebenslauf durch Schattierungen und die in den üblichen EDV-Programmen vorhandenen Layoutmöglichkeiten gestalten. Hier gilt der Grundsatz: Weniger ist mehr!

Prüfen Sie Ihren Lebenslauf selbst noch mal kritisch. Stellen Sie sich die Fragen:

- Ist er übersichtlich gestaltet?
- Bekommt der Leser schnell einen guten Überblick?

Zur Abrundung Ihrer Bewerbungsmappe sind die wesentlichen Zeugnisse und Nachweise in Kopie beizufügen. Hier gilt insbesondere:

- Sorgen Sie dafür, dass alle Kopien auf dem gleichen Papier erstellt wurden.
- Achten Sie darauf, dass die Kopien gut lesbar sind.
- Prüfen Sie, ob alles gerade und nichts schief kopiert ist.

Es reichen normale Kopien, es müssen keine beglaubigten Kopien sein. Noch ein Tipp: Nutzen Sie die Kopien nicht zu häufig, da sie leicht Knicke und Lesespuren bekommen und der Leser Ihrer Bewerbung nicht so gerne »abgegriffene« Unterlagen prüft!

- Richtige Adresse mit Angabe des Namens des Adressaten, in der Anrede wird allerdings der falsche Name angegeben (z.B. aus einer alten Bewerbung),
- Anrede mit »Sehr geehrte Damen und Herren«, trotz der Angabe eines Ansprechpartners in der Ausschreibung,
- eingescannte Logos oder Fotos des Unternehmens gehören nicht in die Bewerbungsmappe,
- fehlende Unterschrift,
- Rechtschreibfehler,
- Lebenslauf mit veraltetem Datum (z.B. schon ein Jahr alt),
- drei bis vier unterschiedliche Papiervarianten,
- abgegriffene Bewerbungsmappe und/oder Kopien,
- Deckblatt nicht aktualisiert,
- Preisschild noch auf der Rückseite der Bewerbungsmappe,
- unzureichend frankiert.

Lassen Sie Ihre Bewerbung am besten von mehreren Personen gegenlesen. Nichts ist peinlicher als Rechtschreibfehler.

12.5 | Nutzen Sie die Vorteile der Online-Bewerbung

Nutzen　Lesen Sie hier, wie Sie eine Online-Bewerbung erstellen können.

Der schnelle, sehr viel günstigere Weg der Bewerbung ist seit Jahren die Online-Bewerbung. Sie sparen teure Bewerbungsmappen, Hochglanzfotos, Kopien und Porto.

Der richtige Weg?　Sie sollten stets prüfen, ob diese Art der Bewerbung angemessen ist. Nicht jedes Unternehmen freut sich über Online-Bewerbungen, da sie häufig für den Personaler einen Mehraufwand bedeuten. Nur, wenn die Unternehmen über entsprechende Online-Bewerbungsverfahren verfügen und z. B. extra eingerichtete Online-Formulare für Bewerbungszwecke vorhanden sind, können Sie sicher sein, dass diese Form der Bewerbung erwünscht ist. Lebenslauf und Zeugnisse können dann als Datei angehängt werden. Klären Sie, ob nur eine Kurzbewerbung oder auch sämtliche Anhänge wie Lebenslauf, Zeugnisse etc. erwartet werden.

Wichtig bei Bewerbungen per E-Mail ist es, dass die **Betreffzeile** ausgefüllt wird. Bei leeren Betreffzeilen landen viele Mails direkt im Spam-Filter oder die Mail bleibt lange unbeachtet und wird vielleicht sogar gelöscht!

Die Betreffzeile sollten Sie generell nutzen, um deutlich hervorzuheben, wofür Sie sich bewerben: »Bewerbung als Assistenzarzt«.

Bei E-Mail-Bewerbungen sollten Sie zwingend auch auf die **Wirkung Ihrer E-Mail-Adresse** achten. Das ist das Erste, was der Empfänger von Ihrer Bewerbung sieht. Nutzen Sie nur seriöse E-Mail-Adressen. E-Mail-Adressen wie Girly@…, Blondie@… oder KingKong@… mögen zwar originell sein, sind aber für Bewerbungszwecke nicht geeignet.

Orientieren Sie sich ansonsten an den Hinweisen für die klassische Bewerbung. Sowohl das Anschreiben als auch alle anderen zu gestaltenden Anlagen (wie z. B. der Lebenslauf) werden nach den beschriebenen Regeln erstellt. Wichtig ist eine gute Übersichtlichkeit: Am besten bringen Sie alle Unterlagen in einem einzigen PDF-Dokument unter. Der eigentliche E-Mail-Text besteht dann nur aus einem kurzen Hinweis, dass die Bewerbung als Anhang beigefügt ist.

Lediglich bei der Unterschrift gelten andere Regeln als bei den üblichen Bewerbungen. Sie können bei der Online-Bewerbung auf die handschriftliche Unterschrift verzichten. Im E-Mail-Text reicht Ihr geschriebener Name. Sie können aber Ihre gescannte Unterschrift einfügen (natürlich nur ordentlich komprimiert).

Die gesamte Mail sollte maximal zwei Megabyte umfassen, und alle Dokumente müssen auf Viren geprüft sein.

Das bringt Sie weiter　Nutzen Sie keine Dringlichkeitseinstellungen. Das könnte genau das Gegenteil bewirken …

12.6 | Bereiten Sie sich auf das Bewerbungs- gespräch vor

Nutzen

Überzeugen Sie im Bewerbungsgespräch durch gute Vorbereitung und perfekte Selbstdarstellung.

Die erste Hürde haben Sie bereits geschafft. Die Chance, zum Bewerbungsgespräch eingeladen zu werden, müssen Sie unbedingt nutzen.

Untermauern Sie den ersten positiven Eindruck nun im Gespräch!

Auch wenn viele Personaler oft schlecht oder gar nicht vorbereitet ins Bewerber-Interview gehen, sollten Sie nicht den gleichen Fehler machen. Und vor allem, vielleicht ist der Personaler in Ihrem Gespräch ja perfekt vorbereitet!

Jetzt haben Sie Ihre berufliche Chance wirklich in der Hand.

Vorbereitung

Nur mit guter Vorbereitung werden Sie ein gelungenes Gespräch führen. Daher befolgen Sie die nachfolgenden Tipps:

- Informieren Sie sich nochmals genau über das Unternehmen und die Branche (Internet, Fachzeitungen etc.) und verschaffen Sie sich einen Überblick über anstehende Herausforderungen, Ziele und Veränderungen in der Branche und/oder dem Unternehmen.
- Lesen Sie nochmals genau die Anzeige und studieren Sie ähnliche Anzeigen anderer Unternehmen, um vergleichbare Erwartungen und Anforderungen zu kennen.
- Stellen Sie Ihre Erwartungen, Ihre Kompetenzen und Stärken für sich stichpunktartig zusammen, so haben Sie sie im Gespräch besser präsent.
- Beschäftigen Sie sich nochmals mit Ihrem Werdegang/Lebenslauf und üben Sie, diesen chronologisch zu erzählen mit Begründungen, warum Sie welche Schule oder genau diese Ausbildung bzw. Studium ergriffen haben.
- Klären Sie für sich, was Sie im Gespräch fragen wollen. Überlegen Sie sich gezielte Fragen. Es ist üblich und wirkt auch gut vorbereitet, wenn Sie Ihre Fragen schriftlich vorbereiten und ins Gespräch mitnehmen. Vermeiden Sie es allerdings, Fragen zu stellen, die bereits im Gespräch erläutert wurden.

Das bringt Sie weiter

Notieren Sie nach dem Gespräch, was gut und was schlecht gelaufen ist bzw. was Sie sich gerne für das nächste Gespräch merken möchten.

12.7 | Stellen Sie die richtigen Fragen

Nutzen Lernen Sie, Ihr Interesse mit treffenden Fragen zu untermauern.

Beispiele Die nachfolgenden Fragen sollten Sie immer mit den Informationen, die Sie beispielsweise schon aus dem Internet oder der Anzeige gewonnen haben, in Verbindung bringen.

- »Sie beschäftigen ja derzeit rund 1500 Mitarbeitende. Welche Entwicklung der Mitarbeiterzahlen erwarten Sie in den nächsten fünf Jahren?«
- »Im Leitbild Ihres Unternehmens stellen Sie den Menschen in den Mittelpunkt, was sind von diesem Leitbild ausgehend die strategischen Ziele in den nächsten fünf Jahren?«
- »In Ihrer Anzeige stellen Sie dar, dass Sie im Rahmen einer Nachfolgeregelung die Stelle des Controllers besetzen wollen. Mich würde interessieren, ob es eine altersbedingte Nachfolgeregelung ist oder ob Sie ansonsten etwas dazu sagen können?«

Mögliche Themen Zu folgenden Themen können bzw. sollten Sie Fragen stellen:

- Unternehmensziele,
- derzeitige besondere Projekte, Herausforderungen,
- Umsätze, Bilanzvolumen,
- Situation und personelle Struktur der Abteilung, in der die freie Stelle zu besetzen ist, und im Gesamtunternehmen,
- konkrete Aufgaben, Projekte und Zielvorgaben für die Stelle,
- Teamarbeit,
- aufbauorganisatorische Eingliederung der Stelle und der Abteilung,
- warum die Stelle zu besetzen ist,
- was erwartet der Chef von dem zukünftigen Mitarbeiter/der Mitarbeiterin, was sind seine speziellen Erwartungen an den Neuen/die Neue.
- welche Menschen gesucht werden, in Bezug auf ihre Persönlichkeit (wann passt jemand gut, wann nicht?),
- Arbeitszeiten, Flexibilität,
- Ausstattung des Arbeitsplatzes, Büro, Technik,
- Vertragskonditionen wie Wochenarbeitszeit, Fristen, Urlaubsregelungen, Befristung etc.,
- weiterer Verlauf des Bewerbungsverfahrens: Wie und wann geht es weiter, bis wann erhalten Sie Rückmeldung, bis wann erwartet man was von Ihnen.

Das bringt Sie weiter Spielen Sie die Frage-Antwortsituationen mit anderen exemplarisch durch.

12.8 | Der gelungene Auftritt

Erkennen Sie, wie Sie bereits mit Ihrem Auftreten punkten können.   Nutzen

Das äußere Erscheinungsbild, Kleidung, Geruch etc. entscheiden wesentlich über den späteren Verlauf des Gesprächs. Schon in den ersten Sekunden der Begegnung entsteht der sogenannte »erste Eindruck«! Und der entscheidet wesentlich über den Verlauf des späteren Gesprächs. Hier sind die Grundlagen für Sympathie oder Antipathie bereits gelegt.

Es gibt keine allgemein verbindlichen Empfehlungen zur Kleidung und dem äußeren Erscheinungsbild. Nur so viel:

Informieren Sie sich über die Branche. In bestimmten Branchen gibt es klare »**Kleiderregeln**«. Beispielsweise im Bankengewerbe sind Anzüge und Krawatte Pflicht. Dies könnte in Branchen wie Medien und Design schnell overdressed wirken.

Passen Sie Ihre Kleidung der Branche und der Position an. Lockere Freizeitoutfits, Sonnenbrille, bauchfreie Tops, Flip-Flops oder Turnschuhe sind ebenso ungeeignet, wie auch Tattoos und sichtbare Piercings Ihren zukünftigen Arbeitgeber eher abschrecken könnten.   Passend gekleidet

Achten Sie darauf, dass Sie sich in der Kleidung wohl fühlen, Sie sich nicht unnatürlich mit Schminke und Schmuck »herausputzen«. Auch hier gilt: Weniger ist oft mehr. Also, nicht zu dick auftragen!

Achten Sie darauf, dass Ihre Kleidung in sich stimmig ist. Der Designeranzug passt nur kaum zu Turnschuhen.

Es ist zwar eigentlich selbstverständlich, aber die Kleidung und natürlich auch die Schuhe sollten sauber sein. Auch ein noch so toller Anzug kann keine verschmutzten Schuhe mit Dreckklumpen an den Sohlen überdecken!

- Das gilt auch für Ihr gesamtes Erscheinungsbild: Fingernägel, Haare, Brille etc., alles sollte gepflegt und sauber sein,   Möglichst dezent
- übermäßige, unnatürliche Bräune aus dem Solarium kommt inzwischen nicht mehr so gut an,
- Parfüm und Rasierwasser sollten sparsam verwendet werden (bitte keine Duftwolke hinterlassen!). Das gilt ebenso für starke Raucher: Achten Sie darauf, dass Ihre Kleidung und Sie selbst nicht stark nach Rauch riechen.
- Ein starker Knoblauchgeruch kommt ebenfalls selten gut an.
- Personaler, die nach dem Gespräch erst einmal minutenlang ihr Büro lüften müssen, behalten Sie sicher nicht in bester Erinnerung.
- Fragen Sie Ihre Freunde und Verwandte oder auch Personen Ihres Vertrauens (wie Professoren oder Vorgesetzte, die Sie im Rahmen von Praktika kennengelernt haben), wie Sie persönlich wirken. Was könnten oder sollten Sie verändern? Probieren Sie es aus!   Das bringt Sie weiter
- Nutzen Sie eventuell Angebote zur Typberatung.
- Entscheidend ist, dass Sie erfahren, wie Sie wirken und wie Sie sich authentisch und besser in Szene setzen können, durch geeignete Kleidung, Farben, Frisur etc.

12.9 | Gut kommuniziert ist halb gewonnen

Nutzen Lernen Sie wichtige Kommunikationsregeln kennen.

Gute Kommunikation hilft Ihnen auch beim Bewerbungsgespräch. Die Kommunikation umfasst Körpersprache, Gestik und Mimik.

Menschen reagieren sehr viel mehr auf das »Wie« der Kommunikation, als darauf, »was« gesagt wird! 90 % der gesamten Kommunikation verlaufen eher unbewusst. Der bekannte erste Eindruck unterstreicht dies deutlich: Noch bevor wir etwas gesagt haben, spürt man schon, ob das Gegenüber einem sympathisch ist oder nicht.

Tipps Die nachfolgenden Punkte helfen Ihnen, sich sehr **bewusst auf ein Gespräch vorzubereiten**:

- Aufrechte Körperhaltung mit aufgerichtetem Kopf vermittelt Selbstsicherheit und Handlungsbereitschaft.
- Machen Sie sich Ihre Emotionen und Einstellungen bezüglich Ihres Gegenübers bewusst und versuchen Sie diese in Ihrer Körperhaltung, Gestik und Mimik positiv auszudrücken.
- Zeigen Sie dem Gegenüber durch bewussten Blickkontakt, zugewandte offene Körperhaltung und Nicken, dass Sie zuhören.
- Geben Sie ruhig mal Feedback (z.B. durch Zusammenfassung des Gesagten, Bejahung, Unterstreichung einzelner Aussagen oder reflektierender Fragen wie »Habe ich Sie da richtig verstanden?«). Fragen Sie nach, wenn Sie etwas nicht verstanden haben.
- Lassen Sie die anderen aussprechen, fallen Sie Ihnen nicht ins Wort.
- Stellen Sie offene Fragen und W-Fragen (was, warum, wo, z.B. Was sagen Sie? Wie schätzen Sie das ein? Was meinen Sie?).
- Vermeiden Sie Interpretationen, Verallgemeinerungen, Einschätzungen und Deutungen. Drücken Sie stattdessen Ihre eigenen Gedanken aus.
- Vermeiden Sie insbesondere negative Gesprächsinhalte über andere Personen oder vorherige Arbeitgeber.
- Seien Sie selbst authentisch und zeigen Emotionen, wenn Sie etwas überrascht oder besonders erfreut. Wichtig ist allerdings, dass Sie nicht zu negativ oder zu überschwänglich reagieren. Die Kunst liegt darin, Ihre Gefühle mit Worten sachlich zu beschreiben.
- Sprechen Sie selbst ruhig und langsam.
- Sprechen Sie nicht zu leise, aber auch nicht zu laut.
- Üben Sie schwierige Zusammenhänge, prägnant zu formulieren.
- Kontrollieren Sie immer die Länge Ihrer Gesprächsbeiträge. Es wirkt einschläfernd, wenn Sie minutenlange Monologe halten.
- Kontrollieren Sie Ihre Stimmlage und üben Sie, Ihre Stimme nicht zu erhöhen, wenn Sie unbedingt weitersprechen möchten, aber unterbrochen werden. Konzentrieren Sie sich lieber auf die Inhalte und kommen dann später noch einmal darauf zurück.

Das bringt Sie weiter Üben Sie, aufmerksam zu sein. Beobachten Sie sich selbst und andere.

12.10 | Typischer Ablauf eines Bewerbungsgesprächs

Erfahren Sie, wie Sie sich im Bewerbungsgespräch optimal präsentieren können.

Nutzen

Im Bewerbungsgespräch wollen und müssen Sie Ihr Ziel erreichen. Sie müssen Ihr Gegenüber mit den richtigen Argumenten, mit der perfekten Präsentation Ihrer Person und Ihrer Kompetenzen überzeugen und möglichst sogar begeistern. Dies gelingt mit guter Vorbereitung, Selbstbewusstsein, Begeisterung sowie glaubwürdiger und authentischer Selbstdarstellung.

Eine wesentliche Phase eines jeden Bewerberinterviews ist die erste Begegnung mit dem Gesprächspartner/den Gesprächspartnern. In dieser Eröffnungsphase des Gesprächs, der eigentlichen Begrüßung und »Aufwärmphase«, versuchen Sie sich von Nervosität zu befreien. Das gelingt meistens nur dann, wenn Sie pünktlich und nicht gehetzt zum Gespräch erscheinen. Schauen Sie Ihre Gesprächspartner an, halten Sie Blickkontakt, begrüßen diese mit einem Lächeln und einem festen (nicht zu festen) Händedruck, und sagen Sie ruhig einige Sätze zur Anfahrt. Beispiel:

Einstieg

- »Ich habe Ihr Gebäude dank der guten Wegbeschreibung sehr gut gefunden und auch die Parkmöglichkeiten sind ja bestens.«
- »Ich bin extra sehr zeitig losgefahren, allerdings ist die Anbindung mit der Bahn ja wirklich sehr gut, sodass ich mir noch in Ruhe das Umfeld anschauen konnte.«
- »Ich bin schon bestens von Ihren Mitarbeiter-/innen bewirtet worden. Sehr aufmerksam.«

Auch das Wetter oder die Ausstattung der Räumlichkeiten eignen sich durchaus als Einstieg in die Begrüßungsphase. Also lassen Sie sich ruhig auf einen Small Talk ein.

In der Regel stellen sich die Gesprächspartner dann kurz mit Namen und Funktion vor (Herr Meyer, Personalleiter, Frau Mustermann, Vorsitzende des Betriebsrates und Frau Schmidt, Leitung der Abteilung). Wenn Sie dies beim ersten Mal nicht verstehen, fragen Sie ruhig nach. Wichtig ist, dass Sie sich möglichst die Namen gut merken, um im Gesprächsverlauf die Personen namentlich ansprechen zu können. Sollten sich die Personen nicht vorstellen, fragen Sie auch ruhig nach. Das zeigt Interesse und entspricht den Regeln der Höflichkeit, man muss wissen, wer am Tisch sitzt.

Der Verlauf von Bewerbergesprächen umfasst in aller Regel die folgenden thematischen Schwerpunkte:

Verlauf

- **Darstellung des persönlichen Werdegangs:** Hierbei wird wichtig sein, Entscheidungen im Lebenslauf zu erklären. Warum haben Sie gerade diese Studienrichtung gewählt? Durch wen wurde diese Entscheidung beeinflusst oder mitgetragen? Gab es Alternativen dazu? Warum haben Sie den Arbeitgeber z. B. nach einer 2-jährigen Mitarbeit gewechselt? Was waren die Vor- und Nachteile?

- **Bewerbungsmotivation:** Warum haben Sie sich gerade bei diesem Unternehmen beworben? Welche Aspekte der Anzeige haben Sie besonders angesprochen? Wie gut kennen Sie das Unternehmen bereits (Produkt, Größe des Unternehmens, Stellenwert am Markt etc.)? Was erhoffen Sie sich von dem Unternehmen und von der Position? Warum wollen Sie gerade diese Position bekleiden?
- **Berufliche Erfahrungen:** Welche Aufgaben haben Sie bisher wahrgenommen? In welchen Projekten haben Sie mitgearbeitet? Welche Arbeitstechniken oder Organisationsmethoden setzen Sie bei der Arbeit ein? Welche Besonderheiten, Probleme oder Erfolge gab es im Projekt? Schildern Sie einmal einen typischen Arbeitstag: Wie sah z. B. Ihr gestriger Tag aus?
- **Selbstvertrauen, Leistungsmotivation, Engagement** (Belastbarkeit, Kommunikationsstärke): Beschreibung der persönlichen und beruflichen Stärken wie Schwächen! Wie gehen Sie mit Kritik um? Beschreiben Sie Ihren bisherigen größten beruflichen Erfolg. Beschreiben Sie Ihren größten Misserfolg. Wie gehen Sie zukünftig mit vergleichbaren Situationen um? Warum sollte man gerade Sie einstellen? Was verstehen Sie unter Erfolg? Worauf sind Sie in Ihrem bisherigen Leben besonders stolz? Welche beruflichen Ziele möchten Sie erreichen? Wie sehen diese Ziele für die nächsten drei Jahre aus? Welche Bedeutung haben für Sie Arbeitszeiten (geregelte oder flexible)?
- **Teamarbeit:** Beschreiben Sie ein Team! Wann arbeitet ein Team erfolgreich? Welche Probleme, Konflikte haben Sie in Teams erlebt? Wie sind Sie damit umgegangen? Welche Rolle haben Sie dabei gespielt?
- **Führung:** Was kennzeichnet eine gute Führungskraft? Haben Sie bereits Führungserfahrung gesammelt und wenn ja, welche? Wie entwickelt man Mitarbeiter weiter? Wie erzielt man bei Mitarbeitern eine höhere Leistung? Was ärgert Sie an einem Vorgesetzten besonders? Welche gravierenden Führungsfehler haben Sie selbst erlebt oder auch gemacht? Was leiten Sie hieraus für Ihre zukünftigen Führungsaufgaben ab?

Der Bewerber kann in der Regel zwischendurch, an geeigneter Stelle, selbst Fragen stellen. Es ist aber auch denkbar und weit verbreitet, dass dem Bewerber nach dem eigentlichen Interview Gelegenheit gegeben wird, seine Fragen zu stellen.

Mit dem Bewerberinterview soll herausgefunden werden, ob Sie als Bewerber zum Profil der zu besetzenden Stelle passen und ob Sie den Anforderungen entsprechen. Aufgrund Ihrer Bewerbungsunterlagen kam das Unternehmen, das Sie eingeladen hat, zu dem Schluss, dass Ihre formalen Qualifikationen wie Schulbildung, Ausbildung, Hochschulabschluss etc. dafür ausreichen und geeignet sind.

Im Gespräch will man nun überprüfen, ob Sie mit Ihren Verhaltensweisen, Ihren Stärken und Schwächen den tatsächlichen Anforderungen der Stelle genügen. Daher wenden professionelle Personaler die **Methode des verhaltensbezogenen Einstellungsinterviews** an. Diese Methode geht davon aus, dass es eine Situation gibt, die eine Handlung erfordert, mit der dann ein Ergebnis erzielt wird.

Der Personaler wird versuchen, durch geschickte öffnende Fragen (sogenannte W-Fragen: wer, wie, warum etc.) in Verbindung mit nachfassenden, konkretisierenden Fragen möglichst viel zu erfahren und Sie zum Sprechen anzuregen. Er wird Sie motivieren zu erzählen, Situationen zu beschreiben und immer wieder nachhaken. Offene Fragen können nicht mit Ja oder Nein beantwortet werden. Damit wird erreicht, dass Sie Ihre eigenen Ansichten und Erfahrungen berichten. Sollten Sie im Bewerbergespräch erleben, dass vermehrt Fragen gestellt werden, die diese öffnende Funktion nicht haben, sollten Sie dennoch nicht einfach mit Ja oder Nein antworten. Ergreifen Sie dann dezent die Initiative, begründen Sie Ihre Antworten oder berichten Sie von konkreten Erfahrungen.

Ebenso werden viele Personaler versuchen, durch leicht **provozierende Fragen** Detailinformationen zu bekommen. Beispiele: »Ich glaube, Sie wurden noch nirgendwo so richtig gefordert!«, »Sie machen auf mich den Eindruck, als bräuchten Sie doch eher ein ruhiges Arbeitsumfeld, ohne Hektik und Stress.« Lassen Sie sich hiervon nicht beirren und auf keinen Fall provozieren. Bleiben Sie ruhig und überlegt und gehen Sie auf diese Provokation ein. Fragen Sie nach, wie Ihr Gesprächspartner zu dieser Einschätzung kommt, und stellen Sie heraus, wie Sie sich selbst einschätzen. Untermauern Sie dies am besten mit persönlichen Erfahrungen. Beispiel: »Ich kann nicht genau nachvollziehen, wie Sie zu dieser Einschätzung kommen. Vielleicht können Sie mir das noch mal erklären, da ich selbst von mir glaube, sehr gut mit Stress und Hektik umgehen zu können. Mein Praktikum habe ich in einem Großraumbüro absolviert. Dort konnte ich trotz ständigem Klingeln aller Telefone und Publikumsverkehr die Projektarbeit sehr gut erstellen. Diese Arbeitssituation fand ich keineswegs unangenehm oder belastend!«

Wenn Sie auf Fragen nicht sofort antworten können, haben Sie ruhig den Mut und bitten um eine kurze Denkpause:

- »Einen Moment bitte, ich muss kurz nachdenken.«
- »Ich muss kurz etwas genauer nachdenken.«

Üben Sie

Im Internet oder auch anhand der Beispielfragen können Sie in Rollenspielen mit Freunden oder Kommilitonen vergleichbare Gesprächssituationen einüben. Sie können lernen, Ihren Lebenslauf mit den wichtigsten Stationen lebendig und anschaulich zu erzählen. Ebenso können Sie gemeinsam einüben, auf bestimmte, auch unangenehme Fragen zu antworten. Suchen Sie sich eine Stellenanzeige heraus und üben Sie spielerisch die Vorstellung in diesem Unternehmen.

Das bringt Sie weiter

Die beste Übung während des Studiums ist das Vortragen von Referaten oder Präsentationen, denn hier lernen Sie die Grundlagen des freien Sprechens und des Sichdarstellens!

12.11 | Tipps für das Gelingen Ihres Bewerbungsgesprächs

Nutzen   Die folgenden Tipps helfen Ihnen, bei Ihrem Bewerbungsgespräch einen perfekten Eindruck zu hinterlassen.

Tipps
- Setzen Sie sich gerade hin und halten Sie Blickkontakt. Bei mehreren Gesprächsteilnehmern versuchen Sie immer wieder, alle Beteiligten anzusehen, auch wenn der Blickkontakt mit demjenigen überwiegen sollte, mit dem Sie gerade sprechen.
- Seien Sie freundlich, lächeln Sie, wenn es gerade passt, und zeigen Sie durch Ihre Gestik und Mimik, dass Sie aufmerksam zuhören.
- Schalten Sie Ihr Handy aus. Sollten Sie es vergessen haben, entschuldigen Sie sich dafür, falls es klingelt, drücken dann aber den Anrufer weg (nehmen Sie auf keinen Fall den Anruf entgegen).
- Planen Sie für ein Bewerbungsgespräch mindestens zwei Stunden ein, dann geraten Sie nicht unter Druck. Will man Ihnen eventuell noch den Arbeitsplatz zeigen, sollte Ihr Zeitbudget das auch zulassen!
- Sie können Ihre Fragen auf einem Block mitbringen und auch herausholen. Ebenso können Sie selbstverständlich auch Stichpunkte aufschreiben. Sie sollten es nur ankündigen und höflich darauf hinweisen, dass Sie sich gerne einige Notizen machen würden.
- Achten Sie auf klare Verabredungen zum Gesprächsende. Bis wann werden Sie eine Rückmeldung erhalten, wie es weiter geht? Wer gibt wem bis wann eine Rückmeldung?
- Bieten Sie einen Hospitationstag/Schnuppertag an. Das gibt Ihnen die Möglichkeit, die Arbeitssituation kennenzulernen, und Sie haben die Chance, sich Ihrem zukünftigen Arbeitgeber zu präsentieren.
- Bedanken Sie sich am Ende des Gesprächs herzlich für das gute informative Gespräch, die Bewirtung und die angenehme Atmosphäre. Das sollte allerdings ehrlich und authentisch sein und nur gemacht werden, wenn es zur Situation passt. Verabschieden Sie sich mit freundlichem Blick, festem Händedruck und sprechen Sie Ihre Gesprächspartner mit Namen an.
- Bieten Sie ruhig an, dass Sie bei weiter gehenden Fragen selbstverständlich gerne nochmals zu einem Gespräch kommen oder auch telefonisch zur Verfügung stehen.

Verabredung   Am Ende eines jeden Bewerberinterviews steht in der Regel eine Information des Personalers über das weitere Vorgehen. Sie erhalten also eine ungefähre Angabe über den weiteren Ablauf des Bewerbungsverfahrens.

Beispiel   »Wir haben noch drei weitere Kandidaten zum Gespräch eingeladen. Die Gespräche sind in der KW 45 beendet. Sie erhalten also auf jeden Fall bis zum Ende der KW 46 eine Rückmeldung, ob Sie in die engere Wahl gekommen sind oder nicht. Wir werden Kontakt mit Ihnen aufnehmen, erwarten von Ihnen, dass Sie sich bis dahin auch entscheiden, ob Sie die Bewerbung aufrechterhalten.«

Dieses Beispiel zeigt eine klare, verbindliche Absprache, die am Ende stehen sollte. Kommt von Ihrem Gegenüber hierzu gar keine Information, fragen Sie höflich nach, wie der weitere Verlauf geplant ist.

Erfahren Sie mehr über die Körpersprache, z. B. in: Molcho 2006.

Das bringt Sie weiter

12.12 | Überzeugen Sie im Assessment

Nutzen

Lesen Sie, wie Sie Assessments professionell meistern können.

Das englische Wort »to assess« bedeutet »einschätzen« oder »bewerten«. Das Assessment-Verfahren ist also eine Methode, Bewerber einzuschätzen und zu bewerten. Nur das Vorgehen ist anders als beim Bewerberinterview – das Ziel ist dasselbe.

Einzel-Assessment

Das Einzel-Assessment ist eine seit vielen Jahren bewährte Eignungsanalyse, die insbesondere bei größeren Unternehmen und für die Besetzung hoch qualifizierter Führungs- oder Spezialistenpositionen eingesetzt wird.

Das Einzel-Assessment ist ein eignungsdiagnostisches Instrument, mit dem auf Basis eines genauen Anforderungsprofils die Leistungen und Potenziale der Bewerber erfasst und beurteilt werden.

Beim Einzel-Assessment gibt es in der Regel einen Moderator und einen oder zwei zusätzliche Beobachter sowie den Bewerber. Das Einzel-Assessment dauert meistens bis zu einem Tag.

Es beginnt mit einer Vorstellung des Moderators, der Beobachter und des Bewerbers sowie einer Erläuterung des Ablaufs. Der Bewerber bekommt Aufgaben zur weiteren Bearbeitung. Das kann z. B. die schriftliche Bearbeitung einer sehr schwierigen Kundenbeschwerde sein, ein Rollenspiel zu einem bestimmten Thema (Rollenspielpartner ist dann der Moderator), die Bearbeitung des Postkorbs, die Bearbeitung und Auswertung bestimmter Statistikdaten des Unternehmens, die Präsentation der Ergebnisse sowie ein Interview. Die gestellten Aufgaben werden sich daran orientieren, um welche Stelle es bei der Besetzung geht und welche konkreten Anforderungen beim Bewerber geprüft werden sollen.

Beobachter und Moderator werden ihre Einschätzungen und Beobachtungen abgleichen und zu einem Gutachten zusammenfassen.

Je nach Unternehmen werden diese Einzel-Assessments von externen Beratungsunternehmen (also absoluten Profis) durchgeführt. Vereinzelt ist es durchaus üblich, dass Sie die Ergebnisse (nicht das komplette Gutachten, aber die groben Einschätzungen) auch bei Nichtberücksichtigung für die konkrete Stelle erhalten. Das sollten Sie unbedingt nutzen, denn die Ergebnisse helfen Ihnen für weitere Bewerbungsverfahren. Sie bekommen eine Einschätzung Ihrer Stärken und Schwächen, die Sie bei einem Assessment gezeigt haben.

Das Einzel-Assessment unterscheidet sich vom Gruppen-Assessment oder Assessment-Center lediglich in der Zusammensetzung. Die Aufgabenstellungen sind vergleichbar. Das Einzel-Assessment ist stärker auf Sie zugeschnitten, außerdem ist eine höhere Vertraulichkeit für Sie als Bewerber gewährleistet, da Sie sich nicht in einer Gruppe mit anderen Bewerbern präsentieren müssen. Das führt auch zu einem valideren Ergebnis, da es keine Verfälschungen durch andere Mitbewerber und ihre Aktionen gibt. Letztlich können sich Moderator und Beobachter ausschließlich auf den einen Bewerber konzentrieren, sodass die Beurteilung sicherlich genauer und zutreffender ausfallen wird.

Das Einzel-Assessment dauert meist nicht so lange wie ein Gruppen-Assessment. Das macht es etwas entspannter, denn Sie sind nicht so lange und permanent unter Beobachtung.

Bei manchen Anforderungsprofilen sind Gruppen-Assessments jedoch besser geeignet. Das Verhalten des Bewerbers in der Gruppe wird beobachtet, wie geht er mit Mitbewerbern um, wie reagiert er auch auf sie. Hier kann man Aufschluss über Verhaltensweisen des Bewerbers (seinen Umgang mit Konkurrenz, ob er in Teams die Führung übernimmt etc.) erhalten, die für die jeweilige Stelle maßgeblich sein können.

    Beim Assessment-Center (AC) oder Gruppen-Assessment werden mehrere Bewerber über einen Zeitraum von mindestens ein bis zu zwei Tagen in verschiedenen Situationen beobachtet.

    Auch hier gibt es einen Moderator, mehrere Beobachter sowie die Gruppe der Kandidaten.

Gruppen-Assessment

Bei jeder Art von Assessment gilt das Gleiche wie bei dem Bewerberinterview: Gut vorbereitet birgt es weniger Stress und gelingt eher.

    Auch wenn die Dauer von Assessments oft ein oder zwei Tage in Anspruch nimmt und Sie dabei sicher unter Stress stehen, da Sie ständig beobachtet werden (selbst beim Essen oder in der Kurzpause), so können Sie auch solche Situationen schon während des Studiums üben. Workshops oder Wochenendseminare, in denen Sie solche Situation einüben, bilden eine gute Grundlage.

    Auch wenn der Inhalt und die speziellen Anforderungen der jeweiligen zu besetzenden Stelle den Ablauf des Assessments bestimmen, so sind viele Elemente in den ACs vergleichbar und gut zur Vorbereitung geeignet.

Gut vorbereiten

Im Assessment ist die Vorstellungsrunde bereits der erste Teil des Verfahrens. Hier wird geprüft,
- wie präsentieren Sie sich,
- halten Sie lange Monologe,
- was präsentieren Sie von sich, was geben Sie preis,
- können Sie zuhören, wenn andere Personen sich vorstellen,
- wie interessiert wirken Sie?

Vorstellung

Möglich sind Selbstvorstellungen, aber auch die Vorstellung eines Mitbewerbers oder die Gruppenvorstellung.

    Jede Form der Vorstellung kann geübt werden. Nutzen Sie wieder einmal Ihre Freunde und/oder Kommilitonen und bereiten Sie dies schon frühzeitig in Kleingruppen spielerisch vor.

Die Postkorb-Übung ist mittlerweile weit verbreitet und es geht im Wesentlichen darum, in die Rolle eines Managers zu schlüpfen und verschiedene Termine, berufliche wie private, die miteinander kollidieren, sowie

Postkorb

E-Mails, Faxe und Postanforderungen auch nach inhaltlichen Kriterien zu sortieren und zu priorisieren.

In einer sehr knapp bemessenen Zeit müssen die Bewerber beweisen, dass Sie konzentriert und strukturiert den Postkorb abarbeiten und ohne großes Zögern entscheiden und delegieren.

Der Postkorb stellt eine typische Alltagssituation im Berufsleben dar und gilt als geeignete Aufgabe, um zu überprüfen, ob der Bewerber »die richtigen Dinge tut«, also effektiv arbeitet, und ob er »die Dinge richtig tut«, also effizient arbeitet.

Der Postkorb-Test existiert in verschiedenen Schwierigkeitsgraden, je nach Position, die es zu besetzen gilt. Konkret werden mit dem Postkorb u. a. folgende Kriterien überprüft und beurteilt:

- Belastbarkeit,
- Arbeitsmenge,
- Aufnahmefähigkeit und Genauigkeit,
- Engagement,
- Delegationsfähigkeit,
- Umgang mit Stress,
- Prioritäten setzen können,
- Kommunikationsverhalten.

Präsentation Die Präsentationsaufgabe gibt es in sehr verschiedenen Ausprägungen. Es kann die Präsentation eines Artikels sein, die Präsentation eines Berufes oder auch eine Pro- und Contra-Präsentation.

Bei all diesen Präsentationen geht es darum, dass der Bewerber frei und flüssig sowie sicher präsentieren kann. Fasst sich der Redner kurz? Weckt er Interesse? Spricht er verständlich? Nutzt er eventuell Medien wie Flipchart, Tafel, Folien oder Laptop, um die wichtigsten Inhalte zu visualisieren?

Konkret werden mit der Präsentationsaufgabe folgende Kriterien überprüft und beurteilt:

- Präsentationsfähigkeit,
- Fähigkeit zu strukturieren,
- Engagement,
- Kommunikationsfähigkeit,
- Selbstsicherheit,
- intellektuelle Fähigkeiten,
- Persönlichkeit.

Rollenspiel Beim Rollenspiel wird ein simuliertes Gespräch geführt, bei dem der Bewerber und eine oder mehrere andere Personen in eine Rolle schlüpfen und miteinander eine vorgegebene Alltagssituation aus dem Unternehmen (z. B. ein Konfliktgespräch) darstellen.

Die Art des zu führenden Gesprächs wird davon abhängen, welche Anforderung überprüft werden soll. Es kann um Konfliktgespräche, Motivationsgespräche, Kündigungsgespräche oder auch um die Moderation eines Teamgesprächs gehen.

An den Rollenspielen beteiligt sich immer ein geübter und gut instruierter Moderator, damit die Ergebnisse im Gesprächsverlauf besser beurteilt werden können.

Mit dem Rollenspiel werden folgende Kriterien überprüft und beurteilt:

- Führungsverhalten,
- Einfühlungsvermögen,
- Durchsetzungsvermögen,
- Kommunikationsverhalten,
- Wertschätzung, Werteorientierung,
- Umgang mit schwierigen Situationen,
- Fähigkeit zur Selbstreflexion.

Bei einer Gruppendiskussion bekommen alle Bewerber gemeinsam ein Thema vorgegeben. Dieses Thema muss in einer bestimmten Zeit gemeinsam diskutiert werden und meist zu einem Ergebnis geführt werden. Die Palette der möglichen Themen ist praktisch unendlich: Es können allgemeine Themen aus Politik und Wirtschaft sein, aber auch fachliche oder unternehmensspezifische Themen. **Gruppendiskussion**

Bei der Gruppendiskussion, die von 15 bis zu 30 Minuten dauern kann, wird zum einen beobachtet, wie die Rollen (Moderator, Diskussionsführer) verteilt werden, wer sich eher zurückhält, wer endlose Monologe hält, wie die Einzelnen zuhören und miteinander umgehen. Es zählt also neben dem Gesagten sehr stark das Verhalten.

Konkret werden bei der Gruppendiskussion die folgenden Kriterien überprüft und beurteilt:

- Führungsverhalten,
- Selbstpräsentation,
- Durchsetzungsvermögen,
- Kommunikationsfähigkeit,
- Persönlichkeit,
- Belastbarkeit,
- Präsentationsfähigkeit.

Die Analyse von Daten und Statistiken existiert in verschiedenen Ausprägungen und ist branchen- und unternehmensspezifisch und orientiert sich an der jeweiligen Position, die es zu besetzen gilt. **Datenanalyse**

Es kann um Auswertungen von Kundenbefragungen in Relation mit Absatz- und Umsatzdaten sowie Kostenentwicklungen gehen. Das Datenmaterial ist zu vernetzen und die Zusammenhänge und Wechselwirkungen sind aufzuzeigen. Es gilt, Handlungsempfehlungen herauszuarbeiten.

Bei der Besetzung einer Position im Personalbereich kann es beispielsweise um Personalkennzahlen gehen, wie Fluktuation, Fehlzeiten, Entwicklung der durchschnittlichen Personalkosten und Ergebnisse einer Mitarbeiterbefragung.

Konkret werden bei der Analyse der Daten und Statistiken die folgenden Kriterien überprüft und beurteilt:

- Arbeitsmenge,
- Genauigkeit,
- Umgang mit Zahlenmaterial,
- numerisches Denken,
- Aufbereitungsmethode, EDV-Know-how,
- Präsentationsfähigkeit,
- Kommunikationsfähigkeit.

Testverfahren In einigen ACs ist es durchaus üblich, auch die klassischen Testverfahren wie Persönlichkeitstests oder Intelligenztests einzusetzen.

Die Palette der unterschiedlichen Inhalte kennt ebenfalls kaum Grenzen. Die nachfolgende Aufzählung ist nur beispielhaft gemeint:

- Sprachtests, zur Überprüfung der Sprachkenntnisse,
- Standardtest zum Allgemeinwissen,
- Standardtest zum logischen Denken,
- Persönlichkeitstests,
- Konzentrationstests,
- Tests zum Abstraktionsvermögen.

Grundsätzlich ist es zu empfehlen, derartige Standardtests aus dem Internet immer mal wieder zu proben. Das vermittelt ein höheres Maß an Sicherheit im Umgang mit dieser Testmethode. Es gibt auch Unternehmen, die derartige Tests auch jenseits vom AC einsetzen und sie z. B. als Ergänzung zum Bewerberinterview nutzen.

Abschlussrunde Am Ende eines jeden Assessments steht die Abschluss- oder Feedback-Runde. Es ist gängige Praxis, dass die Teilnehmer eines Assessments aufgefordert werden, Ihre eigene Einschätzung zum Verfahren abzugeben und sich selbst und die anderen Teilnehmer zu bewerten.

Auch ist es zunehmend verbreitet, dass die Assessment-Teilnehmer unmittelbar ein Feedback erhalten. Geschieht dies nicht, bekommen Sie die Auswertung auf jeden Fall einige Tage später.

Sollte dies jedoch nicht geschehen, fassen Sie ruhig nach. Die Ergebnisse des AC können und sollten Sie nutzen, um sich immer weiter zu verbessern.

Daher bieten sich Assessment-Verfahren auf jeden Fall an, um den eigenen Stand zu bestimmen und eine Einschätzung der eigenen Person zu erhalten. Nutzen Sie daher solche Einladungen zum AC immer, auch wenn Sie unsicher sind, ob die ausgeschriebene Position tatsächlich für Sie geeignet ist.

Das bringt Sie weiter Wer sich auf solche Assessments vorbereiten möchte, kann hierfür z. B. das Buch von Bärbel Rompeltiens (Rompeltiens 2007) nutzen.

12.13 | Haben Sie keine Angst vor Eignungstests

Auch hier gilt: Gut vorbereitet können Sie auf jeden Fall punkten!

In vielen Unternehmen müssen sich Bewerber einem Eignungstest stellen. Die klassischen Eignungstests finden in diesen Bereichen statt:

Nutzen

- Allgemeinwissen,
- Grundrechenarten, Mathematik,
- Zahlenreihen,
- logisches Denken,
- praktisch-technische Intelligenz,
- Sprachen,
- Konzentrationsübungen,
- Persönlichkeitstests.

Es gibt Bücher, in denen Tests veröffentlicht werden. Auch spezielle Seminare werden angeboten. Im Internet können Sie Tests durchführen und Sie erhalten direkt das Ergebnis. Hier zwei mögliche Fragen:

Üben Sie

- Wie viele Bundesländer hat Deutschland?
  1, 10, 16, 20
  (Richtig = 16)
- Welche Wörter verstecken sich in:
  Kredin, Nosen, Seckedost, Stzenpir?
  (Richtig = Kinder, Sonne, Steckdose, Spritzen)

Je höher Sie die Karriereleiter hinauf wollen, desto komplexer und schwieriger werden die Einstellungstests. Doch auch dann **werden Sie es mit der richtigen Vorbereitung schon schaffen**. Bei den Einstellungstests werden hier die sogenannten Soft Skills eine größere Rolle spielen:

- Teamgeist,
- Mobilität,
- Kommunikationsstärke,
- Organisationsvermögen,
- Flexibilität,
- Kreativität,
- logisches Denken,
- Motivation.

Da sich diese Eigenschaften nur begrenzt trainieren lassen, ist es umso wichtiger, seine Stärken und Schwächen zu kennen.

- Fördern Sie Ihre Konzentrationsfähigkeit und trainieren Sie Kopfrechnen und Rechtschreibung.

Das bringt Sie weiter

- Arbeiten Sie eine Vielzahl unterschiedlicher Tests regelmäßig durch, so trainieren Sie Ihr Gehirn.
- Gut ausgeschlafen und nicht nach durchgemachter Nacht: Gehen Sie ausgeruht und mit doppelt so fittem Gehirn entspannt in den Test.
- Üben Sie Psychotests und testen Sie, mit welchen Antworten Sie welches Bild vermitteln. Doch bleiben Sie ehrlich und authentisch!

12.14 | Die eigene Entscheidung

Nutzen
Finden Sie die relevanten Kriterien, anhand derer Sie Ihre Entscheidung treffen können.

Das Gespräch, der Test oder das Assessment ist vorbei. Eigentlich haben Sie auch ein gutes Gefühl, doch trotzdem muss nun erst einmal abgewartet werden, wie das Unternehmen sich entscheidet. Doch was wollen Sie eigentlich? Welche Eindrücke haben Sie gewonnen? Nutzen Sie die Zeit, um für sich selbst eine Entscheidung zu treffen.

Sich entscheiden
Trotz angespannter Arbeitsmarktsituation sollten Sie nicht verkennen, dass letztlich das Unternehmen und auch Sie eine Entscheidung fällen. Das Unternehmen sucht den idealen Mitarbeiter. Sie suchen den idealen Arbeitsplatz. Also beide Seiten suchen etwas und entscheiden sich für etwas. In Branchen, in denen Unternehmen froh sind, überhaupt zwischen mehreren geeigneten Kandidaten auswählen zu können, laufen viele Gespräche oder Einstellungsverfahren deutlich anders ab. Hier werden die Kandidaten stärker umworben. Diese glückliche Ausgangslage herrscht leider nicht überall vor, dennoch sollten Sie sich bewusst machen, dass auch Sie sich entscheiden: mit Ja oder Nein. Doch wie kommen Sie zur richtigen Entscheidung?

Pro und Contra
Werten Sie nach einem Gespräch oder dem Assessment alle gewonnenen Informationen aus. Bewerten Sie diese für sich, d.h. vergeben Sie Punkte z.B. von 1 bis 4:
- 1 = voll erfüllt, übertrifft die Erwartungen,
- 2 = erfüllt,
- 3 = nur bedingt erfüllt,
- 4 = gar nicht erfüllt.

Mögliche Auswertungskriterien können sein:
- War die Gesprächsatmosphäre angenehm?
- Waren Ihnen die Gesprächspartner und der direkte Vorgesetzte sympathisch?
- Können Sie sich die Zusammenarbeit mit diesen Personen vorstellen?
- Entspricht die Position Ihren Vorstellungen?
- Sind Aufgaben und Kompetenzen klar geworden und entsprechen sie Ihren Vorstellungen?
- Entspricht das Führungsverständnis Ihren eigenen Vorstellungen?
- Waren Freiräume und Eigenverantwortung erkennbar?
- Zeichnen sich komplexe Aufgabenstellungen ab?
- Ist die Stelle mit einem Umzug an einen anderen Ort verbunden? Wäre das für Sie vorstellbar?
- Entsprechen die Arbeitszeiten Ihren eigenen Vorstellungen?
- Entsprechen Arbeitsplatz, Büro und Ausstattung Ihren Vorstellungen?
- Sind der Arbeitsweg und die damit verbundene Zeit vertretbar?
- Entspricht das Gehalt der Position und Ihren Vorstellungen?

Wenn Sie diese Fragen für sich beantwortet haben, bewerten Sie diese auch noch mit der jeweiligen Wichtigkeit.

    Kriterien, die zwar voll erfüllt sind, für Sie jedoch weniger wichtig sind, sind für Ihre Entscheidungsfindung nicht so relevant. Entscheidend sind die Kriterien, die für Sie von besonderer Bedeutung sind. Benötigen Sie z.B. einen großen Freiraum und viel Vertrauen/Verantwortung, um zufrieden und gut arbeiten zu können, wird eine Arbeitsstelle, die Ihnen das nicht bieten kann, dauerhaft keine gute Lösung darstellen.

    Seien Sie ehrlich mit sich selbst und prüfen Sie genau, ob es Kriterien gibt, mit denen Sie vielleicht im Moment (mit Kompromissen) leben können, die aber dauerhaft zum Problem werden. Keiner kennt Sie besser als Sie sich selbst. Hören Sie hier auch auf Ihr Bauchgefühl. Auch wenn man lange nachdenkt und die Pros und Contras bestimmt und ihre Konsequenzen abwägt, kommt nicht immer die beste Entscheidung heraus.

    Ungute Gefühle oder positive Gefühle werden von Signalen der Nervenzellen begleitet. Auch diese Empfindungen sollten Sie berücksichtigen, denn auch das Bauchgefühl ist wichtig für Ihre Entscheidung..

Bedenken Sie bei der Entscheidung für eine Arbeitsstelle immer, egal ob es um den Berufseinstieg oder die neue Stelle nach einem beruflichen Wechsel geht: **Zufriedenheit am Arbeitsplatz ist notwendig**, um generell mit dem Leben zufrieden sein zu können. Arbeit kann und sollte also Spaß machen!

Gerade für Berufseinsteiger ist es häufig schwierig abzuwägen, ob sie sich auch gegen ein Stellenangebot entscheiden können.

    Der Weg zum Traumjob ist nicht einfach. Sicher wird man hierzu auch so manchen Umweg in Kauf nehmen müssen. Doch zu viele Umwege erhöhen zwar die Ortskenntnis, d.h., sie vermitteln eine Menge an Erfahrung, können aber auch zur Einbahnstraße werden oder einen vom Weg abbringen.

    Berufserfahrungen müssen gerade die Einsteiger nach dem Studium sammeln. Doch auch hier gilt, möglichst gute und die richtigen Erfahrungen zu sammeln. Was nützt eine Arbeitsstelle, bei der Sie täglich unter Druck stehen, schon mit Magenschmerzen zur Arbeit gehen oder sich vor lauter Unterforderung langweilen?

    Ihre spätere und langfristige Arbeitshaltung und Einstellung, Ihr Engagement, Ihre berufliche Weiterentwicklung wird entscheidend durch die ersten Berufsjahre geprägt. Hier lernen Sie, wie die Arbeitswelt in der Realität aussieht. Und, wie überall im Leben, kann es gut oder schlecht aussehen, können Sie gute oder auch schlechte Erfahrungen machen. Mitarbeiter, denen kein Freiraum gewährt wird, die in Teams und nur nach Vorschrift arbeiten, wo nicht das Ziel/das Ergebnis im Fokus des Handelns steht, sondern die Einhaltung der Arbeits- und Pausenzeiten – werden sich anpassen, damit abfinden oder frustriert »mitmachen«. Oder werden sich entscheiden, wieder zu gehen.

Prioritäten

Spaß

Nicht um jeden Preis

Stelle wechseln   Sie können sich also entscheiden, ob es eine »Einbahnstraße« wird, Sie sich »vom Weg abbringen lassen« oder ob Sie aussteigen und einen anderen Weg einschlagen.

Dies können Sie im Laufe Ihres beruflichen Lebens durchaus drei bis vier Mal tun. Doch Vorsicht: Werden Sie nicht zum Jobhopper.

Das ist in einigen Branchen zwar erwünscht, wie z. B. bei Köchen, aber bei Personalern löst dies – je nach der zu besetzenden Position – häufig einige Bedenken aus.

Gut ist es, wenn Sie die häufigen beruflichen Wechsel mit befristeten Zeitverträgen begründen können. Dies wird in der Regel auch von Personalern als sachlicher Grund anerkannt.

Viele berufliche Veränderungen hintereinander können zu folgenden Interpretationen führen:

- der Bewerber ist schwierig zu integrieren,
- der Bewerber ist nicht leicht zufriedenzustellen,
- eine grundsätzlich schwierige Persönlichkeit,
- der Bewerber hat zu hohe Erwartungen,
- die Zusammenarbeit wird schwierig,
- der Bewerber geht nach kurzer Zeit wieder, Aufwand der Einarbeitung lohnt sich gar nicht,
- der Bewerber sorgt für Unruhe im Unternehmen.

Absage   Wenn Sie sich nach reiflicher Überlegung gegen ein Stellenangebot entscheiden, sollten Sie sorgsam prüfen, wie Sie dies tun. Dabei sollten Sie auch langfristig denken: Denn es könnte durchaus sein, dass Sie in einigen Jahren vielleicht erneut bei diesem Unternehmen vorsprechen wollen und können. Also getreu dem Motto: Man sieht sich meistens zwei Mal im Leben. Vielleicht wird Ihr heutiger Gesprächspartner aber auch einmal Ihr Kooperationspartner, wenn Sie zu einem anderen Unternehmen gehen.

Erteilen Sie Ihre Absage immer verbindlich, mit sachlicher Begründung und möglichst im persönlichen Gespräch oder Telefonat. Sie können das selbstverständlich auch schriftlich tun, doch immer nur dann, wenn es bereits Gespräche zwischen Ihnen und dem Unternehmen gegeben hat.

Seien Sie authentisch und verhalten Sie sich professionell.

Mögliche Absagegründe, die Sie entsprechend formulieren können:

- Meine Erwartungen an die Aufgaben waren andere.
- Ein Umzug kommt dann doch nicht für mich in Frage.
- Die Arbeitszeiten stellen für mich ein größeres Problem dar, als ich zunächst gedacht habe.
- Ich habe den Eindruck gewonnen, dass ich mit meiner Persönlichkeit nicht ins Unternehmen passe.

Das bringt Sie weiter   Verwenden Sie bei der Entscheidungsfindung die Methode der Nutzwertanalyse.

12.15 | Verschaffen Sie sich einen schnellen Überblick im Job

Neu im Unternehmen? Kommen Sie gut an! Das gelingt Ihnen sicher viel leichter, wenn Sie sich gut informieren und vorbereiten. Nutzen

Wenn Sie neu in Unternehmen einsteigen (z. B. in Projekten, in Praxisphasen oder um eine Stelle anzutreten), dann haben Sie eine bessere Startposition, wenn Sie systematisch vorgehen.

- Sind Sie bereits ausreichend über Geschichte, Ziele, Leistungen, Entwicklungen des Unternehmens informiert? Checkliste
- Kennen Sie bereits alle Kollegen und Kolleginnen?
- Hatten Sie schon Gespräche mit Vorgesetzten?
- Können Sie Ihre Kollegen und Vorgesetzte bereits einschätzen?
- Welche haben einen großen Einfluss im Unternehmen?
- Wissen Sie, was von Ihnen erwartet wird?
- Sind Ziele vereinbart worden?
- Sind Ihnen die EDV-Vorschriften bekannt? Dürfen Sie Dateien einspielen, Programme installieren etc.? Müssen Sie Ihre Passwörter regelmäßig ändern bzw. schriftlich hinterlegen?
- Wer sind Ihre Ansprechpartner bei EDV-Problemen?
- Sind Sie über Ihre Verantwortung bezüglich Datenschutz und Datensicherheit informiert?
- Wie erhalten Sie notwendige Arbeitsmaterialien?
- Wissen Sie, was unter die betriebliche Schweigepflicht fällt?
- Wissen Sie, wie Sie externen Schriftverkehr unterzeichnen sollen?
- Kennen Sie die Regelungen/Prozesse der internen Postverteilung?
- Wissen Sie, wie private Telefonanrufe, Kopien abgerechnet werden?
- Gibt es eine Arbeitszeiterfassung und welche Regelungen bestehen diesbezüglich?
- Sind Sie über die Pausenregelungen informiert?
- Kennen Sie die Regelungen und Angebote zu internen und externen Fortbildungen?
- Welche Vereinbarungen bezüglich der Genehmigung und Abrechnung von Reisekosten gibt es?
- Kennen Sie die Parkplatzregelung?
- Wissen Sie, wer Ersthelfer ist bzw. wo ein Erste-Hilfe-Kasten, ein Feuerlöscher etc. verfügbar ist?
- Sind Sie über das Verhalten in Notfällen ausreichend informiert? Kennen Sie Notfallrufnummern und Fluchtwege?
- Suchen Sie sich einen Paten/Mentor/Ansprechpartner für alle Belange und Fragen, die noch offen sind.

Notieren Sie sich für den nächsten Einstieg, was gut und was schlecht gelungen ist. Das bringt Sie weiter

13 Überzeugen Sie beim »Dinner Date« und der »Schwiegermutter-Prüfung«

Egal, wie der konkrete Anlass aussieht oder wie Sie es nennen wollen – es geht um etwas unheimlich Wichtiges: Sie müssen ein Essen zaubern – mit dem Sie überzeugen wollen.

Eine der wesentlichsten Prüfungen am Rande des Studiums. Es wäre doch gelacht, wenn Ihnen dies nicht gelingen sollte.

Die folgenden Erfolgs-Rezepte sind für 4 Personen gedacht:

Gedünsteter Fenchel

Zutaten: 4 schöne knackige Fenchelknollen, Salz, Pfeffer (aus der Mühle), Saft einer Zitrone, Olivenöl, geriebener Parmesan.

Zubereitung: Die Fenchelknollen putzen und das Grün abschneiden (nicht wegwerfen). Fenchelknollen quer durch den Wurzelansatz und die Spitzen vierteln. Die Fenchelknollen anschließend in kräftig gesalzenem Wasser zum Kochen bringen und fast weich kochen (ca. 15–20 Min.).

Anschließend in eine Auflaufform geben und mit einigen Löffeln Kochsud, Zitronensaft und Olivenöl beträufeln sowie pfeffern. Parmesan reiben und über die Fenchelknollen streuen.

Das Ganze im Backofen überbacken, bis der Käse braun wird, dann auf Teller verteilen und mit dem Fenchelgrün bestreuen.

Hierzu reicht man Ciabatta-Brot und einen Grauburgunder (z. B. vom Kaiserstuhl).

Feldsalat mit Nussdressing

Zutaten: 150 g geräucherter Bauchspeck am Stück, 6 EL Öl (z. B. Sojaöl oder Sonnenblumenöl, falls vorhanden 1 EL Nussöl), 2 EL milder Weißweinessig, Saft einer ½ Zitrone, Salz, weißer Pfeffer, 50 g Hasel- oder Walnusskerne, 250 g Feldsalat.

Zubereitung: Den geräucherten Bauchspeck in kleine Würfelchen schneiden und in einer Pfanne mit 1 EL Öl auslassen, bis die Würfel knusprig sind. Die Würfelchen herausholen. Den Bratensatz mit dem Weißweinessig ablöschen und die Flüssigkeit in eine Schüssel gießen. Mit dem Zitronensaft, Salz, Pfeffer und 1 EL Wasser verrühren und mit den restlichen Ölen (mit einem Schneebesen) aufschlagen. Die Nüsse grob hacken und in einer trockenen Pfanne etwas anrösten, damit sich ihr Aroma besser entfaltet. Den Feldsalat gut waschen, trocken schleudern, in eine Schüssel geben und mit dem Speck und den Nüssen garnieren. Die Soße separat in einem Kännchen oder Schüsselchen reichen.

Feldsalat mit Scampi

Zutaten: 300 g Feldsalat, 150 g Kirschtomaten, 1 Schalotte, 12 rohe Scampi (alternativ Krabben), ½ Zitrone, Salz, weißer Pfeffer, 2 EL Crème fraîche, 3 EL Sherryessig, 2 EL Öl (möglichst ein geschmacksneutrales Öl, wie etwa Sojaöl).

Zubereitung: Den Feldsalat gut waschen und trocken schleudern. Die Kirschtomaten waschen, vierteln und mit dem Feldsalat in eine Schüssel geben. Die Schalotten sehr fein hacken, hinzufügen und mischen. Die

Scampi oder Krabben mit kaltem Wasser abspülen. Falls Scampi verwendet werden, das Wasser mit dem Saft der ½ Zitrone und Salz zum Kochen bringen, die Scampi hineingeben und drei Minuten bei milder Hitze garen. Herausnehmen, aus der Schale lösen, am Rücken entlang öffnen und den dunklen Darm entfernen.

Aus Salz, Pfeffer, Crème fraîche, Sherryessig und Sojaöl eine Soße rühren. Den Salat als Bett auf die Teller verteilen, Scampi oder Krabben und die Soße darauf geben.

Hierzu passen wunderbar ein knuspriges Baguette und ein trockener Weißherbst.

Zutaten: 4 mittelgroße Tomaten, 2 Bananen, Saft einer Zitrone, 3 EL Öl, ½ TL Salz, schwarzer Pfeffer, ¼ TL Currypulver, ½ TL rosa Pfeffer.

Zubereitung: Die Tomaten in Scheiben schneiden und fächerförmig auf einer Salatplatte oder auf Portionstellern anrichten. Die Bananen schälen, in Scheiben schneiden und fächerförmig auf die Tomatenscheiben legen. Die Bananenscheiben sofort mit 1 TL Zitronensaft beträufeln, damit sie sich nicht dunkel färben.

Das Öl mit dem restlichen Zitronensaft, dem Salz, dem schwarzen Pfeffer (einer guten Prise) und dem Curry verrühren. Die Soße über den Salat träufeln. Die rosa Pfefferkörner im Mörser zerstoßen und über den Salat streuen.

Tomaten-Bananen-Salat

Zutaten: 1 kg Tomaten, 250 g Schafskäse, 10 EL Olivenöl, 4 EL Zitronensaft, Salz, Pfeffer (aus der Mühle), 1 Bund Dill.

Zubereitung: Die Tomaten waschen, abtrocknen, die Stängelansätze entfernen, achteln. Den Schafskäse zerbröckeln und vorsichtig miteinander vermengen. Für die Salatsoße Olivenöl, Zitronensaft, Salz, Pfeffer verrühren, dann den fein gehackten Dill unterrühren. Die Salatsoße über die Tomaten und den Schafskäse geben, etwa 30 Min. durchziehen lassen.

Lecker schmeckt hierzu (wenn es auch nicht typisch griechisch ist) ein Baguette und ein leichter Rotwein.

Tomaten-Schafskäse-Salat

Zutaten: 2 rote Paprika, 2 gelbe Paprika, 1 grüne Paprika, 10–12 mittelgroße Kartoffeln, 4 Zwiebeln, 1 kg Gehacktes, Salz, Pfeffer, Olivenöl, Rosmarin, 2–3 Dosen geschälte Tomaten, 3 TL Gemüsebrühe.

Zubereitung: Rote, gelbe und grüne Paprika waschen und in kleine Stücke (etwa 2 × 2 cm, aber nicht zu genau nehmen, keinesfalls mit dem Lineal arbeiten) schneiden, ebenso die Kartoffeln. Die Zwiebeln schälen und in Ringe schneiden. Man würzt das Gehackte mit Salz und Pfeffer und brät es in Olivenöl mit etwas Rosmarin an. Dabei zerstößt man das Gehackte mit einem Holzlöffel, bis es ganz krümelig und durchgebraten ist. Dann gibt man Zwiebel hinzu und brät diese ebenfalls an. Nach kurzer Zeit kommen die Paprika hinzu und man lässt alles unter ständigem Rühren etwas schmoren. Man gibt nun die Kartoffeln hinzu und füllt mit den Tomaten auf. Zuletzt gibt man 3 TL Gemüsebrühe hinzu. Das Ganze

Hackfleischtopf

bei kleiner Flamme kochen lassen, bis die Kartoffeln gar sind (ca. 25 Min., kommt aber auf die Kartoffelsorte an). Je nach Geschmack mit scharfem Pfeffer oder anderen Scharfmachern würzen und dazu ein gutes Kölsch!

Gemüse-Lammtopf

Zutaten: 750 g Lammfleisch (aus der Keule), 2 Knoblauchzehen, 400 g Tomaten, 2 EL Öl, Salz, Pfeffer (aus der Mühle), Rosenpaprika, 1 TL getrocknete Kräuter der Provence, 1 EL Tomatenmark, 1 EL Mehl, 100 g Okraschoten, 250 g Kürbis, 400 g kleine Kartoffeln, 2 EL Olivenöl, Zitronensaft, frischer Majoran.

Zubereitung: Das Fleisch waschen, trocken tupfen und würfeln. Knoblauch schälen und hacken. Tomaten putzen, waschen und vierteln. Öl erhitzen und Fleisch darin portionsweise kräftig anbraten. Knoblauch kurz andünsten. Mit Salz, Pfeffer aus der Mühle, Paprika und getrockneten Kräutern würzen. Tomatenmark unterrühren. Mehl darüberstäuben. Tomaten zufügen und mit 1 l Wasser ablöschen. Das ganze ca. 50 Min. zugedeckt schmoren.

Okraschoten waschen, dabei leicht abreiben. Die Stielansätze herausschneiden. Etwas 5 Min. in kochendem Salzwasser blanchieren, kalt abschrecken. Majoran kleinzupfen, Kürbis schälen und würfeln. Kartoffeln waschen, halbieren und im heißen Olivenöl unter Wenden ca. 10 Min. braten und anschließend salzen. Währenddessen den Kürbis 15 Min., Okraschroten und Kartoffeln 7 Min. vor Ende der Garzeit zum Lammtopf geben. Zum Schluss mit Salz, Paprika und Zitronensaft abschmecken und mit Majoran bestreuen.

Heringstopf – die rheinische Variante

Zutaten: 10–12 Matjesfilets, 4 Wacholderbeeren (mit dem Messer zerdrücken), 1 Lorbeerblatt, 1/4 l saure Sahne, 1/8 l süße Sahne, 2 Zwiebeln, 2 säuerliche Äpfel, 2 Gewürzgurken.

Zubereitung: Die Matjesfilets etwa 2 Stunden wässern, dann in Stücke schneiden. Zwiebeln in Ringe, Äpfel in kleine Stücke und Gurken in Scheiben schneiden. Anschließend Lorbeerblatt und die zerdrückten Wacholderbeeren dazugeben, mit saurer Sahne vermischen und über Nacht ziehen lassen und vor dem Anrichten mit süßer Sahne abschmecken.

Als Beilage eignen sich mit etwas Kümmel in Salzwasser gekochte neue Kartoffeln und ein schönes Pils.

Norddeutscher Matjes

Zutaten: 12 Matjesfilets, 1 säuerlicher Apfel, 1/2 TL Zitronensaft, 1/8 l süße Sahne, Salz, 2 EL Meerrettich, Johannisbeergelee, Preiselbeeren. Zum Garnieren: ein wenig Gurke, Tomate und Petersilie.

Zubereitung: Apfel in Scheiben schneiden und mit Zitronensaft beträufeln, damit die Apfelscheiben nicht braun werden. Matjesfilets aufrollen, mit einem Holzspießchen zusammenhalten und auf die Apfelscheiben setzen. Sahne mit dem Salz steif schlagen und mit Meerrettich vermengen. In den Matjesröllchen anrichten. Dazu einen Tupfer Preiselbeeren oder Johannisbeergelee. Mit Gurke, Tomate und Petersilie garnieren.

Als Variante bietet sich an, einige Matjes ohne Apfelscheiben und Sahnefüllung zu belassen und stattdessen mit Johannisbeergelee oder Preiselbeeren zu füllen.

Hierzu schmeckt Schwarzbrot und natürlich wieder ein schönes, kühles Pils.

Alle Fans von Julia Roberts wissen aus dem Film »Pretty Woman«, dass Erdbeeren und Champagner eine geradezu ideale Kombination darstellen.

Brie auf pfeffrigen Erdbeeren

Zutaten: 300 g Erdbeeren, 300 g Brie, grob gemahlener schwarzer Pfeffer, 1 Glas (100 ml) weißer Portwein.

Zubereitung: Die Erdbeeren waschen, je nach Größe halbieren oder vierteln. Den Käse in ca. 1 cm große Würfel schneiden und unter die Erdbeeren heben. Den Portwein darübergießen und alles mit schwarzem Pfeffer bestreuen.

Zutaten: 4 kleine runde Ziegenkäse, Honig, 4 frische Feigen, 12 Walnüsse.

Ziegenkäse mit Honig, Feigen und Walnüssen

Zubereitung: Den Ziegenkäse jeweils in die Mitte des Tellers legen und mit je einem EL Honig übergießen. Die Nüsse knacken und die Feigen vierteln. Beides um den Käse herumlegen.

Zutaten: 1 Salatgurke, 2 Knoblauchzehen, 250 g Joghurt, Salz, weißer Pfeffer, 2 EL Zitronensaft.

Tsatsiki

Zubereitung: Salatgurke waschen und raspeln. Dann mit Joghurt, Zitronensaft, Salz, Pfeffer und den ausgepressten Knoblauchzehen vermischen. Eine Stunde ziehen lassen. Wenn das Tsatsiki nicht zu flüssig sein soll, die Salatgurke nach dem Raspeln zunächst salzen, dann einen halbe Stunde stehen lassen und mit der Hand das Wasser auspressen.

Zutaten: 2 Avocados, 1 Zitrone, 1 Zwiebel, Tabasco.

Avocadopüree

Zubereitung: Avocados um den Kern herum halbieren, in zwei Hälften brechen, Fruchtfleisch auslöffeln und mit Zitronensaft beträufeln. Anschließend mit einer feingehackten Zwiebel und einem Schuss Tabasco vermischen.

Das legendäre Rührei. Drei **Grundregeln** sind zu beachten:

Rührei

- Rührei wird am besten mit Butterschmalz gebraten. Nehme niemals Olivenöl, das schmeckt nicht.
- Zu Rührei gehört immer weißer Pfeffer, schwarzer sieht unästhetisch aus.
- Zur Eiermasse sollte man noch ein Schuss Sahne, Kondensmilch oder auch Mineralwasser hinzugeben.

Zutaten: Pro Person 2 Eier, Salz, weißer Pfeffer, Sahne, Kondensmilch oder Mineralwasser.

Zubereitung: Eier mit einem Schuss Sahne (alternativ Kondensmilch oder Mineralwasser) verquirlen. Salzen und pfeffern, anschließend in einer Pfanne mit Butterschmalz braten. Nicht zu heiß werden lassen, und mit dem Kochlöffel »verrühren«.

Das Rezept lässt sich leicht abwandeln, indem man zunächst Schinken anbrät und dann erst die Eiermasse dazugibt. Außerdem kann man dem Rührei durch einen Schuss Tabasco eine pikante Note geben.

Bratkartoffeln   **Zutaten:** 750 g Kartoffeln, 6 EL Öl, Salz.

Zubereitung: Kartoffeln schälen, vierteln und in heißem Öl goldbraun anbraten. Anschließend zugedeckt bei schwacher Hitze 20 Min. braten, gelegentlich wenden.

Hierzu passt ein Spiegelei. Je nach Geschmack können die Kartoffeln gemeinsam mit in dünne Scheiben geschnittenem Knoblauch gebraten werden.

Röstkartoffeln   **Zutaten:** 750 g Kartoffeln, Butterschmalz, Salz.

Zubereitung: Kartoffeln zunächst waschen und 20 Min. mit Schale in ein wenig Salzwasser kochen. Die erkalteten Kartoffeln pellen, in Scheiben schneiden und in heißem Butterschmalz ohne Deckel sorgfältig goldbraun rösten und mit Salz bestreuen. Eventuell mit Kümmel oder Petersilie würzen.

Das Rezept kann variiert werden, indem man statt des Butterschmalzes Speckwürfel (ca. 100 g) in der Pfanne ausbrät und dann erst eine in Scheiben geschnittene Zwiebel und die Kartoffeln dazugibt.

Als Beilage passt hervorragend ein grüner Salat und natürlich, wie auch zu den Bratkartoffeln, ein kühles Bier.

Zucchiniküchlein   **Zutaten:** 2 Zucchini, 1 Schalotte, 1 Bund Dill, 2 Eier, 1 EL Mehl, Salz, 1 EL Olivenöl zum Ausbacken.

Zubereitung: Zucchini waschen und fein raspeln, Dill waschen und fein hacken, Schalotte schälen und fein hacken. Eier, Mehl und Salz für den Teig mischen und ½ Stunde ruhen lassen. Dann den Teig mit den Zucchini, der Schalotte und dem Dill vermischen und in heißem Olivenöl kleine Küchlein ausbacken. Hierzu passt ein frischer Gurkensalat oder auch ein schönes Tsatsiki.

Verwendete und weiterführende Literatur

Bandura, A.: Self-efficacy. The exercise of control, New York: Freeman 1997.

Bandura, A.: Social foundations of thought and action: A social cognitive theory, Englewood Cliffs: Prentice-Hall 1986.

Bandura, A.: Self-efficacy: Toward a unifying theory of behavioral change, in: Psychologcal Review, 84, 1977, S. 191–215.

Beck, A.T.: Cognitive therapy and the emotional disorders, New York: Brunner/Mazel 1976.

Bolles, R.N.: Durchstarten zum Traumjob, Frankfurt: Campus 3. Auflage 2007.

Brink, A.: Anfertigung wissenschaftlicher Arbeiten, München, Wien: Oldenbourg 2. überarbeitete Auflage 2005.

Bundesverband Deutscher Studentischer Unternehmensberatungen BDSU: Beispielprojekte, Prozessdesign (Lufthansa AG), http://www.bdsu.de/index.php?id = 68, 25.5.2007

Buzan, T.: Mind Map – die Erfolgsmethode. Die geistigen Möglichkeiten steigern und optimal nutzen, München: Goldmann 2005.

Cockburn, A.: Use Cases effektiv erstellen, Heidelberg: Redline 2003.

Cottrell, S.: The Study Skills Handbook, Houndmills, Basingstoke, Hampshire, New York: Palgrave Macmillan 2. Auflage 2003.

DeRubeis, R.J./Beck, A.T.: Cognitive therapy, in: Dobson, K.: Handbook of Cognitive-Behavioral Therapies, New York: Guilford 1988, S. 273–306.

Ebster, C./Stalzer, L: Wissenschaftliches Arbeiten, Wien: WUV Universitätsverlag 2003.

Ellis, A.: Das ABC der Rational-Emotiven Therapie. In: Quekelberghe, R. (Hrsg.): Modelle kognitiver Therapie, München: Urban/Schwarzenberg 1979, S. 38–48.

Emden, J.V./Becker, L.: Presentation Skills for Students, Houndmills, Basingstoke, Hampshire, New York: Palgrave Macmillan 2004.

Epiktet: Handbüchlein der Ethik. Stuttgart: Reclam 1958.

Etrillard, S.: Gekonnt gekontert. Souverän, schlagfertig und fair in jeder Situation, Hamburg: Hoffmann und Campe 2004.

Fisher, R./Ury, W./Patton, B.: Das Harvard-Konzept. Der Klassiker der Verhandlungstechnik, Frankfurt, New York: Campus, 22., durchgesehene Auflage 2004.

Franck, N.: Fit fürs Studium. Erfolgreich lesen, reden, schreiben, München: dtv 8. Auflage 2006.

Frey-Eiling, A./Frey K.: Allgemeine Didaktik, Zürich: Verlag der Fachvereine 5. Auflage 1992.

Green, N./Green, K.: Kooperatives Lernen und Lernpsychologie, http://www.learn-line.nrw.de/angebote/greenline/lernen/grund/cl_lernen.html, 24.5.2007.

Greetham, B.: How to Write Better Essays, Houndmills, Basingstoke, Hampshire, New York: Palgrave Macmillan 2001.

Grüning, C.: Garantiert erfolgreich lernen. Wie Sie Ihre Lese- und Lernfähigkeit steigern, München: Grüning 2. Auflage 2006.

Grütz, D.: Die Vorlesung – eine fachsprachliche Textsorte am Beispiel der Fachkommunikation Wirtschaft. Eine textlinguistische Analyse mit didaktischen Anmerkungen für den Fachsprachenunterricht Deutsch als Fremdsprache, http://www.linguistik-online.de/10_02/gruetz.html, 17.5.2007.

Heckhausen, H.: Motivation und Handeln, Berlin: Springer 1989.

Heister, W.: Studieren mit Erfolg: Effizientes Lernen und Selbstmanagement in Bachelor-, Master- und Diplomstudiengängen, Stuttgart: Schäffer-Poeschel 2007.

Heister, W./Weßler-Poßberg, D.: Studieren mit Erfolg. Wissenschaftliches Arbeiten für Wirtschaftswissenschaftler, Stuttgart: Schäffer-Poeschel 2007.

Jerusalem, M.: Persönliche Ressourcen, Vulnerabilität und Streßerleben, Göttingen: Hogrefe 1990.

Johnson, D. W./Johnson, R. T.: Learning together and alone, New Jersey: Englewood Cliffs 1987.

Kanfer, F. H.: Selbstmanagement-Methoden, in: Kanfer, F. H./Goldstein, A. P.: Möglichkeiten der Verhaltensänderung, München: Urban/Schwarzenberg 1979, S. 350–406.

Kanfer, F. H./Reinecker, H./Schmelzer, D.: Selbstmanagement-Therapie, Berlin: Springer 1991.

Kerr, N. L.: Motivational losses in small groups: A social dilemma analysis, in: Journal of Personality and Social Psychology, 45, 1983, S. 819–828.

Knoblauch, J./Wöltje, H.: Zeitmanagement – Perfekt organisieren mit Zeitplaner und Handheld, Freiburg i. Br., Planegg: Haufe 2. Auflage 2006.

Knoblauch, J./Wöltje, H.: Zeitmanagement. Taschenguide, Planegg b. München: Haufe 2003.

Kolberg, M.: Openoffice.org 2.0. Die Office Alternative, München: Markt und Technik 2006.

Körner, T.: Ein Lob der Vorlesung, http://www.mathematik.uni-kl.de/~wwwfktn/homepage/lob.html, 13.5.2007

Krampen, G.: Fragebogen zu Kompetenz- und Kontrollüberzeugungen (FKK), Göttingen: Hogrefe 1991.

Kruse, O.: Keine Angst vor dem leeren Blatt. Ohne Schreibblockade durchs Studium, Frankfurt: Campus 2002.

Kuper, H./Öztürk, H.: Mündliche Prüfungen im Arbeitsbereich Weiterbildung und Bildungsmanagement, http://www.ewi-psy.fu-berlin.de/einrichtungen/arbeitsbereiche/weiterbildung_bildungsmanagement/media/m__ndliche_Pr__fung_im_Arbeitsbereich_Weiterbildung_und_Bildungsmanagement.pdf, 3.6.2007.

Leitl, M.: Was ist … Social Loafing?, in: Havard Businessmanager, 5, 2007, S. 15.

Levenson, H.: Distinctions within the concept of internal-external control: Development of a new scale. Proceedings of the 80th Annual Convention of the American Psychological Association, 7, 1972, S. 261–262.

Löhmer, C./Standhardt, R.: TZI – Die Kunst, sich selbst und eine Gruppe zu leiten. Einführung in die Themenzentrierte Interaktion, Stuttgart: Klett-Cotta 2006.

Lück, W.: Technik des wissenschaftlichen Arbeitens, München, Wien: Oldenburg 9. überarbeitete Auflage 2003.

Markus, H./Nurius, P.: Possible selves: Personalized representations of goals, in: Pervin, L. A. (Hrsg.). Goal concepts in personality and social psychology, Hillsdale: Erlbaum 1986, S. 211–241.

Martin, J. P.: Lernen durch Lehren (LdL), in: Die Schulleitung. Zeitschrift für pädagogische Führung und Fortbildung in Bayern, 4, 2002, S. 3–9.

Mayer, J. J.: Zeitmanagement für Dummies, Bonn: mitp 2002.

Meichenbaum, D. W.: Methoden der Selbstinstruktion, in: Kanfer, F. H./ Goldstein, A. P. (Hrsg.): Möglichkeiten der Verhaltensänderung, München: Urban/Schwarzenberg 1979, S. 407–450.

Molcho, S.: Alles über Körpersprache. Sonderausgabe. Sich selbst und andere besser verstehen. München: Goldmann 2006.

Nöllke, M.: Kreativitätstechniken. Taschenguide, Freiburg im Breisgau: Haufe 3. Auflage 2002.

Online-Verwaltungslexikon olev.de, http://www.olev.de/p/projekt.htm, 15.5.2007.

Pohl, W: Mitschrift und Mitarbeit, http://www.pohlw.de/lernen/kurs/ lern-03.htm, 24.5.2007.

Püttjer, C./Schnierda, U.: Die Bewerbungsmappe mit Profil für Bewerber mit Zick-Zack-Lebensläufen, Frankfurt: Campus 2007.

Rehn-Göstenmeier, G.: Mind Mapping mit Mindjet MindManager 6, Heidelberg: bhv 2006.

Reibold, H. F.: Mind Mapping mit FreeMind, Saarbrücken: bomots-Verlag 2006.

Reinecker, H.: Selbstmanagement, in: Margraf, J. (Hrsg.): Lehrbuch der Verhaltenstherapie, Berlin: Springer 2000, S. 525–540.

Reinecker, H.: Methoden der Verhaltenstherapie, in: Ders. (Hrsg.): Lehrbuch der Verhaltenstherapie, Tübingen: dgvt-Verlag 1999, S. 147–333.

Renkl, A.: Lernen durch Lehren – Zentrale Wirkmechanismen beim kooperativen Lernen. Deutscher Universitäts-Verlag: Wiesbaden 1997.

Renkl, A./Gruber, H./Mandl, H. (1995): Kooperatives problemorientiertes Lernen in der Hochschule (Forschungsbericht Nr. 46). München: Ludwig-Maximilians-Universität, Lehrstuhl für Empirische Pädagogik und Pädagogische.

Rompeltiens, B.: Last-Minute-Programm für das erfolgreiche Assessment-Center, Frankfurt am Main: Campus 3. aktualisierte Auflage 2007.

Roth, G.: Warum sind Lehren und Lernen so schwierig? 2002, http://www.zlb-winterthur.ch/publikationen/LehrenUndLernen.pdf, 6.7.2007.

Rotter, J. B.: Generalized expectancies for internal versus external control of reinforcements, Psychological Monographs, 80, 1966, S. 1–28.

Schröder, K.: Persönlichkeit, Ressourcen und Bewältigung, in: Schwarzer, R. (Hrsg.): Gesundheitspsychologie. Ein Lehrbuch, Göttingen: Hogrefe 1997, S. 319–347.

Schulz von Thun, F.: Miteinander reden. Störungen und Klärungen. Allgemeine Psychologie der Kommunikation, Reinbek b. Hamburg: Rowohlt 1981.

Schulz-Wimmer, H.: Projekte managen. Werkzeuge für effizientes Organisieren, Durchführen und Nachhalten von Projekten, Planegg b. München: Haufe 2005.

Schwarzer, R.: Psychologie des Gesundheitsverhaltens. Einführung in die Gesundheitspsychologie, Göttingen: Hogrefe 3. überarbeitete Auflage 2004.

Schwarzer, R.: Psychologie des Gesundheitsverhaltens, Göttingen Hogrefe 2. Auflage 1996.

Spence, G.: Argumentiere und gewinne: Amerikas Anwalt Nr. 1 lehrt die hohe Kunst des erfolgreichen Argumentierens, Hamburg: Kabel 1995.

Spoun, S./Domnik, D.: Erfolgreich studieren. Ein Handbuch für Wirtschafts- und Sozialwissenschaftler, München: Pearson Studium 2004.

Stangl, W.: Arbeitsblätter. Mitschrift und Notizen in Vorlesungen, Seminaren und Übungen, http://www.stangl-taller.at/ARBEITSBLAETTER/LERNTECHNIK/Mitschrift.shtml, 26.5.2007.

Studienordnung der Hochschule Niederrhein, http://atlas.hs-niederhein.de/cms/fileadmin/gruppen/ordnungen/FB05/stooecotroph150704vollversion.pdf, 15.5.2007.

Textor, A. M.: Sag es treffender, Reinbek b. Hamburg: rororo vollständig überarbeitete 9. Auflage 2006.

Theisen, M. R.: Wissenschaftliches Arbeiten, München: Vahlen 13. überarbeitete Auflage 2006.

Universitätsklinikum Hamburg-Eppendorf: Studentische Hilfskraft für das Projekt SEAMAN, http://www.uni-hamburg.de/fachbereiche-einrichtungen/fb16/0102.pdf, 25.5.2007.

Vogt, K.: Interessenerzeugung durch individuelle Belohnung oder Übung zur Verhinderung von social loafing in Kooperationssituationen, Dissertation, Tübingen 2004, http://deposit.d-nb.de/cgi-bin/dokserv?idn = 975646788&dok_var = d1&dok_ext = pdf&filename = 975646788.pdf, 21.5.2007.

Wälte, D., Selbstreflexive Kognitionen als Indikatoren für Status und Verlauf psychischer Störungen – Eine empirische Untersuchung zur Attribution, Selbstwirksamkeit und Kontrolle, Habilitation, Münster 2003.

Wälte, D./Kröger, F.: Erkenne Dich Selbst – selbstreflexive Kognitionen als Spiegel psychosomatischer Erkrankungen, in: Lamprecht, F. u. a.

(Hrsg.): Neue Betätigungsfelder der Psychosomatik und Psychotherapie. Frankfurt: VAS 2000, S. 112–126.

Watzlawick, P.: Anleitung zum Unglücklichsein, München: Piper 25. Auflage 1988.

Watzlawick, P. u. a.: Menschliche Kommunikation. Formen, Störungen,
Paradoxien, Bern: Huber 10. Auflage 2000.

Webb, N. M.: Testing a theoretical model of student interaction and learning in small groups, in: Hertz-Lazarowitz, R./Miller, N. (Hrsg.): Interaction in Cooperative Groups, New York: Cambridge University Press
1992, S. 102–119.

Weisbach, C.-R.: Verhandeln und Moderieren für Wirtschaftsstudierende.
Logisch argumentierten und psycho-logisch verhandeln, Berlin: Cor-
nelsen 2000.

Wittchen, H.-U./Hoyer, J.: Klinische Psychologie/Psychotherapie, Heidelberg: Springer 2006.

Für die Eiligen: Stichwortverzeichnis